——宁波舟山港主通道管理实录

宁波舟山港主通道工程项目建设指挥部 ◎ 主编

人民交通出版社股份有限公司
北　京

图书在版编目(CIP)数据

大工程管理：宁波舟山港主通道管理实录/宁波舟山港主通道工程项目建设指挥部主编．— 北京：人民交通出版社股份有限公司，2023.3
ISBN 978-7-114-18022-4

Ⅰ.①大… Ⅱ.①宁… Ⅲ.①跨海峡桥—桥梁工程—工程管理—概况—舟山 Ⅳ.① U448.19

中国版本图书馆 CIP 数据核字（2022）第 100616 号

Da Gongcheng Guanli——Ningbo Zhoushangang Zhutongdao Guanli Shilu

书　　名：	大工程管理——宁波舟山港主通道管理实录
著 作 者：	宁波舟山港主通道工程项目建设指挥部
责任编辑：	闫吉维　郭红蕊
责任校对：	赵媛媛　魏佳宁
责任印制：	张　凯
出版发行：	人民交通出版社股份有限公司
地　　址：	（100011）北京市朝阳区安定门外外馆斜街3号
网　　址：	http://www.ccpcl.com.cn
销售电话：	（010）59757973
总 经 销：	人民交通出版社股份有限公司发行部
经　　销：	各地新华书店
印　　刷：	北京印匠彩色印刷有限公司
开　　本：	787×1092　1/16
印　　张：	23.5
字　　数：	517千
版　　次：	2023年3月　第1版
印　　次：	2023年3月　第1次印刷
书　　号：	ISBN 978-7-114-18022-4
定　　价：	100.00元

（有印刷、装订质量问题的图书，由本公司负责调换）

《大工程管理——宁波舟山港主通道管理实录》
编委会

主　　　编： 宁波舟山港主通道工程项目建设指挥部

副　主　编： 陈继禹　叶　楠　梅敬松　金朝阳　方明山　吴波明
　　　　　　　　蒋　强　杨志刚

编 写 人 员： 朴　泷　张　耀　汤桂香　任旭初　李　勇　王文学
　　　　　　　　陈妙初　林　军　顾森华　李昌华　罗士瑾　杨政勋
　　　　　　　　张　牧　张兴志　杨东锋　朱炳炳　谭　昱　王　霖
　　　　　　　　王　通　汤银亭　黄宜春　张文闻　周继焕　曹海清
　　　　　　　　裴剑铃　谢德宽　郝文甫　周传富　叶子健　孙士辉
　　　　　　　　周　峰　袁赛杰　陈朝军　唐左平　石立鹏　邵　宁
　　　　　　　　孙英杰　郝立林　李林挺　杨　康　尤玉芳　高　兴
　　　　　　　　刘　健　李廷志　陈　磊　宁汉卿　杨　健　李传友
　　　　　　　　盛玮佳　赵　凯　朱　贺　盛　超

《桥梁》杂志采编组： 于抒霞　盛　超　王　硕　廖　玲　陈　晨　裴小吟
　　　　　　　　　　　陈　晖　周　洋　李诗韵

序言 PREFACE

工程是人类文明的载体。在数千年的人类文明进化史中，工程与科学技术的结合塑造出一个个美妙且令人神往的时代坐标。无论是埃及金字塔、古希腊帕提农神庙、古罗马斗兽场等古代建筑奇迹，还是中国的万里长城、京杭大运河、郑国渠、赵州桥等重大工程，都为文明的溯源和传承提供了依据。

工程为人类文明进步作出了巨大贡献，但是，在以往的时代中，关于工程自身的记录却少之又少。这使得我们在探究那些历史上伟大辉煌的工程时，往往只能以现存的景象倒推建造的过程，也因此留下了诸多至今仍无法释惑的遗憾。

现代工程越来越深刻地影响和改变着我们所生活的世界，交通工程更是与人民的生活息息相关。改革开放以来，我们国家的交通事业得到了快速的发展，尤其是党的十八大以来，建成了一大批有世界影响力的重点交通工程，从而逐步从桥梁大国向着桥梁强国坚定迈进，在建设质量、技术难度、科技含量等各领域取得了全面发展的成绩。

宁波舟山港主通道，是继港珠澳大桥之后，中国建造的又一个世界级跨海工程，在工业化建造、智能化制造、科学化管理等方面取得了长足的进步，为后续的其他工程提供了优良的学习样本。

一个大型项目的施工管理牵涉到方方面面和诸多环节，其成功源于与工程相关的每一个成员，源自于业主所需的各项专业技术人才，更来自于整个项目架构背后维护项目正常运行的管理层。他们致力于过程和细节的管理，建立目标，并将目标建设植入管理，始终保持对项目全施工过程进度和质量的控制，更具有可贵的前瞻性。这是充满挑战性的工作。

工程是靠人做出来的，而工程的品质是靠管理塑造的。一个超大型工程项目如何做？作为业主单位如何进行品质管理？管理的理念以及与之呼应的管理体系如何搭建？在实际工作中如何将理念转化为现实成果？当前全国人民正在认真学习贯彻党的二十大精神，全力推进中国式现代化进程，各行各业积极探索高质量发展的路径，在全行业掀起追求"品质工程""百年工程"的热潮，可以说《大工程管理——宁波舟山港主通道管理实录》一书的出版恰逢其会，正当其时。

项目建设者以第一视角讲述每一个重要施工节点中，关于品质管理、技术攻关、施工组织甚至是错误弯路的过程，认真地加以分析和反思，无私地进行技术的传播和经验的分享。相较于工程本身，对于行业而言，这本实录在中国交通工程领域中应该享有同等重要的地位。

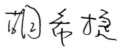

2023年3月

布局桥梁工业化　打造百年品质工程···1
借力外脑　系统攻关
　　——宁波舟山港主通道工程技术创新···19
宁波舟山港主通道项目工程技术创新的实践探索与思考···31

■ 指挥部

强化党建引领　铸造百年品质工程
　　——记宁波舟山港主通道项目党建创新工作···43
开拓班组管理思路　造就新产业工人···51
招标条款的设置及思考···58
加强标准化建设　推进智慧安监　打造平安工地···67
"智慧检测"应品质工程要求而生···78
海上测量乘风破浪
　　——记宁波舟山港主通道项目舟岱大桥测量管理···87

■ 舟岱大桥1标

布局谋思　凝心聚力谱新篇···95
积木式建桥理念　首创一体化架设工艺··102
智能引领　树立软基处理新标杆··108
装配化施工　针对性升级隧道二次衬砌工艺··114
N06桩基施工塌孔事故处理纪实··118

■ 舟岱大桥2标

非通航孔桥海域承台施工的破局之战···124

从落后到超越
　　——海域索塔施工工艺的探索··········130
踏浪而行　助力海上施工
　　——海域斜拉桥独立钢栈桥及钢平台规划评议··········138
标准化设计　装配化施工
　　——长白互通下部结构设计与施工思考··········144

■ 舟岱大桥 3 标

节约时间就是提高效益
　　——装配化施工平台的价值··········151
承台内外双保险，优化施工品质高··········157
海中混凝土巨人··········165

■ 舟岱大桥 4 标

践行设计预制化、装配化理念
　　——宁波舟山港主通道节段梁设计纪实··········174
钢铁巨龙托起海上长虹
　　——非通航孔桥大直径超长钢管桩工程纪实··········190
敬自然精准施策　重传承守正创新
　　——非通航孔桥承台施工创新实录··········202
身如飞燕　势若游龙
　　——北通钢—混凝土混合梁连续刚构桥的轻量化设计与施工关键技术··········215

■ 舟岱大桥 5 标

多点优化　少些弯路
　　——海上大型预制构件的品质创建··········229
钢筋施工的模块化创新··········240
变截面墩身裂纹的控制实践··········245
高大墩身的运输和安装难题怎么破··········251
掌控墩身结构的灵魂
　　——记海域装配化预制墩身节段连接预应力技术新发展··········258
70m 预制箱梁的海域架设行动··········263

墩身与承台连接的设计畅想
　　——海域桥梁高大空心薄壁墩身结构对比与思考·················267

■ 钢结构单位

开启涂装新篇章
　　——记宁波舟山港主通道 DSSG03 标段钢箱梁智能涂装施工·············273

海与船的约定
　　——打破传统技术，建设品质工程·····························281

海上长虹共潮生
　　——中铁山桥宁波舟山港主通道长白互通钢箱梁制造纪实···············290

■ 鱼山大桥

毫厘之差的较量
　　——鱼山大桥钢护筒打设及纠偏·······························300

将"匠心"融入细节
　　——海上超长超大直径钢管复合桩施工品质创建···················308

在复杂挑战中挺起"钢筋铁骨"
　　——双曲面花瓶墩钢筋骨架整体预制安装························320

变海为陆　提质增效
　　——海上全线栈桥品质创建·································326

■ 富翅门大桥

九层之台　起于累土
　　——薄覆盖层条件下大直径钢护筒沉放施工关键技术·················334

突破常规　巧思妙解
　　——在地貌地质多变区创新高支架施工技术························346

试验出真知
　　——UHPC 材料在斜拉桥结合梁湿接缝施工中的研究与应用···········353

■ 舟岱大桥大事记

布局桥梁工业化　打造百年品质工程

浙江杭绍甬高速公路有限公司原董事长　梅敬松

宁波舟山港主通道作为长三角区域重大战略性海岛联络工程，项目建设在面临多重困难挑战的情况下，通过"三减少""统筹设计""模块化施工""班组规范化管理""向质量安全要进度""智慧工地创建"等创新理念和措施，秉持"质量是生产出来的，不是检验出来的"的质量管理理念，致力于寻求一种一开始就把质量安全造进工程中的有效途径，以桥梁工业化布局探索破解之道，取得了良好的建设管理成效。

世界最大跨海桥梁群

宁波舟山港主通道是长三角区域重大战略性海岛联络工程，由舟岱大桥、鱼山大桥和富翅门大桥等跨海桥梁组成。其中，舟岱大桥连接舟山本岛与其第二大岛屿岱山岛，承载着数十万岱山人民的"百年大桥梦"；鱼山大桥连接岱山岛与鱼山岛，为舟山国际绿色石化基地提供唯一陆路通道。

项目建设是贯彻落实《长江三角洲区域一体化发展规划纲要》《浙江省国民经济和社会发展第十三个五年规划纲要》《浙江舟山群岛新区发展规划》等重大战略的基础性工程，对进一步完善地区综合交通网络和加速推进长三角区域经济一体化具有显著意义。

项目全线连接富翅岛、舟山本岛、长白岛、岱山岛、鱼山岛 5 座岛屿，全长 36.777km，主线按双向四车道高速公路标准设计，批复总概算 163.24 亿元。项目分期实施，鱼山大桥已于 2018 年 12 月建成，工期 27 个月；富翅门大桥已于 2019 年 9 月建成通车，工期 42 个月；舟岱大桥于 2017 年 9 月开工，批复工期 60 个月。

项目建成后的大桥与甬舟高速公路相连接，使舟山连岛工程总建设里程达 86.68km，跨越 8 个岛屿，拥有 10 座大桥，成为世界上最大的连岛高速公路和跨海桥梁群。

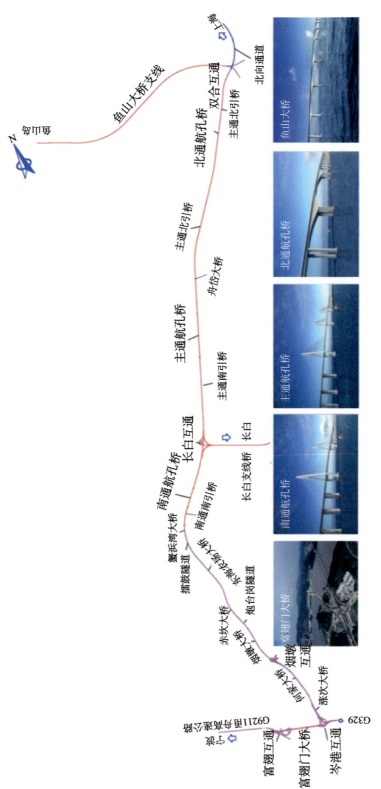

宁波舟山港主通道项目地理位置

重重难点待突破

建设条件复杂

项目位于东南沿海高风速带灰鳖洋海域，施工区域缺乏遮蔽，外海作业受高发性台风、持续性季风影响严重，最大季风风力达 11 级以上，百年一遇设计基准风速达 42.3m/s，年均超过 6 级风天数为 173d，超过 8 级风天数为 66d，年均有效工作日仅 200d 左右。区域洋流条件差，百年一遇潮流速度达 2.49m/s、潮差达 4.07m。地质条件复杂，基岩埋深大于 100m 且岩性复杂，淤泥层一般在 20~40m 且土体力学性能差。

项目线路穿越宁波舟山港港区，施工海域航道密集，跨越 5 条航道，7 条高速客轮航线，周边海域多个项目同时施工，日均船舶数量高峰期近 200 艘；光缆、电缆、供水管等纵横交错，锚地众多，场地条件复杂，海上施工可谓"见缝插针"，安全管理难度大。

项目规模庞大

项目主体工程和海上施工平台、栈桥等临时工程规模巨大。

主体工程由舟岱大桥、鱼山大桥、富翅门大桥三座独立的跨海大桥和一座海上互通组成；舟岱大桥全长 25.6km，海域段长 16.7km，主通航孔桥为一座 2×550m 的三塔整幅钢箱梁斜拉桥，南通航孔桥为一座主跨 390m 的双塔钢箱梁斜拉桥，北通航孔桥为一座主跨 260m 的钢—混凝土混合梁连续刚构桥；鱼山大桥全长 8.815km，海域段长 7.78km，为主跨 260m 混合梁连续刚构桥；富翅门大桥长 2.01km，含一座 340m 跨叠合梁斜拉桥结构通航孔桥；其中，舟岱大桥海域段设置一座海上互通，互通主线长 1.26km。

主体工程混凝土总量超 200 万 m^3，钢材总量超 80 万 t，其中舟岱大桥海域深水区非通航孔桥钢管桩基础数量达 2700 根（累计总长超过 26 万延米）。主体工程规模位居在建外海交通工程之首。同时，海上栈桥及施工平台等临时工程规模大，其中，海上栈桥总长达 10km，海中施工作业平台面积达 54668m^2。

建设周期紧迫

作为国家重大战略项目（舟山国际绿色石化基地）的配套交通保障工程的鱼山大桥支线工程，于 2016 年 9 月先期开工建设。为了快速建成国际绿色石化基地外联的海上唯一陆路通道，鱼山大桥需在 27 个月之内建成通车。

打造百年精品

建设目标

在行业示范层面：根据浙江省交通运输厅《关于开展浙江省公路水运"品质工程"建设活动的指导意见》（浙交〔2016〕112号），宁波舟山港主通道项目列入"品质工程"市级试点示范项目，在全项目范围开展设计标准化、精细化攻关，依托鱼山大桥开展施工标准化攻关。根据交通运输部《品质工程攻关行动试点方案（2018—2020年）》，宁波舟山港主通道项目作为浙江省试点项目牵头开展桥梁预制构件质量提升攻关。

在自主提升层面：实体工程质量力争"创部优、争国优"；项目安全管理力争实现全国公路水运建设项目"平安工程"冠名；社会责任目标力争打造一支专业化管理团队，提升工人素质，加速推动农民工向产业工人转变。

建设思路

高挑战需要高精准的应对策略，高定位需要高水平的管理模式。项目在面临支撑条件缺乏、建设条件复杂、建设规模浩大、建设工期紧迫等多重挑战的情况下，如何通过系统布局探索破解之道，已然成为决定项目建设成败的关键。

项目建设初期，管理团队以打造百年品质工程为目标，秉持世界著名管理大师戴明关于"质量是生产出来的，不是检验出来的"的核心质量管理思想，致力于寻求一种一开始就把质量安全造进工程中的有效途径，提出通过建筑工业化布局，改传统手工业生产方式为现代化生产方式，以建筑设计标准化、构配件生产工厂化、施工机械化、组织管理科学化等手段构建全面系统的"桥梁工业化"模式。

下文将围绕"以创新'三减少'管理理念突出统筹设计""以'向质量安全要进度'理念抓过程控制""以抓实班组规范化管理促进工人水平提升""以'智慧工地'创建提升管理精细化水平"四个维度阐述项目在打造百年品质工程实践中的系统应对策略。

以创新"三减少"管理理念突出统筹设计

在综合考虑外部建设环境的基础上，提出必须遵照"海上作业工序减到最少、海上作业时间减到最短、海上作业人数减到最少"的"三减少"理念，注重施工图设计和施工组织设计双重耦合效应，围绕"开展标准化设计、优化桥梁结构、推行工厂化生产、提升装配化水平、推行模块化施工、合理大标段划分"六个层面强化统筹设计。

开展标准化设计

为实现工业化生产，对全线结构物开展标准化设计，大幅提升桥梁预制装配化率，上部结构实现100%预制，下部结构根据区域水深、地质条件，围绕"少现场多预制，少串联多并行，少变化多统一，少零散多整体"的"四少四多"的原则开展标准化设计。

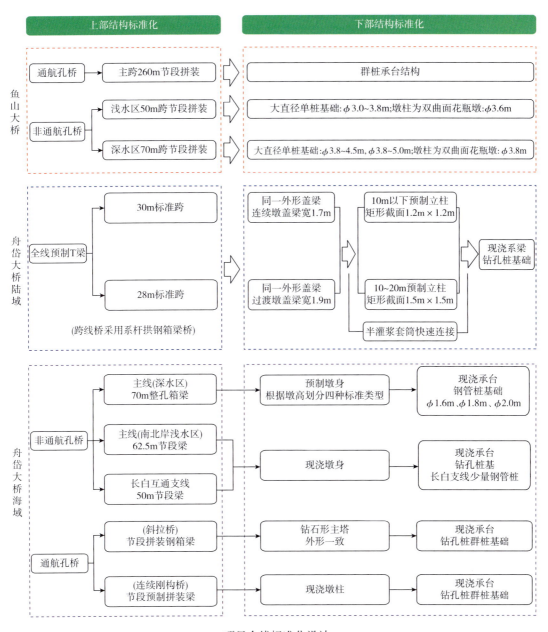

项目全线标准化设计

海域桥梁上部结构分为预应力混凝土节段梁、节段钢箱梁、70m跨预应力混凝土整孔箱梁等形式。其中，鱼山大桥全线、舟岱大桥浅水区非通航孔桥及北通航孔桥上部结构采用节段预制拼装梁；舟岱大桥深水区非通航孔桥采用70m整孔预制箱梁；南通航孔桥和主通航孔桥采用钢箱梁节段拼装形式。陆域桥梁上部结构除跨鸭东线跨线桥外，均采用30m/28m标准跨T梁。

海域桥梁下部结构的标准化设计从减少海上作业时间和工序角度出发，围绕快速施工需求，鱼山大桥非通航孔桥下部采用单桩独柱结构，根据墩高不同，分区域开展标准化设计，大直径桩统一为$\phi 3.0\sim3.8m$、$\phi 3.8\sim4.5m$、$\phi 3.8\sim5.0m$三种形式变径桩，双曲面花瓶形墩柱统一为$\phi 3.6m$和$\phi 3.8m$两种类型。舟岱大桥采用大节段预制拼装空心墩，全线共368个预制墩，根据墩高不同，墩身断面分四种类型。墩身场内分节预制，通过预应力钢绞线连接，全桥共计694个节段，其中最大节段高度18m，最大节段重量596t。陆域桥梁下部结构除互通变宽区及匝道位置外，下部结构均采用预制立柱和盖梁。全线预制桥墩共计320个，包括640个预制立柱和320个预制盖梁。预制立柱均采用矩形截面，10m以下的立柱断面尺寸为$1.2m\times1.2m$，10~20m的立柱断面尺寸为$1.5m\times1.5m$。盖梁外形一致，其中连续墩盖梁宽1.7m，过渡墩盖梁宽1.9m。立柱和盖梁、立柱与承台间采用半灌浆套筒连接。

优化桥梁结构

舟岱大桥非通航孔桥长17.6km（含长白支线匝道），鱼山大桥非通航孔桥长6.7km，作为体量庞大的海上长距离非通航孔桥建设，基础工程往往成为制约建设周期的关键因素，为缩短海上作业时间，对海域非通航孔桥基础开展优化设计。

舟岱大桥非通航孔桥根据不同运输、基岩条件选取不同基础形式。浅水区分布南北两岸，大型船机无法进入，且基岩埋深较浅，基础采用常规钻孔灌注桩。深水区水深在10~30m之间，1000t以上大型船机设备可自由出入，且基岩埋深一般在-100m以上。根据试桩成果，深水区全部采用钢管桩。根据水深和受力情况，桩基分别采用$\phi 1.6m$、$\phi 1.8m$和$\phi 2.0m$钢管桩，最大长度达108m。

常规桥梁

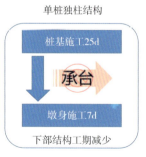
单桩独柱结构

鱼山大桥

鱼山大桥下部结构设计优化

鱼山大桥非通航孔桥基础选用大直径钢管复合单桩基础形式代替常规群桩基础形式。单桩基础与墩身直接连接，取消水中承台，基础及下部结构施工工期缩短。

推行工厂化生产

大力推行工厂化生产，桥梁构配件预制化率大幅提升。装配化率的提升最终实现了构件集中预制、钢筋集中加工、混凝土集中拌和的"三集中"工厂化管理理念。先期开工的鱼山大桥支线全线仅设立1个节段梁预制厂、1个下部结构钢筋加工厂、2个下部结构混凝土拌和厂；舟岱大桥全线只设立3个预制厂。富翅门大桥通航孔桥上部结构为节段拼装组合梁形式。

桥梁构配件装配化率

桥梁名称	桥型划分	结构部位		装配化率（%）
舟岱大桥（海域）	通航孔桥	上部结构		100
	深水区非通航孔桥	上部结构		100
		下部结构		100
		基础工程		100
	浅水区非通航孔桥	上部结构		100
		长白支线下部结构钢筋骨架		100
舟岱大桥（陆域）	桥梁部分	上部结构		100
		下部结构	主线	92.8
			含互通匝道	88.9
鱼山大桥	通航孔桥	上部结构		100
	非通航孔桥	上部结构		100
		下部结构钢筋骨架		100
富翅门大桥	通航孔桥	上部结构		100

提升装配化水平

围绕提升装配化水平的目标，根据结构形式特点，采用统一的装配化工艺，并创新一体化安装技术，实现作业效率和环境保护双重提升。

海域桥梁深水区非通航孔桥桩基础全线采用钢管桩结构，最大桩径达2m，最大桩长达109m，最大桩重达111.6t，钢管桩沉桩精度要求桩顶偏位不大于200mm，倾斜度误差小于1/200。在地质软弱层深厚、岩面起伏等的复杂条件下，项目结合试桩工程成果，通过采用专业软件对打桩过程进行精确模拟及可打性分析，提前谋划桩锤的选型和各地层施打难度的预控。优选技术成熟、抗恶劣海况能力强的大型打桩船进行整桩施打，引用北斗系统及全过程复测手段，确保沉桩精度，实现大规模非通航孔桥基础工程的装配化施工。

海域桥梁浅水区非通航孔桥上部结构预应力混凝土节段拼装箱梁采用先简支后连续的逐跨拼装和对称悬臂拼装两种施工工艺。深水区非通航孔桥70m整孔箱梁采用大型浮吊安装。下部结构墩身按墩高分四种类型预制拼装，Ⅰ类墩身墩高不大于25m，整体预制安装，Ⅱ类、Ⅲ类墩高介于25~45m之间，分两节预制拼装，Ⅳ类墩身为墩高大于45m的超高墩，分三节预制拼装，墩身数量达62个/186节，采用大型浮吊安装。为破解海上预制墩身与承台间连接部位的耐久性问题，设计采用"金钟罩"+"止水带"的新型结构形式，有效提升墩身接缝部位耐久性。南通航孔桥和主通航孔桥钢箱梁采用桥面吊机节段拼装施工。

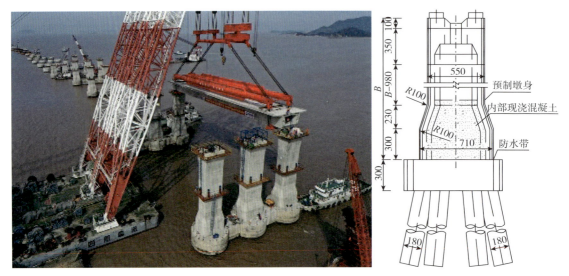

舟岱大桥海域装配化结构及新型连接构造（尺寸单位：cm）

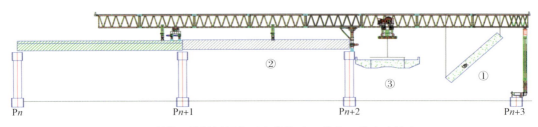

新型预制装配化桥梁绿色无害化快速一体化工业建造技术

陆域段桥梁预制构件装配施工致力于探索一种改善人居环境，减少农田占用的以人为本、绿色无害化穿越的工艺，研发了具有自主知识产权的新型预制装配化桥梁绿色无害化快速一体化工业建造技术，发明了梁体、立柱和盖梁一体化架桥机，实现了全预制构件无便道架设，彻底摆脱了传统"低、小、散"的施工形象，工业化建造水平显著提升，施工质量和安全得到了有效保障，该技术为国内首创。

海上平台大规模作业平台搭设、钢套箱安装等临时（附属）工程均采用整体装配化施工工艺，大幅缩减海上作业时间。

推行模块化施工

为降低工人海上作业风险，降低工人劳动强度，项目推行"模块化施工"工艺，实现快速建造。

结构物钢筋骨架尽可能采用厂内模块化加工，现场一体化安装的工艺。鱼山大桥及长白互通支线下部结构双曲线花瓶形墩柱钢筋骨架安装仅需 0.5d，较传统现场绑扎钢筋工艺至少节省 15d。

鱼山大桥墩身钢筋骨架预制安装模块化

舟岱大桥 70m 整孔预制箱梁钢筋骨架均采用胎架法制作，整体吊装入模，钢筋绑扎与混凝土浇筑形成流水作业。针对箱梁不规则预应力齿块多的特点（中梁齿块达 32 个），通过设计齿块钢筋绑扎定位架实现齿块钢筋模块化统一加工，待箱梁主体钢筋绑扎完成时，将模块化齿块钢筋安装于主体钢筋骨架对应位置。安装仅需 1d，较散绑工艺提升工效达 3d。预制墩身钢筋骨架采用水平匹配预制、分节翻转吊装工艺，实现流水作业、不占用预制台座，较台座上绑扎工艺提升工效 2~3d。

陆域中小跨径 T 梁钢筋骨架整体预制、整体入模，其中负弯矩齿块加工开发小模块化工艺，通过设计齿块定位架，确保齿块钢筋数量和间距与设计标准件相同，使得齿块加工工效提高 1 倍以上，钢筋定位合格率达到 100%。针对通航孔桥斜拉桥索塔下横梁钢筋骨架尺寸、重量大、构造复杂的特点，通过采用模块化工艺，将下横梁钢筋骨架划分为底板、腹板、顶板及隔墙等 8 个模块，每个模块重约 20t，均在工厂预制，桥位组拼。该工艺下的下横梁钢筋骨架现场安装仅需 3d，施工周期仅为常规散绑工艺的 1/5。

舟岱大桥预制墩身钢筋骨架预制安装模块化

海上栈桥、平台等临时工程同样大规模推行模块化工艺,鱼山大桥栈桥仅用时3个月完成了全线7.8km海上栈桥的施工,创下了海上桥梁施工工期最短的全国纪录。舟岱大桥主通航孔桥共有7个大型海上作业平台,单个平台约5000m³,通过采用"岸上组拼、海上吊装"的施工工艺,实现平行流水作业,单个平台施工周期仅45d,节约工期达35d。其功效之高,创行业纪录。

为有效规避水流、风浪、潮流对钢管桩的影响,采用钢管桩夹桩、割桩一体化工装,相比分别安装夹桩及割桩平台的传统方案,单次作业施工可节约3d,同时降低海上施工风险。

合理大标段划分

围绕管理效率大幅提升、协调环节显著减少、工程范围分类集中的三项基本原则,推行合理的大标段划分。

鱼山大桥作为国家重大项目的交通配套保障工程,为实现27个月快速建成通车的目标,全桥划分为一个标段(合同价15.6亿元),大标段的划分实现了集约化生产,全线设一个预制厂、一个钢筋加工厂、一个混凝土拌和厂,实现了构件集中预制、钢筋集中加工、混凝土集中拌和的"三集中"理念。

舟岱大桥全长25.659km,包含三座通航孔桥、海中长距离非通航孔桥、海上互通以及陆域多座中小跨径桥梁、隧道等工程内容。围绕标准化设计成果及三项基本原则,将土建工程划分为五个标段。其中,一标段负责陆域段桥梁、隧道、路基、南通航孔桥南主塔上下部结构、南侧近岸非通航孔桥下部结构的全部施工内容;二标段负责南通航孔桥北主塔、海上互通上下部结构、南侧非通航孔桥基础及承台,长白支线下部结构的全部施工内容;三标段独立负责主通航孔桥的全部施工内容;四标段负责北通航孔桥、北侧非通航孔桥基础、承台及全桥节段拼装上部结构的全部施工内容;五标段负责海域桥梁深水区非通航孔桥下部结构墩身预制及安装、上部结构 70m 整孔箱梁预制及安装等全部施工内容。其中，最小标段 13.64 亿元，最大标段 17.66 亿元。标段划分实现了海域桥梁墩身、整孔箱梁的集中预制与安装，节段预制拼装箱梁的集中预制和安装以及陆域桥梁所有构件的集中预制和安装，工厂化水平得以大幅提升，同时各标段间的施工作业面交叉最少，协调工作量大幅降低。

以"向质量安全要进度"理念抓过程控制

创新"向质量安全要进度"的系统化管理理念，围绕标准化设计成果，结合结构特点开展针对性的质量管理，将复杂管理问题简单化，简化管理模型。

鱼山大桥简化管理模型

鱼山大桥支线结构物类型相对单一，简化后的管理模型如下图所示，即管好"一根桩、一座墩和一榀梁"的三类结构物管理。

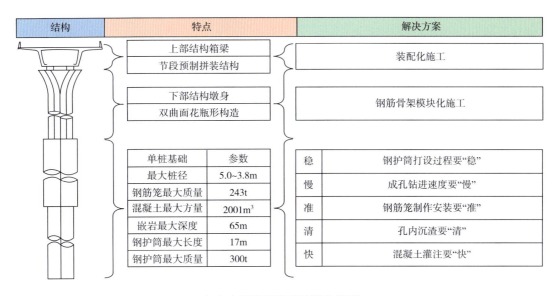

鱼山大桥质量管理的简化模型

围绕"管好一根桩"的目标，针对超大超长钻孔灌注桩基础施工控制要点，通过成桩质量影响因数分析，提出"稳、慢、准、清、快"的"五字诀"管理思路。"稳"即指钢护筒打设过程要"稳"，通过设备选型、"T"形测量方法和定位导向装置研发实现钢护筒整根沉放施工，实现了钢护筒平面位置控制在 3cm 内，垂直精度控制在 0.2% 的质量目标；"慢"即指成孔钻进速度要"慢"，针对地层特性分别限制最快速度，实现桩基成孔零塌孔；"准"即指钢筋笼制作安装要"准"，通过采用长线胎架法钢筋笼制作，并研制承载大吨位钢筋笼专用吊具和悬挂环实现钢筋笼的精确安装就位;"清"即指孔内沉渣要"清",严格控制泥浆含砂率和胶体率,通过外加增稠剂增大泥浆胶体率,确保桩底沉淀厚度不超标;"快"即指水下混凝土灌注要"快",通过机械设备投入和栈桥交通管制,实现大方量桩基础灌注时间小于12h的目标,沉桩质量一次合格。从浇筑时间统计来看,除个别桩基略为超时(但也小于13h)之外,大多数均控制在12h之内。

围绕"管好一座墩"的目标,通过双曲面异形钢筋骨架模块化施工方式实现异形墩柱的快速施工及质量保证。

围绕"管好一榀梁"的目标,制定节段梁预制安装"毫米级"的控制目标,通过精度影响因素敏感性分析,确定四大类14方面控制要求。归纳分析"梁重、弹模、管道摩擦系数、管道偏差系数、温度和存梁时间"六大要素,通过梁段称重、模型修正、原材料离散性控制、恒温恒湿养护以及存梁时间控制等措施削弱计算误差影响。采用CFG桩复合地基降低预制厂地基沉降,通过高精度测量设备,辅以"六点全站仪法"和"四点尺量法"的双法双核的测量方法,减小设备系统误差和人为测量误差。通过模板系统变形监测、刚度提升、稳定系统增设等措施削弱混凝土浇筑过程中模板变形影响。通过创新测量方法和墩顶块后注浆零偏差锚固工艺实现节段梁的定位测量;采用相对坐标代替控制网,减少海面测距,将环境测量误差控制在1mm以内,并使用高精度全站仪,双人双测,严格规范早晚测量时机,桥位测量误差大幅降低。

舟岱大桥简化管理模型

因线位建设条件差异较大,舟岱大桥结构形式相对较多,针对体量庞大的海上非通航孔桥施工管理,同样简化为"大体量钢管桩""大体量水中承台""大尺寸预制墩身""大断面超长超重预制箱梁"四大类结构物的管理。

围绕大体量钢管桩施工管理,通过配备全自动化、自动化焊缝检查焊接生产线等措施确保钢管桩加工质量。根据前期试桩成果,在施工期间按照"分区域、分桩径、分锤型、分阶段"原则开展阶段性工艺试桩,制定了不同类型桩径钢管桩的停锤标准。考虑工程距离海岸较远的特点,钢管桩沉桩采用GPS系统进行定位测量,并利用北斗卫星定位系统对钢管桩沉桩精度进行校核。

围绕大体量水中承台的施工管理,通过创新临时钢套箱结构设计方式,自主研发了"混凝土底板+可周转钢壁体"的新型钢吊箱结构,有效解决了传统钢吊箱钢结构底板拆除的难题,"混凝土底板+可周转钢壁体"底板无须拆除,单个吊箱海上作业时间较传统方案节约2d,钢结构底板与钢管桩的电连通问题彻底解决。通过研制定位架实现承台预留墩身连接钢筋的高精度定位,从而实现承台预留钢筋与墩身钢筋机械快速连接。

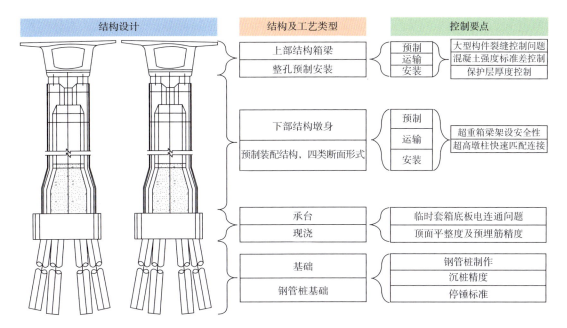

舟岱大桥主线非通航孔桥质量管理的简化模型

不同类型桩径钢管桩的停锤标准制定

桩径（m）	输出锤击能量（kJ）	灌入度（mm）	高 程 控 制
2	480	15	达到高程
	530±10	3	高程相差 1.5m 以内
		2	高程相差 1.5m 以上
		1.5	基岩起伏段
1.8	420	15	达到高程
	530±10	3	高程相差 1.5m 以内
		2	高程相差 1.5m 以上
		1.5	基岩起伏段
1.6	380	15	达到高程
	500±10	3	高程相差 1.5m 以内
		2	高程相差 1.5m 以上
		1.5	基岩起伏段

注：新进打桩锤对不同桩径进行高应变动测（每种桩径 1 根），验证传递效率。

围绕大尺寸预制墩身的施工管理，为预防薄壁空心预制墩身裂缝产生，通过采取"降低入模温度，增设循环水削减温峰、模板外喷保温泡沫控制降温速度、延长混凝土初凝时间、封闭式养护、增设防裂钢板网"等系列技术措施，裂缝控制难题彻底解决。对于超高预制墩身节段快速连接问题，在建设期间，经过对多种预应力体系方案进行比选，最终将墩身连接预应力优化为自锁式预应力锚固体系。成功攻克了原设计"底节墩内齿块＋纵向预应力束＋深埋锚"预应力体系方案中预应力齿块钢筋绑扎工效低、混凝土振捣难度大、海上逐根穿束安全风险高的难题。钢筋绑扎工效可节约 3~4d/ 墩；索体工厂化制作，竖向整体穿索，固定端即时锚固，一次性灌浆，安全风险有效降低。

"混凝土底板 + 可周转钢壁体"的新型钢吊箱结构

围绕大断面超长超重预制箱梁的施工管理，针对混凝土强度的离散性问题，开展强度标准差控制技术攻关，从试验监测、拌和站管理、原材料管控、混凝土浇筑工艺、配合比设计五大层面分析了 24 类影响因素。通过试验研究总结各影响因素的影响权重，制定了《预制构件混凝土强度标准差管控指导意见》，规定了水泥比表面积（310~340 m^2/kg），粗细集料含泥量（普通混凝土 ≤ 0.8%、海工混凝土 ≤ 0.4%），细度模数（2.6~2.8）等指标；严控拌和站原材料质量偏差，规范试件 / 试模尺寸（试模尺寸允许偏差控制在 ±0.15%，试模平整度误差 ≤ 0.03mm），通过上述系列措施，目前混凝土标准差有效控制在小于 2.0 的水平，为实现《交通运输部办公厅关于印发公路水运品质工程评价标准（试行）的通知》中关于"主要构件混凝土强度标准差小于 1.5"的目标提供了技术支撑。

以抓实班组规范化管理促进工人水平提升

推行工厂工业化

预制构件生产推行工厂工业化，突破传统桥梁工业化模式，借鉴制造业工业模式规划预制厂建设，坚持"工厂化、集约化、专业化、配送化"原则，实现构配件预制的流水线作业。

在构配件部件加工自动化方面，预制件钢筋加工引入和引进钢筋部件多功能加工中心、自动化焊接机器人、自动焊弯圆机、数控钢筋锯切套丝打磨生产线等自动化设备，实现了不同规格原材的自动上料、弯曲成型、剪切一体化功能，保证了钢筋切割面的平整，提高钢筋焊接质量，报验合格率可达 100%，为预制构件保护层厚度合格率达到工前 100%、工后 95% 以上的品质目标奠定坚实基础。

在预制构件模板专业化设计层面，项目所用预制构件模板系统均委托专业厂家设计制造，海域桥梁墩身模板根据墩身结构，分为外侧模、内模、底模、顶底模具等部分，底节外侧模实现纵横移式自动开合式模板设计，标准节外侧模及内模均采用大块模板分节吊装组拼、拆除。顶底模具均采用精加工工艺进行制作。70m 整孔预制箱梁模板根据箱梁结构，分为底模、外侧模（8+1 复合不锈钢面板）、内模及端

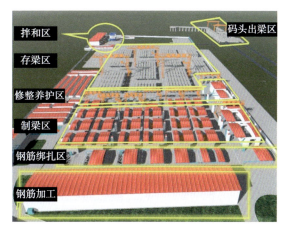

工业化工厂流水线作业

模，箱梁底模为分块式模板，与台座焊接固定，外侧模为整体式桁架结构，端模为可纵移式，实现向外侧滑移拆模，内模为液压开合式结构，安拆实现整体式滑移。

在预制构件的浇筑养护及运输层面，混凝土由场内集中生产，智能化配送，实现预制构件的浇筑成型；墩身养护采用"墩顶全覆盖＋全覆盖养护罩"喷淋养护；T 梁养护采用智能养护系统，通过雾化喷淋管实现结构物养护全覆盖，通过智能养护终端系统控制结构物养护时间，有效解决了传统养护方式温湿度稳定性差的技术问题，且减少养护工人 2 人，养护覆盖率由 60% 提高至 95%；墩身移运采用 1 台 650t 轮胎式搬运机进行移运存放。

在钢结构加工制造方面，为破解 28 万 t 的钢管桩（含钢护筒）生产工业化水平提升难题，在推行"规模化、自动化、智能化"的基础上，推行整桩钢管一体式制造方案，整根钢管在自动化生产线上进行自动螺旋式卷制和自动埋弧焊接，完成整桩超长变壁厚钢管的制造。通过采用螺旋自动焊接设备、全位置自动焊接设备，加劲肋半自动小车焊接设备的研发与应用，实现钢管桩自动化焊接覆盖率达 100%。同时，为确保焊接稳定性，引进自动焊激光跟踪系统，实现螺旋合缝线激光扫描、数据智能分析处理、自动纠偏调节等功能，降低了工人的劳动强度，提高了焊接质量。针对钢套箱结构形式复杂、小组件多、拼接缝焊接量大、施工空间狭窄、焊接变形控制难等特点，通过采用反变形胎架、自动化和半自动化焊接小车设备的研发以及对称焊＋刚性固定工艺改进，实现钢套箱自动化焊接覆盖率达 70%，进一步提升了钢套箱的工业化制造水平。钢箱梁制造大量采用自动化、智能化加工技术，根据不同的板单元结构形式，分别采用了门式多头 U 肋自动焊接机、门式多头 I 肋自动焊接机、门架式焊接机器人等自动化焊接装备；从板单元制造各道工序入手，全面提高无码装配、自动化焊接率，有效保证焊缝质量和焊接效率；针对正交异性钢桥面板疲劳破坏顽疾，采用 U 肋内焊新技术，有效提高了 U 肋焊

缝的抗疲劳性能。通过小型智能焊接机器人应用实现对接接头多层多道焊缝的质量控制，并同步研制开发护栏立柱智能化生产线，具有自动组装、自动焊接功能，实现了流水化生产、标准化制造。钢箱梁涂装首次引进天车式喷砂机器人、可移动挂壁式喷砂涂装机器人、AGV往复式喷涂机器人，实现通过电脑控制完成钢梁外表面的打砂、喷涂智能化作业。

推行工点工厂化

现场施工作业面实行"工点工厂化"管理，各施工工点规划相应的功能区，按工厂化布置原则实现机、料、设施的规范化定位管理。

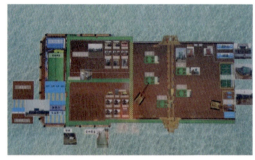

a）主墩平台功能划分布置图　　　　b）海上施工平台"工点工厂化"

现场作业面"工点工厂化"布局

班组作业标准化

为提升施工规范化水平，推进农民工向产业工人转变，项目开展班组作业规范化管理，规范工人作业行为，提高工序施工质量，降低安全生产风险，提升过程管控水平。

一是落实班组"首件认可制"与"清退制"。要求班组进行首件生产，不合格则重新进行首件生产，3次不合格则清退班组。二是强化班组日常行为常态化管理。推行班组"班前教育、班前检查、班中巡查、班后清理、班后交接、班后小结"6步走常态化和"整理、整顿、清扫、清洁、素养、安全"的"6S"管理，规范作业行为，培养良好习惯。三是构建安全施工环境。制定安全生产《通道标准化》《防护标准化》《标志标牌标准化》三个专项标准，实现施工定型化、通道装配式、安全标志标牌规范化，强化对工人的安全保障能力。四是开展班组劳动竞赛。每月对班组考核，评选"最美班组"和"最美工人"，设立专项资金奖励先进，开展季度和年度评比、表彰，提高工人存在感和获得感，激发工人参与热情。五是规范工人管理。建立"连队化"管理制度，对工人进行连、排、班、室四级管理。提高工人生活条件，住宿面积不得少于每人 $5m^2$ 并安装空调，生活区设置洗衣房、活动室、工人学校等设施。保障工人权益，建立工人工资发放监督机制。

开展"五小"创新

围绕质量通病治理、安全隐患治理、工效提升等方面在全项目范围开展全员五小创新活动，激发工人的创新创造热情。鱼山大桥支线共形成 26 项"微创新"技术的开发与应用，其中 10 项发明或实用新型专利已受理；10 项 QC 专题，成果发表 3 项；6 项工法已申请省部级工法。

以"智慧工地"创建提升管理精细化水平

管理信息化

为破解工程建设管理中的数据真实性、重点工艺监控、管理追溯性、信息分散等难点，积极创建"智慧工地"，利用 BIM 和互联网技术，建立公路产品信息库，开发手机、PC 端信息实时掌控系统。一是实现进度可视化平台，搭建可视化进度协同平台，利用手机 App 采集、分析现场数据，实现关键线路和节点工期自动监控和报警。二是实现质量管理流程化，建立试验检测数据联网监控系统、拌和站生产数据自动采集与监管系统，原材料报验、取样、试验等程序实现手机报验，混凝土试块植入二维码芯片实现扫描与强度试验同步。三是实现工艺设备控制智能化，建立钢结构焊缝质量激光自动跟踪监控、预应力张拉监控、架桥机自动过孔、架桥机安全监控、钢管桩沉桩监管体系，保障工程质量安全。四是人员管理规范化，开发安全教育与考核 App，实现人员定位考勤。五是探索支付高效化，利用 BIM 系统三维模型＋进度的"4D"维度基础，所有计量支付网上申报、审批流程化，根据实际进度计划达到各类资金报表出具自动化，达到计量支付投资分析全程动态化管理，实现工程建设五维管理模式。

生产设备智能化

为提升生产智能化水平，推广应用智能钢筋弯曲机、智能焊接设备、自动喷淋养护系统等智能化设备，进一步降低工人劳动强度。

针对超长自由端柔性墩上部结构节段箱梁安装风险高的问题，自主开发了架桥机同步顶推自动控制系统和安全监控系统，将架桥机过孔期间不同步控制在 2mm 以内，实现了 2000t 级架桥机无推力过孔，避免了架桥机过孔时的晃动以及对墩身结构的损伤，有效解决了安全问题和质量风险。

针对大尺寸预制构件混凝土浇筑问题，根据 70m 整孔箱梁平面尺寸大的特点，围绕混凝土布料难的问题，开发混凝土浇筑智能布料系统，作业人员仅需操作远程遥控装置即可实现混凝土的全方位布料，工人劳动强度显著降低。

积累经验　奉献行业

通过桥梁工业化布局，鱼山大桥在 27 个月内实现建成通车，实体工程质量得到有效保证，所有桩基础均为Ⅰ类桩，现浇墩身保护层厚度合格率达 90%，预制节段梁保护层厚度合格率达 97.8%，节段梁安装精度实现毫米级控制。安全管理实现零责任事故、零人员伤亡、零较大经济损失的"三零"管控目标。舟岱大桥目前正处于建设高峰期，在质量安全综合管控方面同样取得显著成效，在全省开展的质量安全综合大检查排行榜中连续三次占据榜首。

同时，成功举办了"2018 国际桥梁工业化建造及快速施工关键技术研讨会"，促成美国快速施工中心（ABC）与中国首度合作，为同行交流互鉴搭建重要平台。

系统性的桥梁工业化布局是打造百年品质工程的有效途径之一，需统筹考虑设计、施工等多层面的耦合效应，寻求提升工业化水平之路。工人素质提升是桥梁工业化最终得以实现的基础性源动能，通过班组规范化管理，提升工厂工业化、生产智能化水平，降低工人劳动强度，实现农民工向产业工人转变，方可觅得一种一开始就把质量安全造进工程中的有效途径。

借力外脑　系统攻关
——宁波舟山港主通道工程技术创新

宁波舟山港主通道项目指挥部总工　方明山

宁波舟山港主通道项目（简称主通道）位于中国东海灰鳖洋海域，具有典型的工程环境、施工边界及建设技术复杂的多重性重大工程特征，是继港珠澳大桥之后，我国建造的又一大型跨海工程，其工程规模为在建外海工程之首，其体量与杭州湾大桥、港珠澳大桥桥梁主体工程相当。项目建成后的大桥与已有的甬舟高速公路相连接，使舟山连岛工程总里程达86.68km，共同成为沪舟甬大通道的重要组成部分，也成为世界上规模最大的跨海桥梁群工程。

如何"又好又快"地实现建设目标，主通道工程指挥部（简称指挥部）从前期策划开始，依托工程平台，组织参建单位、借力外脑，开展系统性科技攻关，取得初步的技术创新成果。

理 念 创 新

桥梁工业化体系新理念

基于主通道面对的三大挑战，在项目接手伊始，主通道工程指挥部开展广泛的调研，在考察和总结国内外已有跨海大桥建设经验基础上，进行了项目建设顶层设计。在项目管理上，提出了"不求高大上，只求精细专"的管理总策略；在设计上，因地制宜，尽可能采用技术成熟度高且便于预制装配化施工的桥梁结构方案；在施工组织上，推行大标段划分便于资源配置保障，超前谋划施工营地及沿线施工作业面布局，推行施工前场工点工厂化管理、后场工厂预制化生产模式；在施工工艺上，本着充分利用我国跨海桥已有技术装备资源，同时鼓励新技术、新材料、新工艺及新装备的研发和运用。为此，立足中国跨海桥梁建设近20年的积累，提出了构建基于新一代桥梁工业化体系模型。

构建的新一代桥梁工业化体系，首先以需求为导向，从环境、品质及效益需求入手，分析主通道工程所面临的建设条件适应性、环境友好性及安全舒适性等七大方面问题；在此基础上，分别从设计层面、施工组织层面提出了六大工业化举措，其核心是设计标准化、构件制造工厂化、施工装配化及管理精细化理念的贯彻和实施。最终实现以减少海上作业工序、减少海上作业时间及减少海上作业人员的"三减少"理念和高品质的工程示范目标。

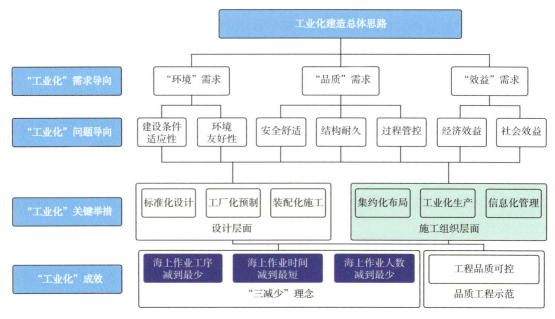

新一代桥梁工业化架构示意图

对于管理精细化，主通道探索形成了以乐清湾大桥为基础的工程项目管理体系和以港珠澳大桥、杭州湾大桥为基础的技术管控体系，两者相辅相成，共同构筑大桥建设管控网络。目前，大桥建设进度过半，各项工作平稳有序，工程建设总体受控。

海上长桥 ABC 建造新理念

鱼山大桥作为国家重点项目——绿色石化基地的配套工程，建设要求高，为加快推进绿色石化基地工程的建设，大桥工期由 36 个月调整为 27 个月。桥位所处海洋环境、水文、地质及周边条件复杂，如何确保在预定时间完成建设目标，是大桥建设首要面临的重大工程问题。针对鱼山大桥的特殊性，从设计、施工角度策划，形成了具有项目特色的快速施工（Accelerated Bridge Construction，简称 ABC）建造技术。

总体设计上，为了节约工期和降低工程成本，下部结构采用了超大、超长单桩独柱结构，单桩基础最大直径 5m，最长 148m，最大方量 2001m³，较群桩基础工期缩短 40%，波流力减少 80%，冲刷深度减少 20%，造价节省约 30%；上部结构采用了全预制拼装连续箱梁结构，便于充分发挥工业化生产优势。

施工组织上，为了克服海上施工有效作业时间短的制约，8km 栈桥采用模块化设计及装配技术,仅用3个月完成栈桥架设,为下部基础施工提供了快速、便捷、安全的陆域作业通道,并极大地延长了桩基的有效作业时间(由年均200d增加到年均300d)。同时,采用上部结构节段箱梁预制生产及安装与下部平行作业的思路。

关键工艺上,采用最先进的打桩船(雄程1号)实现一次整节沉放65m长钢护筒,采用超大功率全液压回旋钻和减压慢速技术实现超大直径桩基成孔;发明专用装置,解决了241t重、148m长的钢筋笼安装工艺难题。对于花瓶形墩身钢筋骨架,采用工厂整体绑扎、整体运输及安装的先进工艺,作业时间仅需4h,下部结构总工期节约5个月。经检测,所有墩身、桩基础质量优良,倾斜度均小于1/220。

雄程1号打桩船主要技术参数

船体尺寸	78m×36m×6.5m	最大吃水深度	4.5m
桩架高度	128m	作业最大桩重	500t
沉桩长度	105m(水面以上打桩高度)+水深	可施工最大护筒尺寸	7000mm

注:船上配备有D260筒式柴油锤(实际打击能量450kJ),IHC-S600液压锤冲击打桩锤,也可根据要求配备2400kJ以下的液压冲击锤。

关键设备上,为了适应恶劣的施工环境,研发了抗风能力强的海上架桥机,配备了同步顶推系统,应用物联网、焊接机器人、实时监控等先进技术,实现了平均每3d完成1榀梁段预制,15个月完成了2370榀梁段预制;平均每天完成7榀梁段拼装,14个月内完成了全部梁段安装。

简言之,形成了基于设计集约化、标准化、施工构件预制化、装配化、施工组织平行化、海上全域通道化、管控信息化为特征的海上长桥快速施工技术,这些综合技术的集成运用,确保鱼山大桥高品质快速建造目标,并创造了中国跨海桥梁建设速度的新纪录。

鱼山大桥架桥机

陆域一体化架设新理念

舟岱大桥陆域段全长约10km,其中T梁范围6.16km,沿线村庄、农田、公路及河道密布,如何减少沿线村民生产、生活干扰,并减少施工期对地方道路和农田的临时占用,也是需要考虑的重大工程问题之一。为保护环境节约资源,实现绿色、高效、优质、生态、节能目标,舟岱大桥陆域段的设计充分借鉴了上海城市高架桥的先进建造理念,采用了桩基接系梁、双立柱式墩接盖梁的下部结构形式，预制墩柱与系梁、盖梁之间采用半灌浆套筒的连接方式；上部结构采用跨径为28m和30m两种类型的连续PC标准化预制T梁结构，预制T梁共计2205片，盖梁320片，立柱652个。施工上，提出了"上、下部结构"全预制化、现场一体化架设新理念。采用施工桥位合适位置设置提梁站，立柱、盖梁及T梁通过提梁站龙式起重机提升至桥面的运输车上，通过桥上运输通道运抵架桥机处进行安装。这种工艺，彻底改变了过去架桥机仅能安装上部结构，而下部结构需占用临时通道并借助其他起吊设备进行安装的局面，有效地解决了生态环保部提出的"无害化穿越"的重大工程环保难题。

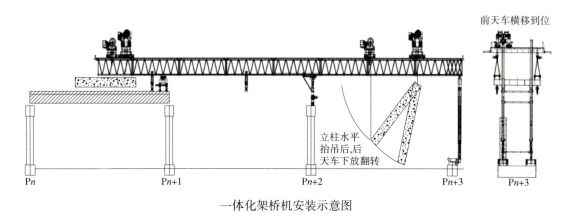

一体化架桥机安装示意图

技 术 创 新

立足工程需求，结合当前我国跨海桥梁工程中业界关注的热点问题，主通道在设计与施工工艺方面开展了系列的技术创新尝试。

正交异性钢桥面板问题

针对大跨径桥梁正交异性钢桥面板U肋焊缝疲劳的典型问题，设计上提出了新型开口L形纵肋结构。为提高桥面系抗疲劳性能，顶板开口纵肋与顶板间采用双面焊缝。开口纵肋与顶板间内侧焊缝采用焊高6mm的贴角焊缝；开口纵肋与顶板间外侧采用坡口角焊缝，焊缝熔透深度应不小于80%。与传统U肋比较，加大肋高，增加截面惯性矩，从而降低应力水平。由于肋板增高，肋板被分离，肋板的稳定性保障是关键。该结构经历了几轮次的优化，从焊接及涂装工艺保障、工效提高角度，从最初设置连接板改为取消连接板并增设顶板环向加劲肋。该构造最终在北通航孔桥及长白互通匝道桥首次尝试应用。经分析，长白互通匝道桥钢箱梁纵肋与横隔板交界处各热点应力水平降低9.3%~19.1%，钢材用量增加约3.2%。

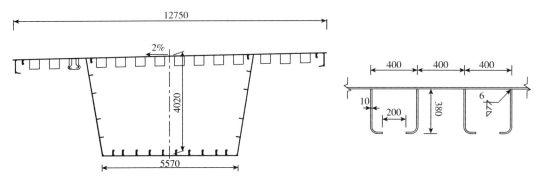

长白互通匝道桥钢箱梁横断面图（尺寸单位：mm）　　新型半开口肋示意图（尺寸单位：mm）

预应力混凝土刚构桥下挠问题

长期以来，因混凝土收缩徐变、预应力损失等因素引起连续梁桥下挠现象，一直是业界关注的问题，特别是大跨连续刚构桥下挠极为显著，已严重威胁到桥梁结构的安全性与行车舒适性。其中，最为著名的案例是1977年建成的太平洋上的帕拉共和国Koror-Babeldaob桥，主跨241m，是当时世界上最长的后张法预应力混凝土箱形梁桥，建成后挠度不断加大，1995年主跨跨中挠度值竟高达139cm，1996年加固修补3个月后桥梁倒塌。鱼山大桥主通航孔桥及舟岱大桥北通航孔桥，主跨均采用260m变截面连续预应力混凝土刚构桥，其跨径居世界之首。为了克服桥梁跨中下挠问题，采用了多种技术措施。一是采用节段预制对称悬拼，降低混凝土的收缩徐变的影响。据有关分析，同现浇箱梁相比，60d存梁期梁体纵向收缩值减少11.3%，150d存梁期梁体纵向收缩值减少21.5%，365d存梁期梁体纵向收缩值减少33.4%；同时，研究建议存梁期采用30d以上的要求。二是主跨跨中范围将混凝土梁改为钢箱梁，降低箱梁自重，可减少挠度约37%，这种混合结构为目前世界首次应用。三是箱梁纵向预应力采用体内和体外张拉相结合的方式，体外束可单根更换、多次张拉、重新张拉，便于箱梁后期线型的重新调整。

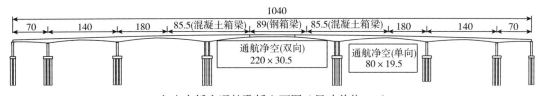

鱼山大桥主通航孔桥立面图（尺寸单位：m）

预制墩身连接问题

为了解决预制墩身连接问题，从东海大桥开始，杭州湾大桥、金塘大桥均采用了墩身与现浇承台湿接缝的连接方式。由于预制墩身与现浇承台混凝土龄期差异大，同时新浇混凝土受到预制墩身、现浇承台结构的上下约束、湿接缝部位定位架内部约束、混凝土配合比不佳和养护不当等多种因素的影响，在湿接缝部位新老混凝土结合界面处容易产生温度、收缩及各项约束等引起内部应力集中加剧形成竖向贯通裂缝。对此，这些年业界一直在积极探索。从东海大桥至金塘大桥，先后采取了优化混凝土配合比、增加不锈钢筋网、加强环向配筋、改进定位架等措施，湿接头裂缝得到有效控制，对于已发现的表面裂缝，进行了封闭处理，并在其表面进行了浸渍硅烷。而在港珠澳大桥深水区和浅水区设计中，采用了干接法和内置式湿接法两种不同方案，同时承台顶面与预制墩身采用整体预制安装工艺。

预制墩身湿接头施工

本项目设计上积极寻求改进方式，提出了底节金钟罩形墩身与承台连接采用内置式湿接缝方式。对于Ⅱ类墩的底节墩身高11m，金钟罩形墩身采用C45混凝土，高度为5.3m，包括3m直线段和2.3m收口变截面段，墩身底部外轮廓尺寸为7.1m×4.8m。墩身与承台设置压缩型防水带，并进行注浆密封。填芯混凝土采用C40混凝土，高5.8m。填芯部分钢筋包括墩身预埋钢筋、承台预埋钢筋及填芯部分构造钢筋，承台预埋钢筋通过连接钢筋与墩身竖向预埋钢筋进行机械连接。

对于高墩的预制节段连接采用了"底节墩内齿块+纵向预应力束+深埋锚"预应力体系。该方案在实施过程中，发现了不少值得优化的细节。一是底节齿块钢筋设计十分复杂，且钢筋密集，现场施工时只能采取逐根散绑的方式，不仅施工功效低，且施工人员均为高空作业，存在安全风险；二是墩内齿块是向内侧突出的上小下大的结构，不利于混凝土振捣密实，齿块部分质量控制难度大；三是底节齿块处固定端锚具制作困难，功效低。为此，指挥部牵头组织施工单位和设计、专业厂家一起研究改进方案，提出了三种思路。

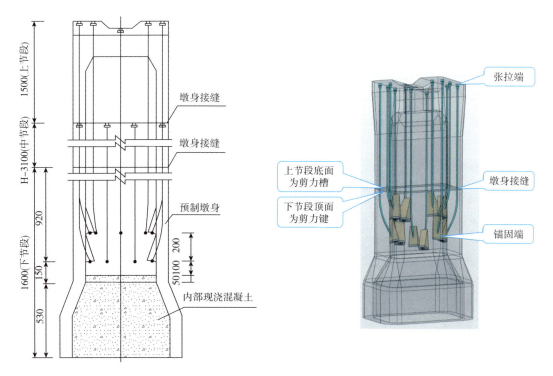

金钟罩形预制墩身湿接法示意图（尺寸单位：cm）　　预制墩身连接竖向预应力体系

方案一：采用增设连接器的竖向预应力体系，取消底节墩内预应力齿块，底节墩身采用预埋式竖向预应力钢绞线，通过钢绞线活动式套筒连接器与上节预制墩身竖向预应力钢绞线进行连接。墩身对接到位连接后再实施预应力张拉压浆。墩身竖向预应力为常规预埋套管穿索式预应力体系。

方案二：采用预应力粗钢棒体系。该方案取消底节预应力齿块，墩内采用竖向预应力体系。预应力为直径75mm的预应力粗钢棒体系，底节墩身预应力粗钢棒为预埋式，通过连接器与上节墩身预应力粗钢棒连接，墩身就位后实施张拉压浆。这套体系为港珠澳大桥首次研发的新技术，相对成熟，具有安装施工简便、施工质量易保证的优点。

方案三：自锁式预应力锚固体系。构造上基本同方案一，不同的是，改用由通长直线型钢绞线、挤压套、导向头组成的自锁式锚固预应力体系。钢绞线的下端由挤压套整体挤压锚固，上端为自由状态，现场用夹片锚固。

该体系于2016年11月11日由上海市城市建设设计研究总院联合广西柳州欧维姆公司研发成功，已先后在上海市轨道交通5号线南延伸工程和成都三环路扩能提升改造工程羊犀立交工程中获得应用。

比较三种方案，方案一中底节墩身需要预埋钢绞线，在海洋环境如何做好预埋钢绞线的临时防腐需要专项研究，且钢绞线活动式套筒连接器需要研发，研发周期较长，成本高；方案二虽然已在港珠澳大桥成功应用，但用于本项目需增加成本高达3000多万元，性价比低。

方案三结构简单，通长直线束，由固定端（自锁式）锚具、张拉端锚具、索体及预埋管组成，通长无连接器，墩身钢筋构造极大简化，钢筋绑扎工效可节约3~4d/墩，施工方便快捷：索体工厂化制作，竖向整体穿索，固定端即时锚固，一次性灌浆；其成本相对较低，与常用钢绞线体系相当，低于预应力粗钢棒体系。

经过比选及现场工艺验证，最终采用了方案三作为优化实施方案。进入批量生产安装阶段后，下部结构施工工效提升明显。

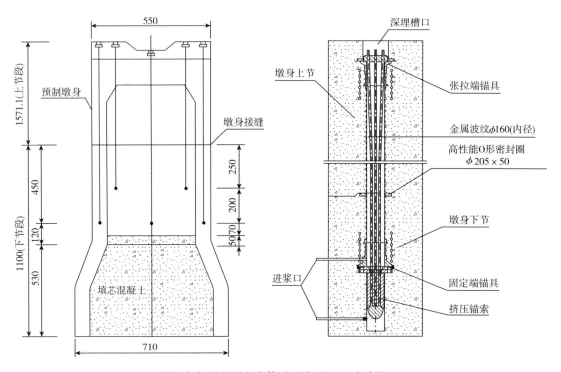

预制墩身自锁式预应力体系示意图（尺寸单位：cm）

U肋与顶板焊接问题

针对正交异性钢桥面板焊缝疲劳问题，U肋与顶板的焊缝形式以往多采用外侧部分熔透焊。港珠澳大桥推动研发了自动化焊接生产线，主要由自动打磨、自动定位和自动施焊设备组成，采用气体保护焊焊接工艺，熔透率不低于80%的要求。其后，为了进一步提高焊缝质量、改善疲劳性能，武汉沌口长江大桥首次采用了双侧部分熔透焊技术，研发了专用自动化生产线，主要由自动打磨、自动定位、专用U肋内焊设备和外焊设备组成，内、外侧均采用气体保护焊。而以深中通道工程为代表，提出了全熔透焊技术新要求，积极研发推行内、外侧均采用埋弧焊的新技术。

对此，本项目U形加劲肋与顶板间采用双面焊缝。其中，内侧焊缝采用焊高6mm贴脚焊缝，外侧采用坡口角焊缝，焊缝熔透深度不小于80%。焊接工艺上，积极借鉴沌口长江大桥经验，内、外侧均采用CO_2气体保护焊。

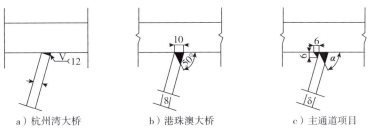

U肋与顶板焊缝示意图（尺寸单位：mm）

花瓶形墩身钢筋快速绑扎问题

针对鱼山大桥花瓶形墩身钢筋骨架现场绑扎定位精度要求高、难度大及工效低的特点，积极借鉴类似工程经验，钢筋骨架采用工厂整体绑扎、现场整体吊装新工艺。其中，最大钢筋骨架长28m、重35t。对于低墩区桥墩钢筋采用整体绑扎，高墩区分节绑扎，绑扎周期约5d，现场安装仅需0.5d，较传统现场钢筋绑扎施工至少节省15d，工效提升效果显著。在此基础上，舟岱大桥借鉴鱼山大桥做法，DSSG01标海上现浇墩直线段钢筋骨架在胎架上采用匹配法制作，分节长度最大9m。为提高钢筋骨架整体刚度，在内部设置加强圈及井字形内撑。加强圈和内撑采用C32钢筋制作。钢筋胎架采用定位钢板和型钢焊接而成，定位钢板上焊接顶定位齿。钢筋骨架采用平板车运至施工现场，履带吊装配式安装。单节墩身钢筋骨架绑扎周期可节约4d。

墩身钢筋骨架绑扎

墩身钢筋骨架吊装

非通航孔桥钢套箱底板拆除问题

为了解决非通航孔桥承台钢套箱底板无法拆除导致钢套箱底板与钢桩之间留下电流

腐蚀通道，进而加剧钢桩阴极保护系统消耗的问题，以往的跨海大桥都要求钢套箱底板与钢管桩绝缘。但工程实际中大部分都不满足绝缘要求，需要额外考虑增加钢管桩阴极保护系统的阳极块数量，增加工程造价。针对这一难题，本项目两家施工单位分别提出了两种技术对策并获得成功实施：一是DSSG04标采用了混凝土预制底板；二是DSSG02标采用可拆卸钢底板，彻底解决了困扰钢桩阴极保护的难题，同时，钢底板的可拆卸实现了可周转利用，极大地节约了施工成本，可谓一举多得。

混凝土底板

可拆卸钢底板

关 键 技 术

基于提升项目整体技术含量和水平，推动跨海大桥前沿技术发展，结合本项目技术特点、需求及技术发展动态，指挥部积极组织开展了以海工混凝土耐久性、全预制装配一体化、超高性能混凝土桥梁、北斗系统测控技术及钢结构焊缝延迟裂纹评估与控制等跨海桥梁关键技术的基础性研究工作，取得了初步成效。

海工混凝土耐久性

迄今，关于海工混凝土耐久性的问题业内已开展了大量研究工作，并取得诸多进展。结合项目周边已有跨海桥梁耐久性研究成果基础，指挥部提出依托项目平台，重点围绕工程耐久性基础数据调研与分析、耐久性设计关键技术、高品质混凝土施工质量控制关键技术、东海海域工程材料与结构暴露试验站及基于全寿命理念的耐久性管养技术五个方面进一步开展基础性研究，旨在强化本项目耐久性保障措施，提升我国跨海桥梁耐久性基础理论研究深度，助推行业技术进步。具体而言，一是将建立适合东海海域跨海工程的耐久性全寿命可持续设计方法与评价体系，提出机制砂海工混凝土配合比设计方法，促进机制砂在海工混凝土中的应用，推动绿色交通工程的发展；二是建立基于动态的混凝土结构品质控制成套技术，完善混凝土质量控制方法；三是建立东海海域混凝土构件与结构层次的暴露试验站，丰富我国沿海典型暴露试验站网。目前，研究进展顺利，取得了重要阶段性研究成果。在耐久性基础数据调研基础上，提出了加快推广机制砂的建议报告，完成了暴露试验站建设及试样的安放，提出了适用于本项目大体积混凝土温控措施，构建了适合东海海域跨海工程的耐久性全寿命可持续设计方法与评价体系。

全预制装配一体化

针对本项目近6km长的陆域高架桥，提出适合墩梁一体化预制架设安装的设计方案，研究一体化架设工艺，研制一机单幅式架桥机设备，并对高精度预制、快速拼装连接等关键施工工艺进行研究，通过工艺试验验证形成质量管控及检验评定标准；建立一体化架设桥梁的经济指标体系及效益评价方法，形成一整套适合山区、丘陵地区地形起伏、临时场地区域桥梁快速施工技术。目前，该研究已取得重大进展，成果已成功用于指导DSSG01标360孔桥跨的施工，研发投入了3套一体化架桥机，实现了4~5d/孔架设速度，节约临时道路占地300亩[①]，取得显著的社会及经济效益。

超高性能混凝土桥梁

超高性能混凝土（UHPC）材料研究及应用近年备受业内关注，被誉为新一代混凝土材料，有望成为未来跨海桥梁新材料。为此，依托本项目平台，开展基于UHPC的跨海桥梁性能提升研究，助推UHPC材料在跨海工程中的应用。研究重点围绕海洋环境下适用于桥梁不同部位要求的UHPC材料指标；构建海洋环境UHPC材料工具箱、指标体系、评价方法及优化方法；开展高性能桥梁湿接缝的合理构造形式与力学性能分析；提出新型装配式UHPC跨海桥梁；研发大规模施工工艺与装备；形成海洋环境UHPC桥梁设计、施工、管养成套技术。目前，研究进展顺利，部分成果已成功用于本项目。其中，首次将UHPC用于为富翅门大桥叠合梁湿接缝部位，节约工期3个月并有效避免了叠合梁湿接缝因龄期差、约束因素引起早期裂缝的通病。为探索未来大跨径非通航孔桥新型UHPC桥梁结构，拟在舟岱大桥烟墩互通匝道桥选取一联5孔30m的T梁桥进行UHPC材料工程设计应用验证。目前，已完成了方案设计，将原T梁方案优化为UHPC+HPC组合T梁，即将进入工程实施。

北斗系统测控技术

针对近年出现的测控系统稳定性和安全性日益突出的问题，探索利用我国已趋成熟的北斗系统BDS全面替代美国GPS系统的技术可行性，实现跨海长桥测控信号、GNSS软硬件设备和标准的全北斗化，从而提升项目测控系统的安全性和自主性，掌握跨海长桥测控核心技术，为后续跨海工程探索形成一套完整的全生命周期、全面北斗化工程测

---

① 注：1亩 ≈ 666.6m²。

量技术体系。目前，该研究已成功用于舟岱大桥的测控系统，大桥全线已实现高程高精度贯通测量，取得了与 GPS 系统同量级的工程精度水准。

总 结 展 望

近三年的工程实践，主通道积极践行新一代桥梁工业化理念，取得了超乎预期的成效。工程建设进展顺利，工程进度、质量及安全总体可控，实现了 2016 年底完成鱼山大桥、2019 年 9 月底完成富翅门大桥以及舟岱大桥工程过半的阶段性建设目标。与此同时，笔者也深感改革开放四十余载，中国桥梁大发展，桥梁工业化进程发展迅猛，桥梁构件预制水平和质量有了极大提升，但也深感中国桥梁工业化道路依然漫漫，如何实现桥梁工业化技术与经济指标的协同效益最大化，尚有诸多技术问题值得思考和探索。

宁波舟山港主通道项目工程技术创新的实践探索与思考

宁波舟山港主通道项目指挥部常务副总指挥　吴波明

2021年12月29日，宁波舟山港主通道项目（简称主通道项目）全线建成通车。这条全长37km的跨海大桥宛若一条矫健的巨龙，腾跃在东海灰鳖洋上，彻底结束了岱山岛"海上悬岛"的历史，架起了当地群众奔向共同富裕的通途，为浙江海洋强省建设、长三角一体化发展打开了新的空间。

在各参建方的大力合作下，主通道项目工程建设指挥部（简称指挥部）坚定践行品质工程建设理念，交出了一份令人满意的答卷。2018年，主通道项目作为浙江省交通领域在建工程的唯一代表，入选交通运输部品质工程攻关行动试点项目，开展桥梁预制构件质量提升攻关行动，其成果《桥梁预制构件品质工程提升技术及管理指南》已出版发行。2020年，鱼山大桥获浙江省建设工程钱江杯奖。2021年，主通道项目获浙江省在建交通工程质量和安全生产综合检查"六连冠"佳绩。

海上大型桥梁施工涉及的点多、线长、面广，技术复杂，在主通道项目建设过程中，指挥部不断以创新研发攻克技术难题，形成了一批技术创新成果，为项目品质工程创建提供了有力保障，成为我国新一代桥梁工业化理念实践样本。同时，基于实践过程中的积极探索与成效，也引发了笔者的深入思考，故此成文，以期抛砖引玉，为后续同类工程建设提供借鉴，为行业发展提供新的思路。

技 术 创 新

海域裸露倾斜岩面大型钢护筒沉放技术

富翅门大桥为典型的沿海环境桥梁，跨越响礁门中央V字形水道，水域潮差大，流速达到2.93m/s。主桥为双塔结合梁斜拉桥，桥跨布置为57m+108m+340m+108m+57m。9号索塔承台下设26根ϕ3.1~2.8m的变径钻孔灌注桩，单桩桩长为62m，桩基均按嵌岩桩设计，以中风化含角砾凝灰岩为桩端持力层。桩基永久钢护筒内径均为3.1m，壁厚20mm，长度28~40m，采用Q235C钢材。

9号索塔基础位于大倾角基岩斜面上,海床面倾角达29°,直径3.1m护筒范围内的岩面高差达1.4~2.2m,群桩范围高差达到16m。同时该墩位覆盖层极薄,厚度仅为1.5m,下伏岩石硬度较大,表面达到44MPa,桩端持力层岩石强度达到68MPa。

鉴于以上复杂条件,9号索塔基础施工的关键在于搭设结构安全可靠、经济性好的施工平台。指挥部组织开展了广泛的调研,借鉴金塘大桥、杭州湾跨海大桥、平潭海峡大桥等施工经验,通过多次方案专题会及专家会议,选用了永久钢护筒跟进、锚固的施工工艺,导管架精确定位,解决了钢护筒的"生根"及插打精度问题。并利用永久钢护筒为基础进行施工平台搭设,搭设施工平台考虑钢护筒参与平台整体受力,不再设置临时钢管桩基础。

(1)利用主栈桥,采用打桩船在9号索塔侧插打起始平台临时钢管桩,用冲击钻凿除钢管桩内岩层,下钢筋笼浇筑混凝土锚固钢管桩,搭设起始平台。

(2)在起始平台上安装导向架,在导向架上用冲击钻冲孔沉放永久钢护筒,边冲孔、边接长永久钢护筒,进行钢护筒跟进,直到达到计算的锚固长度。

(3)在永久钢护筒上焊接牛腿,安装横梁、贝雷架、分配梁、面板等上部结构,搭设施工平台。

(4)为增强整个施工平台刚度、加快钻孔桩施工速度,采用永久钢护筒锚固与钻孔施工错排同步施工,即临时锚固完成两排钢护筒后,开始投入冲击钻对已完成锚固钢护筒进行成孔作业。施工平台搭设完成时,业已完成11根钻孔桩成桩施工。

导向架安装焊接施工

振动锤辅助钢护筒跟进

海域裸露倾斜岩面大型永久钢护筒沉放技术运用一系列新工艺、新方法,定期完成了9号索塔26根桩基钢护筒沉放的施工任务,为恶劣海域环境钢护筒施工积累了宝贵经验,进一步推动了大跨径桥梁建设技术的发展。

海域大型钢平台模块化、装配化快速施工技术

舟岱大桥主通航孔桥跨越舟山中部港域西航道进港主航道，航道水深25m，最大流速2.54m/s，通航代表船型为5万t级油船（远期规划10万吨级油船）。主通航孔桥是目前世界上最大跨径的三塔钢箱梁海上斜拉桥，桥跨布置为78+187+550+550+187+78=1630（m），亦为全线的控制性工程。

为规避钢箱梁大悬臂架设状态下遭遇台风的重大安全隐患，主通航孔桥钢箱梁架设必须于2021年6月底前架设完成。经过工期倒排，极致压缩主墩桩基→承台→主塔→钢箱梁及斜拉索关键线路后，如何在冬季季风期60d（有效作业时间30d）内，将首个主墩平台116根临时钢管桩和29根 ϕ3.5m永久钢护筒打设到位，并将4650m^2上部钢结构平台搭设完成并投入使用，成为摆在指挥部面前的第一道拦路虎。

海域浪大水急，大风频发，有效作业时间短，总工期要求苛刻，开展钢平台模块化、装配化快速施工技术研究成为解决钢平台问题的唯一最优解。此项技术的关键在于钢管桩快速精准打设、管桩平联单元优化、面板单元模块化设计。

（1）投入打桩船进行临时钢管桩和永久钢护筒打设。打桩船配备"北斗+GPS"测量控制系统，确保钢管桩/钢护筒中心位置偏差不大于100mm，倾斜度不大于1/150精度要求。沉桩工效方面，临时钢管桩10~12根/d，永久钢护筒3~4根/d，为后续钢平台大规模搭设奠定了作业面基础。

（2）创新管桩平联结构，将平联由"三角形"优化为"工字形"，在后场预制成整体，再运往现场进行焊接，使得现场平联焊接接头由6个减少为4个，减少现场焊接作业量30%以上。

（3）以适用现场模块化安装为原则划分面板单元，将分配梁和面板在后场焊接成整体，运往现场安装就位后，仅需进行面板单元之间、面板单元与承重梁之间的焊接，减少现场焊接作业量70%以上，大幅度加快了钢平台的施工进度。

工字形平联现场施工

主墩钢平台航拍图

海域大型钢平台模块化、装配化快速施工技术，为主通航孔桥钢箱梁在台风季前顺利合龙打下了坚实的基础，此项技术在时效性、安全性、经济性和社会影响力等方面均取得良好效果，为今后类似桥梁的大型钢平台快速搭建提供了宝贵经验。

非通航孔桥水上可拆除钢底板和预制混凝土底板钢吊箱技术

舟岱大桥 70m 跨径非通航孔桥位于舟山群岛高风速带灰鳖洋海域，波浪、水流、气象等自然条件复杂，水深范围 4~30m，最大潮差 3.9m，夏季多台风，秋冬多季风，春季多海雾，年有效作业时间仅 200d。

南非通航孔桥主线长 4.97km，共有 173 座海域承台（含长白互通），受海上互通匝道影响，南非通航孔桥海域承台结构形式众多，包含圆端形、哑铃形、三哑铃形、圆形、矩形 5 种类型，多达 12 种结构尺寸，由中国建筑 DSSG02 标负责实施。北非通航孔桥主线长 7.35km，共有 130 座海域承台，仅包含圆端形、哑铃形 2 种结构尺寸，由中交二航 DSSG04 标负责实施。每个海域承台下设数量不等的倾斜钢管桩基础，桩径 1.6m、1.8m、2.0m，最长桩长 109m，最大斜率 1∶4.5。

作为体量庞大的海上长距离非通航孔桥建设，基础工程成为制约舟岱大桥建设周期的关键因素，指挥部遵照"海上作业工序减到最少、海上作业时间减到最短、海上作业人数减到最少"的"三减少"管理理念，组织两家施工单位开展了海域承台钢吊箱快速化施工关键技术研究。为攻克以往非通航孔桥承台吊箱钢底板无法拆除，导致钢底板与钢管桩之间形成电流腐蚀通道，加快钢管桩牺牲阳极保护系统消耗的耐久性难题，两家施工单位结合自身标段特点，分别进行了两种解决思路的技术攻关并成功实施。

南非通航孔桥海域承台形式众多，为减少后场拼装场地面积，降低胎模费用，提高钢底板周转率，创新提出了"水上可拆卸钢底板"的技术思路。水上可拆除底板钢吊箱主要由分块拼接钢底板，精轧螺纹上、下吊杆体系，桁架挑梁，钢壁体组成。通过钢底板无螺栓平缝对接、套箱内精轧螺纹下吊杆反拧设计、低潮位无水状态下钢底板两侧向中间依次"翻转"拆除等技术举措，顺利实现钢底板水上拆除，解决了潜水员水下拆除钢底板安全隐患，并实现了钢底板 100% 周转利用。

北通航孔桥海域承台形式少，仅为圆端形、哑铃形，后场胎模建设成本低，为彻底解决现场底板拆除安全风险，创新提出了"预制混凝土底板"的技术思路。预制混凝土底板钢吊箱主要由预制混凝土底板、悬吊系统、钢壁体组成。通过"梁、板"结合式混凝土底板结构、多点悬吊式型钢系统、拉压杆结构体系等技术举措，顺利实现钢吊箱模块化设计、快速化施工，混凝土底板无须拆除目标。

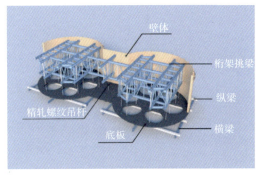 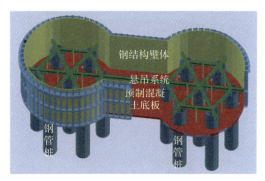

水上可拆卸钢底板钢吊箱　　　　　　预制混凝土底板钢吊箱

随着我国跨海桥梁建设的不断发展，在大型化、工厂化、装配化、快速化理念下，水上可拆卸钢底板钢吊箱、预制混凝土底板钢吊箱两项创新成果可为同类跨海大桥非通航孔桥海域承台施工提供经验与参考。

预制墩身"自锁式预应力"新型连接技术

舟岱大桥 70m 跨径非通航孔桥墩身采用分节预制安装，节段间通过预应力体系连接。预应力快速化施工是墩身节段现场连接的关键，是整个墩身结构的灵魂。

原设计方案为"墩顶张拉端深埋锚＋中间预应力钢绞线＋墩内齿块P锚固定端"。其在预制和安装过程中存在三个难点，严重影响了墩身预制与安装的质量和进度：①齿板为向内侧突出的上小下大的空间异形结构，钢内模拆除困难；②齿块钢筋与墩身主筋交错布置，密集复杂，加工工效低；③海上安装时，钢绞线逐根穿束，墩顶可操作空间有限，穿束工效低，安全风险高。

为了找到更高效的施工方法，指挥部协同施工单位展开了广泛的调研，发现了一种新的"自锁式预应力体系"，保留了钢绞线受力的形式，创新方法将钢绞线整束挤压成型，并配套自锁式的锚固端。该项新技术使安装方便、快捷，但仅在国内市政工程少量使用，需开展以下工艺试验评估论证：

（1）挤压索穿束试验：把成型挤压索由人工推进孔道底部，完成锚固端的自锁，千斤顶分级张拉，检验自锁式锚具的自锁性和可靠性。

（2）钢绞线束拉拔试验：将钢绞线束穿入孔道内，灌注不同强度的高强砂浆。待灌浆强度满足设计要求后进行张拉试验。试验证明，60MPa 高强砂浆即可满足钢绞线束的锚固要求，可作为自锁式锚具失效工况的补救措施。

采用"自锁式预应力"新型连接技术后，预制和安装工效大幅度提升。底节墩身取消了复杂的齿块结构，墩身钢筋绑扎标准、快捷，钢内模安拆一次性到位；海上安装时，预应力整束穿束，自动锚固，避免了人员进入墩身内腔进行固定端P锚挤压和封锚作业，降低了作业风险。

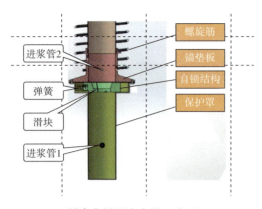

墩身自锁预应力施工流程　　　　　　　墩身自锁预应力现场施工

"自锁式预应力"新型连接技术首次在海域桥梁大规模运用,为海域预制墩身节段预应力连接技术提供了新方法、新思路,在桥梁工业化发展上增添了一抹新色彩。

全预制墩、梁一体化建造技术

舟岱大桥陆域段全长约10km,其中T梁范围6.16km,路线穿过低山丘陵区、山前坡洪积斜地区、海积平原等多种地貌类型,地形起伏较大,沿线村庄、农田、公路及河道密集,桥梁施工组织困难。

为了最大限度地减少对沿线生态、人文环境的影响,减少施工期基本农田占用,打造优质耐久、安全舒适、经济环保、社会认可的绿色品质工程,实现"无害化穿越"建设目标,指挥部创新性地提出了一体化架设梁式桥的建设理论,经本项目实践,研发与应用了具有自主知识产权的"全预制墩、梁一体化建造技术",该技术为国内交通行业首创。

设计层面,基础及下部采用了桩基接系梁、双预制立柱接预制盖梁结构形式,预制立柱与系梁、预制盖梁之间采用半灌浆套筒连接;上部采用跨径为28m和30m的连续PC标准化预制T梁结构。全桥共有预制T梁2205片,盖梁320片,立柱652个。

墩、梁一体化架桥机

施工层面，在施工桥位合适位置设置提梁站，预制立柱、盖梁和 T 梁通过提梁站提升至桥面的运输车上，通过桥上运输通道运至一体化架桥机处进行安装。墩、梁一体化架桥机主要由主桁架、前支腿、承重支腿、辅助支腿、起重天车、液压电气系统等组成。通过整机自行过孔设计，前支腿多级伸缩设计匹配不同墩身高度，前、后天车竖向翻转立柱，实现立柱水平→竖直的姿态调整等技术举措，顺利实现全预制构件无便道架设目标。

全预制墩、梁一体化建造技术，打破了陆域传统的设计思路和施工工艺，利用全预制质量优势，提高耐久性能，减少养护成本，促进桥梁混凝土结构可持续发展，是积极探索桥梁工业化的生动实践。

水泥搅拌桩施工智能化监测技术

舟岱大桥陆域段烟墩互通位于山丘坡脚，属海积平原区地貌，下卧淤泥质粉质黏土，最大埋深约 13.7m。该段软基设计采用钉形双向水泥搅拌桩"四搅两喷"加固工艺，适应临山段软土分布厚度变化大的特点。

传统水泥搅拌桩具有施工简便、工艺简单、造价低廉、对周边环境影响小等优点，但也存在自动化程度低、施工质量监控方法落后、成桩质量差等问题。为了提升水泥搅拌桩施工质量管控水平，确保隐蔽工程施工质量，指挥部组织研制了水泥搅拌桩施工质量监控与分析智能化系统，成为水泥搅拌桩施工数字化的创新样板。该系统由北斗定位基准站、数字化桩机控制系统、数据共享交互平台三部分组成，可实时反馈打桩位置及深度、打桩速度、成桩时间、喷浆量、提钻次数、电机电流值等关键作业指标，并实现 24h 施工数据采集及管理：

（1）桩长判定。通过北斗定位 GPS 接收机实时反馈打桩位置及深度，成桩深度精确到 0.01m。

（2）打桩速度控制。通过控制系统实时检测打桩速度，系统自动记录打桩的开始、提钻、结束时间。

（3）喷浆量控制。通过控制系统实时监测喷浆流量过程，喷浆量结果直接传输到云端系统。

（4）持力层判定。通过电流传感器实时检测电流变化情况，确保终孔电流值满足最低标准。

水泥搅拌桩施工智能化监测技术，实现了水泥搅拌桩施工过程的全面管控、设计验证，解决了水泥搅拌桩施工的质量隐患，有效保证了成桩质量，推进了软基施工智能化的发展。

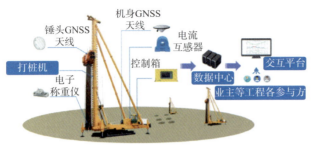
系统组成结构图

数据共享交互平台

思 考 探 索

预制墩身裂纹防控的思考

舟岱大桥 70m 跨径非通航孔桥预制墩身设计采用预制薄壁空心墩，墩高 11.2~49.7m，壁厚 70cm，以墩高 16m 为界线，分别采用整体或分节预制安装。墩身底面为尺寸扩大的变截面"金钟罩"，高度为 5.3m；中部为矩形空心截面，高度为变化值；顶部为变宽墩帽，高度为 4.5m，墩帽中部留有进人孔。

为确保预制构件成品质量，指挥部组织选取了变截面墩身中具有代表性的部位进行等比例构件试制试验，在工艺试验件的进人孔、斜面以及倒角等位置发现大量裂纹。经普查发现，裂缝宽度 0.01~0.14mm，裂缝深度 2.2~67.8mm，主要表现为温度裂缝，集中发生在混凝土保护层（70mm）内。组织部历时 3 个月，经多次专题会议研究与三次构件试验验证，通过以下技术措施，终止了预制墩身外侧温度裂缝的产生：①调整墩身内腔斜面坡度，应力集中位置增加剪力筋；②优化混凝土配合比，减少胶凝材料用量，延长初凝时间，降低水化热；③加冰控制混凝土入模温度。

在今后类似工程建设时，以下三条建议可供参考：①采取标准化结构设计，尽量减少异形结构和突变点，从设计上避免裂纹发生；②邀请经验丰富的施工专家参加设计方案评审，达到设计与施工的平衡性；③提前做好施工方案谋划，多方案对比分析，确定最优工艺和最优配合比，不同情况不同分析，制定有针对性的防裂措施。

海上互通下部结构优化的思考

舟岱大桥长白互通（海上互通）工程，由 A~F 六条匝道组成，最小匝道转弯半径 65m。基础及下部采用钢管桩/钻孔灌注桩基础＋现浇承台＋现浇墩身结构形式。共有 98 个海域承台，3 种结构形式，7 种结构尺寸；100 个海域墩身，3 种结构形式，13 种结构尺寸。承台和墩身结构的多样性，导致钢筋种类繁杂、模板类型多，大大增加了海上作业投入和安全风险。

在推行"海上作业工序减到最少、海上作业时间减到最短、海上作业人数减到最少"的"三减少"管理理念，全力践行工业化管理，桥梁快速化施工实践中，针对海上互通下部结构优化的两条建议供参考：

（1）下部结构标准化设计。经研究，若结构形式不变，承台优化为5种结构尺寸（优化率28.6%），墩身优化为7种结构尺寸（优化率46.2%），工程量基本不变，现场投入将减少约1000万元（成本降低7.5%）。优化后将有利于提高海上互通下部结构钢筋、模板的标准化作业水平，减少配套船舶投入，加快现场工程进度，减少海上作业工序，降低风险，提高经济效益。

（2）墩身预制装配化设计。受潮汐、浪涌、大风等恶劣海况条件影响，现浇墩身钢筋只能采用现场散绑工艺，效率低下；墩身模板吊装、定位困难，高空作业安全风险高，总体工期很难保证。若采用预制墩身、钢壳组合墩身等装配化设计，经测算，成本将分别降低约15.4%和9.0%，且工期、质量可控，同时有效降低了海上施工难度和施工风险。

浅水区上部结构选型问题的思考

舟岱大桥主线起点段、终点段浅水区桥梁工程均采用62.5m节段预制拼装连续梁桥，其中起点段跨径组合为4×62.5+5×62.5=562.5（m），终点段跨径组合为5×62.5+4×62.5=562.5（m）；长白互通F匝道桥梁工程采用50m节段预制拼装连续梁桥，包含深水区900m和浅水区1000m，跨径组合为6×（5×50）+2×（4×50）=1900（m）。

经对浅水区上部结构的选型进行深入研究，综合分析对比移动模架逐孔现浇、节段预制安装、整孔预制安装工艺，为后续同类型跨海大桥浅水区上部结构选型提供参考。

（1）移动模架逐孔现浇工艺，需投入钢栈桥、移动模架，现场施工工作量大、工序多，施工速度慢，钢筋绑扎、模板支立、混凝土浇筑等施工质量不易保证，现场施工组织管理难度大。

（2）节段预制安装工艺，需投入提梁站、梁上运梁车、节段拼装架桥机等设备，施工方案成熟可靠，现场施工工作量小，施工工序少，施工质量容易保证，可提高装配化水平，现场施工组织管理更加协调。

（3）整孔预制安装工艺，需投入提梁浮式起重机、梁上轮胎式运梁机、整孔箱梁架桥机等大型设备，设备投入费用大，浅水区相对孔数较少，设备摊销大，经济性差。

综合比选分析，节段预制安装工艺采用预制装配化理念，虽然造价优势不明显，但可有效减少海上作业工序、作业时间和作业人数，在施工工期、成本、安全风险控制及结构耐久性等方面都具有优势。

高性能混凝土UHPC应用的思考

富翅门大桥为双塔中央双索面结合梁斜拉桥，桥跨布置为57+108+340+108+57=670（m）。

主梁采用钢—混凝土组合结构，单箱三室箱形截面，顶板为C60海工混凝土，标准节段长度18m，面板间纵向宽度1m。采用C60微膨胀混凝土湿接缝连接。按原设计此处"预应力筋须待混凝土达到设计强度90%、弹性模量达到85%，且养生7d后方可张拉预应力束"，工效低，无法满足整体工期要求。

通过多方案对比分析，采用"缩短养护时间""延后浇筑湿接缝""缩短养护时间＋延后浇筑湿接缝"等传统工艺上的优化调整，可解决本项目的工期问题，但实体上出现较多的混凝土裂纹，不能满足质量要求，传统工艺调整无法解决根本问题。

从新型材料上寻求到超高性能混凝土（UHPC），通过深入调查研究，从养护工艺、UHPC材料对钢—混凝土层间剪力的影响、海洋环境中UHPC的钢纤维对混凝土耐久性的影响等方面，经试验验证，其各项性能指标均满足本项目要求。且大大提高了工效，又有效减少现场作业时间，达到了预期的工期目标。

UHPC-C60组合试件抗弯试验　　　　　　　　UHPC湿接缝现场施工

（1）UHPC材料的自密实、免振捣、自流平性能，使湿接缝的施工变得方便。

（2）UHPC内部密实均匀、连续，与C60混凝土界面黏结良好，无开裂、脱开等现象。

（3）UHPC中钢纤维进行镀铜处理，且钢纤维独立被混凝土包裹，满足耐久性指标。

（4）UHPC材料36h抗压强度和36h弹性模量均达到设计要求，具备快速化施工条件。

（5）UHPC‑C60组合试件具有更高的极限承载力，表现出更好的延性，开裂及破坏部位位于C60混凝土处，交接处表现出良好的抗弯性能。

在跨海大桥建设中，本项目首次将UHPC材料引入斜拉桥结合梁的湿接缝施工中，UHPC材料在本工程结合梁湿接缝中的成功运用，确保了富翅门大桥工程的施工质量和工期，为同类型大桥施工提供了成功的借鉴。

寄 语 未 来

历时 5 年的宁波舟山港主通道项目终于完工了，工程品质也得到了行业认可，随之完成的工程总结也在此奉献给同行。本书是由指挥部组织各标段参建单位的管理和技术核心人员共同编写完成，历时一年，几易其稿，终于交付刊印。编者不仅是希望将主通道工程的创新成果展现给同行，更重要的是把对工程建设中的思考记录下来，不藏私，不讳言，为后续工程建设提供有价值的参考。

指挥部依托新型建筑工业化管理理念，以海上作业工序减到最少、海上作业时间减到最短、海上作业人数减到最少——"三减少"理念为指导思想，以宁波舟山港主通道项目为载体，以设计、施工标准化为抓手，以工厂化生产、装配化施工为主要生产方式，实现了桥梁工业化技术与经济效益最大化，实现了跨海大桥快速建造，助推了行业发展和科技进步。

极目远望，舟山灰鳖洋海面，主通道项目犹如一条巨龙正蜿蜒伸展而出，在东海之上腾势而起，不断向北延伸。舟岱大桥五座通航孔桥索塔巍巍矗立，犹如一尊精美的玉瓶，又像一朵洁白的玉兰，在蓝天与大海的交相辉映之下，格外壮观。一桥连五岛，天堑变通途，建桥人在追逐梦想的道路上将继续奋力前行！祝愿中国现代化跨海工程之路，春暖花开。

指挥部

强化党建引领　铸造百年品质工程
——记宁波舟山港主通道项目党建创新工作

宁波舟山港主通道项目指挥部办公室

宁波舟山港主通道项目（以下简称主通道项目）是浙江省"十三五"规划重点建设项目，项目总长约36.8km，概算总投资163.2亿元。项目建成后与甬舟高速公路相连接，成为世界上最长的连岛高速公路和规模最大的跨海桥梁群。由于工程建设施工难度大、技术含量高、气候条件复杂，如何在重大工程建设项目中加强党建引领成为重中之重，既是强化项目管理的现实要求，也是指挥部加强党的建设、增强党组织战斗力和全面从严治党的根本需要。在项目管理不断创新的新形势下，党建思想政治工作如何与项目建设工作同步进行、相辅相成，为项目建设保质提速、提供政治保证，是指挥部亟待研究的课题。

近年来，党建工作在项目管理的组织、思想、作风和制度建设上取得了长足发展，形成了"工程干到哪里，党组织建到哪里，党建工作做到哪里"的工作格局，积极构建"桥头堡"党建品牌建设，发挥了党组织统领工程建设作用。但也存在项目因建设考核而忽略党建工作考核、教育管理不到位、党员活动流于形式、少部分党员干部先进性的缺失、项目党建工作特色不明显等不容忽视的问题。

浙江交通集团党委提出了坚持"党建强、企业强"的理念，不断加强"大党建"引领，通过强化学习引领、决策引领、发展引领、党内政治生活引领，充分发挥党组织总揽全局、协调各方的作用，让党旗在项目建设的第一线、改革发展的主战场高高飘扬。

主通道指挥部党支部积极发挥党员先锋模范作用，加强和改进新形势下工程建设思想政治工作，充分调动党员干部职工的积极性与创造性，以"支部建在项目上、党旗插在桥台上、党员冲在一线上"为目标，不断开创基层党建新局面。形成了党建"1+X"工作联动机制、党小组并轨运行机制、党建连队化+指导员机制、纪检警指共建廉洁工程机制四项党建工作机制，切实以高质量党建引领项目建设高质量发展，助力集团公司打造世界一流企业和公司打造一流建设管理公司的总体目标任务。

主通道指挥部党支部党员队伍

"1+X"工作联动机制助力红色引擎

针对建设一线基层党组织数量多、党员分布零散和支部党员阵地建设薄弱、组织生活形式较单一等问题,主通道指挥部党总支创建了"党建1+X"基层党建新模式。"1"指主通道指挥部党支部,"X"是指各参建单位以及沿线与工程建设关联的各级党组织。

通过以"党建1+X"为母体,"连长+指导员,班组+帮扶党员"工作联系为子机制的党建模式,牢固树立典型示范引领的党建工作理念。不断延伸党建工作触角,切实将党建工作的政治优势和组织优势转化为推动工程建设、服务项目、凝聚人心、促进和谐的红色引擎,具体包括以下几方面:

征迁方面,由地方征迁指挥部选派一名党员挂帅,指挥部安全处抽调若干党员,共同组建征迁攻坚小组,开展标段沿线群众宣传动员和政策处理,打造无障碍施工环境。主通道建设指挥部党支部派驻党员蒋强、伍建和、徐项通三名党员,与相关社区部分困难户开展结对帮扶,并与社区党组织建立联动机制,发动社区党员带头签订房屋征迁协议,推行人性化服务,调整上门走访策略,争取被

与地方政府联合共建,开展主通道抗疫复工工作

征迁户的理解和支持。考虑到部分被征迁户白天需要上班、没时间商谈的现实情况，征迁干部遵循户主作息时间，利用晚上或周末上门走访，岱山侧征迁工作提前 3 个月完成，定海侧征迁工作也提前 1 个月完成，为确保主通道项目全线开工奠定了坚实基础，取得良好效果。

质量方面，由指挥部工程处牵头，选派党员李勇、魏军、吴天真、胡实等党员与项目

连队指导员对产业工人进行技术帮扶

部、监理办共同组建质量管控党员突击队，针对宁波舟山港主通道项目点多、线长、面广，施工、管理难度大等问题，指挥部大力推动"智慧工地"建设，通过物联网手段，结合工程实际，来提升管理和质控水平，开展施工工艺改进、质量通病防治等质量管控工作，使工效提升了 25%，质量控制水平提升了 30%。

安全方面，由指挥部安全处党员牵头，选派杨东峰、徐项通等党员与项目部、监理办将共同编制的省内交通建设工程领域首个《安全管理大纲》进行了升级。新增管理考核常态化和安全费用精细化两项安全管理办法，全面实行"359"安全管理方式，整理为《涉水重大交通基础设施安全管理规划与实践》，被交通运输部选为 2020 年"平安交通"特别推荐案例。

通过"组织共建、抱团共促"，与联建单位结对共建，结对支部围绕制度建设，取长补短，总结提升。积极联合开展大型活动，共同认领党建项目，每年设置 3~5 个党建项目，由联建单位分别认领，每个认领单位对口帮扶，其他单位共同协助，联合开展节日慰问困难党员群众活动。成立联合志愿者行动分会，开展环境保护、节能减排等公益志愿者行动，切实将党建优势转化为服务项目、凝聚人心、促进和谐的红色引擎。

并轨运行机制推进党建工作

在现实中，党建工作难以真正与业务工作相辅相成，二者存在相脱离的"两张皮"现象，甚至出现党建工作被虚化的问题。主通道党支部采取党小组并轨运行机制提高党建工作科学化水平来破解这种现象。

主通道党支部共有党员 18 名，党员中本科及以上学历 15 名，中高级以上职称 14 人，40 岁以下党员 12 人，是一支高学历、专业化、年轻化的党员队伍。结合主通道建设管理工作实际，对全体党员以处室为单位划分成四个党小组，推行党小组与业务处室（部门）并轨运行模式。并将党小组并轨运行工作纳入指挥部党建工作格局中，实现了党小组建设与业务工作同步、与业务技能同培、与业务提升同促的良好局面。

党小组师带徒拜师签约仪式

主通道指挥部高度重视党小组并轨运行创建工作，明确将并轨运行建设纳入指挥部日常党建工作格局中，作为重点和亮点工作同处室目标考核同评比、同奖惩。党小组工作与业务工作同步，党小组学习会议与处室月度业务工作会议同步召开，开展业务与党建工作同步落实。从领导到责任部门各司其职，党小组密切配合，广大党员干部职工共同参与，形成了齐抓共管、上下联动的良好格局。

党小组开展特色党小组活动，按照"主题党日"制度和党工团三体联动活动的总体要求，以支部为单位制定主题活动计划为基础，制定年度工作要点，开展具有特色的主题活动，以每月一主题的形式组织实施。成立志愿服务队，开展服务活动，帮扶沿线困难群众和困难党员，确保每次活动都有主题、有内容、有成效。

组内，以党小组会议为契机，每月开展党小组内部之间的技术交流活动，要求每位党员准备技术交流相关材料，以月为时间点逐次开展技术交流课。在党小组中，开展党员师傅带徒弟的帮扶关系，真正发挥党小组并轨运行业务技能同培、业务提升同促的目标。

党小组开展技术交流

党工团三体联动活动

组外，强化与各参建单位的帮扶联系，每个党小组根据主通道建设实际情况定点帮扶参建单位，积极为参建单位做好技术帮扶和服务工作，促进了党建与工程建设工作进一步深度融合，充分发挥了党员在应对急难险重、攻坚克难任务中的先锋模范作用和基层党组织的战斗堡垒作用。

党建连队化 + 指导员机制助力疫情防控

2020 年初，受疫情防控工作的影响，主通道项目党支部在原有"党建 + 连队化"管理模式基础上引入"指导员"管理，形成全新的"党建连队化 + 指导员"连队化联防联控管理机制。以项目部党员和管理骨干为先锋，设"连、排、班、室 + 指导员"模式，进行网格化管理，分区包干，将疫情防控责任落实到每名党员和管理骨干身上，筑起了抗击疫情的红色防线。

"党建连队化 + 指导员"管理模式，就是参照部队基层连队编成结构、建设标准和规范要求，结合工点多、人员分散等实际情况，采用连队化管理模式，将基层党组织"聚拢"，形成合力，强化了主通道项目建设全线的战斗力和凝聚力。

主通道项目采用"四级"连队化管理模式，以施工项目部为单位，按"连、排、班、室"四级管理模式将每名工人编入一个半军事化组织。即把一个项目标段定义为一个连，项目经理担任连长；项目部各工区及工种划分定义为排，工区或工种负责人担任排长；施工队（船）定义为班，施工队（船）负责人为班长；设置 4 人一间的标准化寝室，每个寝室选定 1 人选担任寝室长。进行网格化管理，分区包干，将疫情防控责任落实到每名党员和管理骨干身上。推行"四个"统一，即统一施工员服装、住宿点命名、寝室门牌、二维码管理，使管理层级清晰，提高了班组工人标准化管理水平。建立落实"一人一码"制度，即一个班组工人，拥有一个唯一的身份识别二维码，通过扫描二维码可以快速了解工人基本信息，方便和规范日常管理，大大提升项目疫情防控管理水平。连队化管理有效改变了主通道项目工人分散化、基层党组织区块化的形式。

党建连队化 + 指导员机制筑起了抗击疫情的红色防线

吴波明书记对连队指导员发起总动员令

指导员魏军在项目一线开展复工复产工作

舟岱大桥共计5家施工承包单位，情况各有不同。为此，主通道项目党支部在党建连队化管理的基础上，充分发挥"交投铁军"的作用，好中选优，委派合适的党建指导员人选入驻项目部连队。指导员充分发挥党建基层民意调研员、矛盾纠纷化解员、政策法规宣传员、施工难题协调员、工人生活服务员"五个员"的作用。

针对舟岱2标缺乏外海桥梁架设经验的情况，主通道项目党支部选派"钢桥面专家"魏军担任指导员，积极开展施工工艺改进、质量通病防治等质量管控工作，提升工程实体质量和进度。以往，主通道项目党总支要求每名党建指导员每月赴项目部进行2~3次普遍服务走访，传达党建工作要点，及时了解掌握项目一线产业工人的思想、生产和生活情况，联系连队党小组每月召开一次工作例会，分析梳理群众意见和建议，研究对策措施并抓好落实。疫情特殊时期，主通道项目党支部要求指导员直接入驻项目部连队，在疫情管理方面，指导员冲锋在一线，对出入门岗管理实行"四个一"管理办法，即一张健康码，一张信息登记表，一张通行证及核实、测量体温、登记、消毒、换口罩等一整套规范流程。各个项目部还采取全封闭式半军事化管理模式，所有人员不得私自外出，上下班由单位车辆统一接送，中途不得无故下车，确保员工做到工地、生活区两点一线。这些举措有效保障了员工的健康与安全，与项目部党员共同筑起了一道道安全屏障。

此外，指导员不是单兵作战，背后是指挥部整个团队。需要解决问题时，指导员可以召集相关处室的人员进行讨论。目前，主通道项目党支部已向全线13个连队选派了13名党员担任连队指导员，指导、协助项目参建单位做好党建和项目建设及管理工作。

纪检警指共建新机制构建清廉主通道

工程建设领域资金密集度高、市场关联度大、行业专业性强，容易引发廉洁风险。十九届中央纪委四次全会工作报告专门提出，坚决查处资源、土地、规划、建设、工程等领域的腐败。主通道指挥部深入推进纪检警指联合预防犯罪工作机制，加强与当地纪委（监委）、检察院、公安的联系，在开展预防职务犯罪教育、建立联席会议制度、重大信息互通机制、"阳光工程"动态监管等方面进行深度合作，形成协同保廉新机制，不断提升工程建设领域监督质效，盯重点、抓关键，严把工程廉洁关。

根据项目建设各方工作职责，指挥部对项目建设关键环节在"阳光工程"动态管理系统进行"十二公开"，即公开建设依据、廉洁从业、招标工作、设计管理、征地拆迁、履约行为、工程进展、质量管理、安全管理、文明施工、立功竞赛、监督服务十二个环节，实现网上实时流转监控和督查督办功能，进行全面监督。平台系统的部分内容向纪检警等开设专门账

主通道与检察院签订共建协议

户进行监督，使得指挥部、监理、施工单位以及设计单位处于全过程、全方位监督之下；此外，充分发挥纪检警企资源互补、信息共享、互相配合的优势，加强与当地纪委、检察院、公安的合作，预防职务犯罪的分管领导和职能部门拥有"阳光工程"动态管理系统的账户和密码，可对指挥部工程建设实施网上即时、动态、全天候的监管，全面了解和掌握工作动态，对发现的问题，检察院及时向指挥部提出对策建议。

充分利用重大节假日、纪委、检察院、公安结合工程建设实际情况有针对性开展党风廉政教育和约谈；听取与各处室负责人对履行"一岗双责"情况进行座谈；定期开展案例分析，以案说法，不失时机地利用正、反典型教育干部从身边人、身边事吸取教训，警钟长鸣，从而进一步增强全体党员干部勤政廉政意识。联合开展主题党日活动，在全体党员中开展党风廉政建设思想教育，有力地提升了指挥部广大党员干部拒腐防变的思想基础和能力。

取得成效与经验总结

凝心聚力抓党建，追赶超越铸品质。主通道指挥部党支部实现了项目推进与党建工作的无缝对接和融合发展。主通道指挥部党支部荣获浙江交通集团先进基层党组织荣誉称号，"连队化+指导员"制度成果荣获浙江省国企党建优秀创新案例、支部荣获省国资委先进基层党组织荣誉称号。

随着党建引领项目建设不断强化，工程建设进度如期实现，创造了工程建设领域的"鱼山速度"，得到袁家军省长的高度肯定。主通道党建"1+X"工作机制不断推进指挥部与参建单位、地方政府、沿线基层党组织共建共享机制建设，共同解决工程建设重难点问题，构建资源共享、优势互补的联动新格局。改变了项目分散化、区块化的基层党组织形式，将基层党组织"聚拢"，形成争当交投建设铁军的合力，强化了主通道项目建设

全线的战斗力和凝聚力，把信息网络技术融入党建业务，促进线下与线上、"面对面"与"键对键"相结合，把握"互联网+"智能的发展脉搏，使基层党建从现实世界扩展到网络空间，拓展了党建工作覆盖面。

不断深化党建"连队化+指导员"工作机制，发挥党员指导员在指挥部与各参建单位之间的桥梁纽带作用，有力助推了项目建设优质高效，主通道项目工程建设管理水平始终走在全国前列。

吴波明书记为党员突击队授旗

党员先锋突击队集中授旗

主通道项目获全省质量和安全生产综合检查六连冠佳绩。在2020年新冠疫情的"困难开局"背景下，舟岱大桥工程依旧按"三年三座桥"的宏伟计划稳步推进，2020年6月底实现舟岱大桥主通航孔桥合龙，为2021年年底全线建成通车打下良好基础。

通过在主通道项目实施纪检警指联合预防犯罪工作机制，促进了跨海大桥项目运行过程公开化、建设管理规范化、项目管理信息化，构筑"亲"和"清"的新型关系，打造优质廉洁工程，有效提升了项目建设管理水平和建设管理人员的廉洁从业意识，取得了较好的实效。

主通道指挥部党支部紧紧围绕省交通投资集团"争做世界一流企业"和杭绍甬公司"打造一流交通建设管理公司"的目标，以党建助力工程建设，着力打造"桥头堡"党建品牌，在完善机制、适应形势、改进方法等方面认真地做好每一项工作，打造一支技术过硬、责任心过关、战斗能力强的党员职工队伍，努力将主通道项目打造成为全国公路水运品质工程示范项目。

开拓班组管理思路　造就新产业工人

宁波舟山港主通道项目指挥部办公室

改革开放以来，我国公路水运工程建设水平得到极大提升，港珠澳大桥、杭州湾跨海大桥、舟山跨海大桥等一批超级工程成为我国作为交通大国的新名片。但是，交通工程的建设管理与现代交通建设管理之间还存在一定差距。以务工人员为主体的交通建设施工队伍的素质能力问题尤为突出，主要表现为人员组成极不稳定、流动性大，职业技能和综合能力普遍偏低等。

产业工人是先进生产力的代表者，他们最富于组织性、纪律性和革命性，最能代表工人阶级的特性，是工人阶级的主力和骨干。主通道项目作为全国品质工程建设的样板工程，在施工高峰期全线有10多个施工标段、200多个班组、2000余名工人，所以如何提高务工人员的专业技能、适应新时期工业化建造的建设要求、推进务工人员向产业工人转变是工程建设管理迫切需要解决的问题。

劳动立功竞赛就是生产力，宁波舟山港主通道项目建设指挥部认真贯彻落实"两美"浙江立功竞赛活动精神，结合项目特点、难点，创新班组规范化管理，持续聚焦班组开展立功竞赛，充分发挥立功竞赛在培育新时期产业工人队伍"聚动能""助推器""新引擎"的作用和功能，提升建设者"荣誉感"以及"获得感"，有力地助推了工程建设。

项目部在建设管理中以落实"两美"浙江立功竞赛为契机，成立以主通道常务副总指挥吴波明为组长的立功竞赛领导小组，组长负责对立功竞赛制度、方案、考核标准等内容进行策划和总体把关。通过完善竞赛网络，发动全员参与，修订立功竞赛实施方案和考核办法，抓典型、抓推广、抓落实，形成浓厚的"比学赶超"竞赛氛围。

形成建设单位、施工单位、监理单位三方齐抓共管局面，将立功竞赛与"品质工程"建设深度融合，提升精细化管理，助力标准化施工，提高工程建设水平，激发参建人员工作技能和参赛热情，提高作

产业工人献礼新中国成立70周年

浙江舟山北向大通道有限公司
荣获"全国五一劳动奖状"

业规范化、质量安全意识，使工人从现场"被管理者"转变为现场"管理者"。建设了一支知识型、技能型、创新型的新时期产业工人队伍，形成了主通道立功竞赛优质品牌。主通道立功竞赛围绕"党建引领、班组建设、关爱工人"三个重点将立功竞赛与"品质工程"建设融合，发挥立功竞赛在交通建设和培育新时代产业工人队伍中的引领作用，2021年荣获"全国五一劳动奖状"殊荣。

专项提升赛　助力品质工程建设

根据工程建设特点、环境条件以及参建单位、施工队伍管理现状，主通道指挥部站在打造全国品质工程示范项目的格局高度，精心策划主通道项目立功竞赛的总体思路。构建竞赛网络，立功竞赛分两级实施，指挥部组织开展各参建单位竞赛活动，施工单位组织开展班组竞赛活动，参赛对象不仅包括地方征迁指挥部和施工、监理、设计等单位人员，而且覆盖各级管理人员与一线班组工人。

建立运行机制，将立功竞赛贯穿建设全过程，制定立功竞赛实施方案与年度竞赛计划，形成了一套有部署、有检查、有考核、有评比、有激励的竞赛运行机制。明确竞赛内容，全线开展比质量、比安全、比进度、比效益、比创新、比廉洁"六比六赛"活动，做到全员、全程、全域开展竞赛，促进竞赛活动提质增效。

健全组织机构，成立主通道项目立功竞赛领导小组，负责竞赛的组织领导，制定竞赛及奖惩办法，开展竞赛监督、检查、表彰等活动；领导小组下设办公室，负责竞赛的组织、协调、宣传、考核、总结及竞赛评分细则编制等日常工作。

主通道项目立功竞赛积极探索竞赛活动新方法、新路径，广泛开展多层次、多形式的竞赛活动，充分调动了参赛单位的积极性和创造性。以"月度常规赛"促进班组竞赛考评常态化。项目部对班组进行每日检查、

富翅门大桥立功竞赛表彰大会

每旬通报、每月考评表彰，形成月度竞赛、检查、考评闭合管理。指挥部每月组织各处室对各参建单位开展检查、考核，每季排名，以"季度综合赛"促进参赛单位全面提升，每半年召开一次大会表彰奖励。保证"活动月月有、内容实时新、运行有保障、督查有力度、考评促提升"。

依托立功竞赛平台，结合工程建设实际情况组织开展"专项提升赛"，助力品质工程建设。2019年以来，主通道指挥部主要开展了十二项专项立功竞赛。

富翅门大桥"百日攻坚战"立功竞赛

为确保富翅门大桥2019年9月底正式通车，项目组织开展了富翅门"百日攻坚战"竞赛，对如期完成各节点目标的参建单位进行奖励，并举行富翅门大桥"百日攻坚战"目标考核兑现现场会、总结会，涌现了一批榜样和先进人物，有力确保了通车目标顺利实现。

"不忘初心、牢记使命"主题教育专项立功竞赛

"不忘初心、牢记使命"主题教育学习期间，按照"支部建在项目上、党旗插在桥台上、党员冲在一线上"的目标，围绕主题教育推动质量、安全、进度、合同管理等开展工程建设互比互看、知识竞赛等活动，在全线营造了"比、学、赶、帮、超"的良好氛围，达到了以赛促学、以学促用的目标。

危险源交底技能比武

"安全生产月"期间，围绕"防风险、除隐患、遏事故"主题，针对全员、一线工人、管理骨干人员、单位一把手、设备、船舶等管理对象，组织开展了危险源交底技能比武，筑牢了加快推进"平安工程""品质工程"建设的基础。

钢箱梁制造立功竞赛

为提高钢箱梁制造班组工作技能，从2019年3月至12月开展钢箱梁制造班组立功竞赛活动，每季度对施工过程中的质量及进度进行比武，充分调动施工班组操作人员工作积极性、主动性和创造性，全面提高了舟岱大桥钢箱梁制造管理水平。

返岗复工立功竞赛

针对疫情影响，开展了作业人员返岗复工专项立功竞赛活动，对施工项目部提前返岗的关键线路作业人员，分三个档次给予300~1500元不等的奖励。

攻坚克难立功竞赛

疫情发生以来，主通道建设指挥部开展"奋战四个月 打赢攻坚战"立功竞赛，真金白银考核，奖金与竞赛单位节点工程完成量挂钩，奖金发放范围和比例向一线管理及作业人员倾斜，有效助推工程建设任务超额完成。

质量安全综合检查立功竞赛

指挥部结合全省交通工程管理中心质量安全综合检查，开展专项立功竞赛，根据检

查排名情况、排名变化情况、整改效率及各项配合工作情况对项目部进行考核奖励。通过竞赛活动开展，主通道项目荣获省交通工程综合检查"六连冠"。

陆域桥梁一体化架设立功竞赛

结合主通道舟岱大桥陆域桥梁架通和一体化架设开展总结交流专项竞赛，突出技术创新主题将立功竞赛元素融入工程节点，与工程建设一同推进、一同宣传，取得较好的效果。

安全隐患排查专项立功竞赛

"安全生产月"期间，主通道项目以标段为单位，每个标段选派五名安全管理人员组队参加竞赛，在规定时间和地点内查找安全隐患和安全管理亮点，比拼项目安全管理人员能力水平。

开展农民工工资支付维权专项立功竞赛

以"保权益、促生产、'零'欠薪"为主题，尝试设立农民工欠薪援助工作站，联合地方有关部门通过借助地方农民工实名制管理平台、落实农民工工资专用账户管理、强化农民工工资卡监管、规范农民工工资发放台账等工作举措，破解重难点问题，形成长效机制。

开展沥青路面施工平整度 IRI 值 ≤ 1.15m/km 专项立功竞赛

提出了路面平整度指标 IRI 值 ≤ 1.15m/km 的目标，开展 3D 摊铺、3D 精洗刨技术比武，严把桥梁伸缩缝施工质量关，进一步提升路面质控水平，打造省内沥青路面施工品质工程新标杆。

围绕舟岱大桥全线通车开展工程节点立功竞赛

围绕 2021 年底舟岱大桥全线建成通车的节点目标，组织开展进度、质量、安全等方面的专项立功竞赛，有力确保了舟岱大桥通车目标顺利实现。

主通道项目立功竞赛考核打分采用信息化管理，注重考核结果的应用，确保活动落到实处、见到实效。以信息化手段实现在线打分、打分审核、考评结果计算、问题浏览、数据存储等功能，提高了竞赛考评工作的系统性、及时性、公正性和高效性。将立功竞赛成绩纳入企业信用评价体系，作为影响施工、监理企业信用评价等级的一项重要内容。这一措施引起了施工单位项目部及项目部母公司领导对立功竞赛的充分重视，有效调动了施工单位立功竞赛的积极性。

将班组竞赛成绩与业绩相挂钩，对班组工人的考评激励，不仅有奖金奖励，而且在项目驻地公示宣传表彰人员，授予流动红旗，制作"最美工人"画册，将荣誉

"奋战四个月　打赢攻坚线"立功竞赛表彰大会

喜报寄到获奖人员所在的村委（社区），让工人家属共同分享荣誉。同时，优秀班组经指挥部向施工单位进行"官方"推荐，可优先参与后续工程建设。

聚焦班组竞赛　推广工业化建造

项目工程建设管理工作基础在班组，关键在班组，落实也在班组。为此，宁波舟山港主通道项目立功竞赛聚焦工程建设的基础单元和关键环节，开展"六比六赛"，实施以班组竞赛为核心的立功竞赛新模式，通过"过程淘汰赛"严控施工质量与安全生产，大力推广工业化建造技术，推行班组规范化管理，丰富工地生活与文化，全面改变工人作业环境、工作习惯和职业素养，打造品质工程全国示范项目。

打破传统交通工程建设模式，以"三减""四改"为指导思想，即"减分散作业量、减野外施工工序、减传统施工工艺""改变分散施工为集中施工、改变野外施工为厂内施工、改变传统施工为机械施工、改变海上施工为陆上施工"，推广桥梁工业化建造和快速施工技术，以改善工人工作环境、转变对工人的技能需求。实行标准化设计、装配化施工，实现"场"到"厂"的转变。在舟岱大桥的陆域桥梁建设中，创新性地采用T梁、盖梁和墩柱全预制拼装的设计施工方案，把桥梁建设中的构件集中到生产线上进行集中生产、预制。"规模化、集约化、专业化"生产是对劳动力的解放，尤其在降低海上作业风险、减少海上作业时间、降低工人劳动强度等方面，有着巨大的推动作用。同时积极实施"机器换人"战略，采用自动化焊接生产线，引入机器人设备，钢套箱制作的自动化率达到80%。钢筋加工厂引入国内最新一代全自动焊接机器人，工人从电焊工转变为机器人操作工。

指挥部在原有班组安全生产标准化的基础上，提出以施工工序为管理单元的班组作业标准化管理理念，根据施工工序组建班组，配备班组管理五大员，即班组长、班组巡查员、分管技术员、专职安全员、现场监理员，明确岗位职责。通过前期试点实践、经验交流等手段，逐步在全线推行班组作业规范化建设。实行班组"6S"管理，通过抓好现场整理、整顿、清扫、清洁、素养、安全6个环节，确保现场布局合理、规范整洁、安全有序；项目执行班组"首件制"，完善各分项工程、工序安全、质量控制要点，按要求进行首件生产，不合格返工，3次不

焊接机器人

小微创新技术竞赛

合格清退出场,通过对首件工程认可制度的推进,有效减少了质量事故隐患,施工实现标准化、程序化和规范化管理;基本实现班组管理6步走常态化,即班前教育、班前检查、班中巡查、班后清理、班后交接和班后小结。

指挥部对班组工人实行"鼓励创新、正向激励、人文关怀"三结合管理,倡导"工艺微改进、设备微改造、工法微改良"的"三微改",以解决现场施工具体问题为导向,激励引导工人进行"微创新"。同时,坚持正向激励,提高工人获得感。组织班组技能竞赛、工人技能比武,为班组、工人切磋技术、争夺荣誉搭建平台。

此外,大力开展人文关怀,共建家园文化。主通道创新开讲"北向论坛",组织各参建单位管理员给大家上课,分享自己工作中好的经验做法;开展班组作业标准化管理教育与巡回交流,建立工人分级培训体系,开设工友学堂,提升工人专业技能,营造项目建设浓厚学习氛围。深入开展职工之家建设,改善工人住宿环境,举办工地集体婚礼等活动,营造项目建设家园文化。

今年55岁的凌全渭,27岁开始在工地上干活,直到2017年来到鱼山大桥预制厂后,通过主通道组织开展的技能培训以及自身的不懈努力,考取了安全证及路基路面高级技师,2018年调任到舟岱大桥拌和站当安全员,工资也涨到了七八千元每月,实现了"华丽变身"。像凌全渭一样在主通道培养成长下的新一代产业工人,在工程结束后成了"香饽饽",被全国各地建设项目"优先""优价"抢走。这充分说明规范化管理是提升工人职业素养的有效途径,也是培养新时期产业工人的重要一环。

立功竞赛 助推工程

立功竞赛助推工程项目建设,成为工程建设的"助推器";立功竞赛助推职工利益提升,成为凝心聚力的"粘合剂";立功竞赛助推职工素质工程,成为人才孕育的"孵化器"。实践证明,立功竞赛已成为助推主通道建设和培育新时期产业工人行之有效的重要抓手。项目立功竞赛紧紧抓住"班组"这一关键环节,开展"六比六赛",严控施工质量与安全生产,打造品质工程全国示范项目,提高工人存在感和获得感,激发工人参与热情,从而推动品质样板建设。2016—2020年指挥部与项目部共评选先进集体200余家,先进班组 1816 个，先进个人 6196 位。

主通道项目仅用 27 个月完成了鱼山大桥建设任务，创造了已建同类型跨海大桥施工时间最短的"鱼山速度"；主通道项目荣获全省质量安全生产综合检查"六连冠"佳绩。全线安全生产形势持续保持整体平稳，未发生人员死亡和较大经济损失等生产安全责任事故。

立功竞赛表彰大会

主通道还结合工程建设中不同阶段的重难点开展专项赛。舟岱大桥三个通航孔桥都有钢箱梁结构，装配化程度高，结构形式复杂，为提高钢箱梁制造班组工作技能，指挥部从 2019 年 3 月至 12 月三次开展钢箱梁制造班组立功竞赛，成功创造了大跨径桥梁安装精度毫米级的"纪录"。各参建单位通过开展"五小"竞赛，鼓励引导工人进行"微创新"，提升工人的综合技能水平，主通道项目预制构件安装精度达到毫米级，鱼山大桥 50m 跨径合龙精度控制在 5mm 以内。全桥钢筋保护层厚度合格率在 96% 以上，原材料、常用产品抽检合格率达 100%，混凝土强度抽检合格率达 100%。

以立功竞赛促进产业工人培养。主通道项目以立功竞赛搭建平台提升工人素质、执行标准化管理促理念更新。通过立功竞赛，该项目涌现众多先进模范，指挥部有一位获全国五一劳动奖章、一位获省劳模、一位获省五一劳动奖章，工程处获全国"安康杯"优胜班组，鱼山大桥项目部获省五一劳动奖状，浙江交工 T 梁预制班组获全国工人先锋号，中交路桥索塔 2 班获省工人先锋号，主通道"四新"技术推广应用 42 项，获专利 62 项、省部级工法 7 项。

立功竞赛　班组风采

我们将继续积极探索立功竞赛活动的新机制、新内容、新方法，做到与时俱进、常赛常新，为浙江省"重要窗口"建设贡献力量。

招标条款的设置及思考

宁波舟山港主通道项目指挥部

宁波舟山港主通道（鱼山石化疏港公路）公路工程项目招标条款设置是一项复杂且专业性强的工作，其设置的合理性是选择优质参建单位、有效控制工程造价、保障合同正常履行等管理目标实现的重要基础，也是合同执行过程中，建设单位管理项目的重要依据。下面就以主通道项目为例，通过总结招标前期策划、中期条款设置和后期合同执行，为后续项目招标条款的设置提供借鉴。

前期策划阶段

招标前期策划是项目业主综合考虑项目特点、管理理念、管理目标、国家有关法律法规、技术标准和市场竞争状况等因素，对项目的招标进行总体策划的过程，其策划的成功与否直接关系到能否选择优质的参建单位、有效控制造价及保障合同正常履行，因此，招标策划质量至关重要。我们主要从以下三个方面强化策划质量：

设立招标机构，明确各方职责

在指挥部成立之初，成立招标领导小组和招标工作小组。招标领导小组由指挥部领导任组长，分管领导为副组长，各处室负责人为组员，主要职责决策项目招标相关事宜，如标段划分、工期、管理目标、合同条款等重要事项。招标工作小组由分管领导任组长，各处室指定专人为组员，主要职责是收集处室意见，并参加招标文件的讨论和编制，将处室管理思路融入招标文件中。同时，明确合同处为招标统筹部门，统筹整个招标工作，其他处室为协办部门，根据部门职责配合做好招标相关工作。

同时，为做好项目后续暂估价招标，待参建单位进场后，将各施工和监理单位有招标工作经验或合同管理经验的同志纳入招标工作小组，充分发挥参建各方专业人员资源优势，壮大工作小组实力，为暂估价顺利招标夯实基础。

科学谋划，合理划分标段

在项目招标启动前，指挥部针对项目建设特点，积极向多个跨海桥梁建设经验丰富的潜在投标人征询标段划分意见和建议，结合建设目标，拟定了标段划分原则：一是应体现"大标段、集团化"，减少指挥部在项目实施过程中的管理和协调难度，突出管理重点,提高管理效率;二是应充分体现专业分工,便于工程质量控制,减少大临设施;三是应尽量减少不同标段之间的干扰和制约,便于施工组织管理;四是各施工标段需要投入的关键专用设备应相对单一,以提高关键设备的利用效率;五是在满足"大标段"的前提下,标段规模应能保证工程进度及工期要求。

潜在投标人按上述原则在规定时间提交了标段划分方案,指挥部经内部讨论综合分析,拿出了两套操作性强的方案,邀请行业主管部门和国内知名专家对标段划分进行评审,最终确定项目主体划分为五个土建施工标段和四个监理标段。

大标段的划分充分体现了指挥部"大型化、工厂化、标准化、装配化、信息化、专业化"的建设理念,有利于承包人标段内的施工统筹和资源整合利用,提高资源利用效率和总体控制,有利于项目的质量、安全和工期控制,有利于降低建设成本。

借社会优势资源,确定项目施工组织设计

合理的施工组织设计是项目是否能按预期目标建成的关键,仅仅依靠指挥部建设管理人员的力量,是很难编制出合理的施工组织设计。因此,指挥部在标段划分确定后,将建设目标及各标段的主要工作内容,以公函的形式向社会各潜在投标人公开征询施工方案,通过交流研讨,集各潜在投标人的专业力量,再通过指挥部内部研究分析,制定项目的总体施工组织设计,为后续顺利招标提供保障。

主要条款设置及目的

为编制高质量招标文件,指挥部吸取类似项目的成功做法,集各方力量,合理设置招标条款,确保招标文件条款设置的合理合法性。

对投标文件编制提出要求。一是要求投标人投标时提交主要施工工艺 3D 动画演示视频(突出特点、难点、亮点),有利于投标人充分了解本项目,有利于专家在评标时择优选择中标人。二是要求投标人按规定的内容编写可实施的施工组织设计(即中标后就能对其评审),并在施工组织设计评分中进行引导,有利于投标人了解指挥部的管理理念和要求,并在后续施工中逐个落实,有利于缩短施工准备期和管理磨合期。

在招标文件中提供详细的工程概况及界面划分。内容涵盖详细的工程概况、建设条件、项目管理总体思路和要求、项目管理重点、临时用地建设条件和要求及图纸,有利于从多方位向投标人不断灌输指挥部的管理理念和要求,有利于投标人编制出高质量的施工组织设计,有利于投标人合理编制投标报价。

明确不允许分包范围和合理设置暂估价。一是在项目专用条款中明确"本项目预制构件(整孔箱梁、节段梁、T梁、盖梁、墩柱等)、索塔、承台、钢管桩沉桩、陆域桥梁一体化架设不允许分包,其他适合专业化队伍施工的工程允许分包"。为后续承包人进场后,选择合适的专业分包单位创造有利条件。二是合理设置暂估价,从源头上控制质量。招标文件共设置了包括支座采购、伸缩装置采购、钢锚梁和钢牛腿制作、钢箱梁制作与涂装、平行钢丝斜拉索、检查车制造和安装等共计12项暂估价项目,在合同条款中明确承包人和分包人的工作界面,明确暂估价的招标由发包人联合各标段承包人共同招标,采用统招分签的方式确定分包人,由专业分包人实施各暂估价项目。几个标段相同暂估价的联合招标具有规模优势,有利于选择实力雄厚的专业分包人或供应商,有利于暂估价项目的质量、造价、进度、安全等方面的控制,达到"专业的人干专业的事"的目的。

合理设置各标段节点工期及移交时间。分标段设置节点工期及移交时间,明确总体施工和移交顺序。一是有利于指导各承包人按指挥部的管理思路和节奏组织施工,确保总工期可控在控。二是有利于避免各标段之间部分地段存在施工干扰和工期相互制约问题。三是有利于避免后续施工顺序调整产生索赔的问题。

明确"甲控乙购"材料范围及招标方式。在招标文件中明确"水泥、钢筋、钢绞线、桩基永久性钢护筒的钢板、桩基永久性钢管桩的钢板的采购必须通过发包人组织各标段承包人统一招标确定材料供应商,招标必须进入浙江省交通投资集团有限公司招投标管理平台进行交易",采用统招分签的方式,由各标段承包人与中标供应商签订材料采购合同。一是有利于从源头上控制主要原材料质量;二是有利于利用供应规模优势,适当降低供应价格;三是有利于保证同一结构物材料的单一性和稳定性。

细化管理要求,助力"品质工程"。为打造品质工程"浙江样板"和全国"品质工程"建设示范项目,根据行业主管部门关于项目建设管理"三集中"的要求,在合同条款中,对项目生产设施"三厂一室"(拌和厂、钢筋加工厂、构建预制厂、实验室)及项目部驻地建设方案等提出了详细的要求,如:所有大临设施应按"三化""三集中"的原则进行布置,每个标段只能有1座钢筋加工厂、1座构件预制厂、1座混凝土拌和站(海上拌和站除外),各标段大临设施原则上应集中布置、统一管理;项目驻地、工人住宿区为带围墙庭院式砖混凝土结构自建房。办公室楼为2层结构,办公室、会议室等面积不少于浙江省标准化最低要求,工人住宿面积不少于$5m^2$/人。办公区、生活区、生产区实行硬隔离;钢筋加工厂为带桁吊封闭式钢结构厂房,配置全自动化钢筋加工设备;生产场地须结合工期,按生产高峰期需求进行布置,钢筋加工区、混凝土结构预制区须考虑充足的成品存放区;生产区域内除绿化区域外,所有区域均需用混凝土硬化处理。通过将上述建设要求写入合同条款,一是规范了土建承包人项目生产设施"三厂一室"及项目部驻地的建设标准;二是为土建承包人投标报价提供了计算依据；三是为土建承包人建设大临设施提供了合同依据；四是从根源上扭转施工场地布局随意及脏、乱、差的现状，为施工过程中"品质工程"的创建奠定坚实的基础。

优化违约条款，增强合同管理力度。一是为增强项目的管理力度，在项目专用条款中合理增加了承包人的违约情形，比如"承包人违反第 4.1.10 项的约定，未按发包人根据本项目建设管理需要制定的项目管理办法及规章制度执行承包人未按发包人或监理人要求及时上报资料，或上报资料差错率较高的；违反质量管理程序，试验检测项目参数不全或漏项，或试验检测频率未达到要求的；对上级主管部门或发包人提出的要求或整改意见，未在规定时间内做到的，或类似问题再次出现"等条款。上述条款的补充，对承包人的施工管理起到了警示作用，也为监理办和指挥部对施工的管理提供了合同依据。二是为确保项目经理、总工和其他主要人员的稳定性，加大了人员不到位、擅自离开工地和人员变更的违约处理力度，比如："承包人发生第 22.1.1 项（12）目情形，项目经理或项目总工未经发包人同意擅自离开工地，或项目经理、项目总工未按合同要求到位，每天课以违约金 10000 元 / 人；若每月在工地天数不足 20d（特殊情形经监理人批准报发包人同意例外）者，每不足一天额外课以违约金 5000 元 / 人；其他技术及管理人员未经发包人同意擅自离开工地，每天课以违约金 3000 元 / 人；承包人未经发包人书面同意更换项目经理、项目总工的，课以每人次 300 万元的违约金，更换其他主要管理人员、技术人员课以每人次 30 万元的违约金；承包人经发包人书面同意更换项目经理、项目总工的，课以每人次 150 万元的违约金，更换其他主要管理人员、技术人员课以每人次 10 万元的违约金。"上述条款的设定，一定程度上遏制了履约人员不到位和履约人员变更频繁的顽疾。

全面推行信息化管理，助力"中国智造"。一是大力推进安全信息化和科技兴安工作，使用发包人提供的"智慧巡检 App"和"作业人员安全教育培训系统"等平台，在生产、生活区重点位置配电箱应安装智慧式用电安全隐患监管服务系统，在支架、架桥机等大型设备、临时设施上安装安全监控系统。二是大力推进安全标准化工作，统一使用定型化、装配式上下爬梯和安全防护设施，使用智能门禁系统施行人员实名制管理（LED屏应能显示作业人员数量、种类、个人信息等内容），引入 VR 虚拟安全和安全培训体验馆等设施，促进人员安全素养提升。三是工地实验室建立原材料、自检及抽样试验、标准试验和工程试验、仪器设备数据信息库，通过二维码扫描可清晰得知包括材料、人员、仪器等相关信息，建立手机终端 App 的试验检测"数据共享"和混凝土试块植入芯片，并接入指挥部阳光系统等。通过一系列物联网和可视化远程管理技术，实时对项目建设过程进行全面监控，实现质量、安全、进度等全面信息化管理。

执行过程中存在的问题及下一步优化措施

前期策划阶段项目的总体施工组织设计不全面、不细致。虽然指挥部在前期花费大量人力，对舟岱大桥土建施工和监理进行了详细策划，编制了项目的总体施工组织设计，但存在不全面、不细致的问题，仅考虑了土建施工和监理标段，忽略了项目的整体策划，如施工类的路面、房建、交安、机电、绿化等标段如何划分，如何组织施工，各标段开工和交工时间等一系列的问题均未详细研究，也未在项目的施工组织设计中体现，导致后续招标计划性不强，对整个项目的交工时间起到了一定制约。

解决措施是在项目前期策划阶段，要成立工作专班，专门编制完整的项目总体施工组织设计，全面、细致地反映项目从设计、招标、合同签订、施工到交工验收的全过程的管理重点和要求，这样可以让每一位管理者，即使是在不同阶段介入管理，也都知道自己应该"管什么""怎么管"，能够确保项目整体平稳有序推进。各阶段的时间节点可以根据实际施工进度动态调整，但大致方向应基本保持不变。

勘察设计与勘察设计咨询招标策划不合理。发包人在勘察设计招标时，设定第一中标候选人为勘察设计单位，第二中标候选人为勘察设计咨询单位，且咨询费用为勘察设计费的10%。如此设定不合理，理由如下：一是勘察设计与勘察设计咨询工作内容完全不同，对履约人员的数量和要求也不尽相同，对服务的质量要求更不一样，按照勘察设计的标准评标显然不合理。二是直接明确咨询费为勘察设计费的10%，无任何依据，也剥夺了潜在咨询单位报价的权力，有违反招投标相关法律法规的嫌疑。三是对咨询单位的违约条款设置过少，特别是没有对咨询单位服务质量设置违约条款，导致咨询服务质量不高，没有起到对设计把关的作用。

解决措施是：一是将勘察设计与咨询分开同时招标，允许满足资格条件的单位同时投两个标段，但只能中一个标段，可在招标文件中约定"如果同一家单位在两个标段评标中均排名第一，则咨询单位由咨询标排名第二的候选人中标"。此种方法既能解决两个标同时招标潜在投标人不足的问题，也能解决两个标不同工作内容用同一种评标办法评标不公平的问题。二是将两个标根据需求分别编制招标文件和设置最高限价，最后的签约合同价就是投标人的报价，完全符合相关法律法规，还可在一定程度上节省费用。三是根据两者不同的工作内容和要求设置操作性强的违约条款，有利于提高设计和咨询质量。

监理、检测、监控、跟踪审计等服务类招标对服务质量的要求条款设置过少。在项目管理过程中，指挥部普遍感觉监理、检测、监控、跟踪审计等第三方服务单位的服务质量不高，与招标时预期有较大差距，如出具的审查意见、报告、指令等文件质量不高，漏洞百出，有的甚至完全没有把关，有些审查意见完全是走形式、走过场，但又在合同中找不到相应处罚条款。其根本原因是在招标过程中对服务类招标重视程度不够，在招标阶段没有结合后期的管理要求增加相应违约条款，对其提供的服务质量没有形成制约。

解决措施是在招标阶段，各处室应根据处室工作职责，仔细梳理服务单位应提供的服务，明确应达到的服务质量或标准，对提供的服务不满足要求的按违约处理，并将其作为合同条款列入招标文件，在后续管理中严格执行。

施工类招标评标办法受行业约束严重。根据浙江省发改委和交通运输厅规定，依法招标的省内公路工程施工项目必须执行《浙江省公路工程施工招标文件范本》，其评标办法分为合理低价法、综合评估法、经评审的最低投标价法三种。范本明确省内公路工程施工招标评标一般应当使用"合理低价法"；对于使用世界银行、亚洲开发银行等国际金融组织贷款的项目和工程规模较小、技术含量较低的工程，可以选用"经评审的最低投标价法"；对于技术特别复杂的特大桥和长大隧道等工程，且施工标段的规模或特性符合范本规定的，可以选用"综合评估法"；招标人选择的评标办法，在办理招标文件备案时由招标投标行政监督部门予以确认。由于上述规定，除项目土建主体外，如机电、房建、交安、绿化等后续施工招标只能采用合理低价法，对评标价进行评审，不同程度地出现了低价围标现象，如房建、绿化中标价比最高限价下浮14.75%，与常规的中标价下浮率8%~10%相比，下浮幅度明显过多。承包人通常会在施工阶段以亏损为借口，故意拖延工期，无论指挥部后续是否采取终止合同、清理出场等强硬措施，均会对项目造成较大影响，不利于项目按期完工。

解决措施是加强与行业主管部门的沟通，争取采用综合评估法评标，降低中标人低价中标的概率；建议行业主管部门加强对低价围标、违法串标等行为的打击，整治低价中标行为；尽快落实交通运输部2018版公路工程招标范本的应用，推行评定分离，将承包人的选择权交由业主。

标段工作界面划分不清晰或不合理。本项目结构复杂，为确保项目早日开工建设，施工图按土建主体、钢结构、路面、机电、房建、绿化等分批次出图，分批次招标，出现了钢结构等专业分包与土建总包单位、附属工程与土建总包之间工作界面不够清晰、不合理甚至前后矛盾的情况，为后续项目实施过程中，业主、土建总包、分包及附属标段之间产生合同争议埋下了隐患，不利于项目的正常推进。

解决措施是进一步深化招标前期策划，将标段工作内容、标段间工作界面划分得更清晰、更细致；最大限度减少分批出图次数和招标次数，尽量按招标前期策划组织招标。

土建标抗台措施条款设置不合理。本项目所在区域受台风影响频繁，根据设计院提供的气象资料，年均影响施工的台风为2.5个，而在施工过程中实际影响施工的台风2018年有9个，2019年有5个，2020年有3个，2021年有2个，因此影响施工的台风个数是无法预测的。承包人在施工过程中必然会发生因抗台而产生抗台措施费，主要包括设备加固、人员和船机设备撤离、窝工及台风过后恢复生产所产生的费用。本项目海上施工的船机设备多，抗台措施费与台风个数息息相关，且每次产生的费用都较大，每年受影响的台风个数也无法预测，而合同条款约定"抗台措施费已包含在清单报价中，发包人不再单独支付"，显然将无法预测的风险全部转移给了承包人，不符合合同公平公正、风险公平分担的原则。

优化措施是在招标文件中明确抗台过程中承包人应尽的义务及应采取的措施；在工程量清单100章中单列抗台措施费，由投标人按次报价，包含设备加固、人员和船机设备撤离、窝工及台风过后恢复生产所产生的费用，招标过程中发包人可根据以往气象统计资料暂定影响次数，如10次，实际计量则根据发包人指令的抗台次数按实计量。

土建标施工水域警戒费设置不合理。一是施工水域警戒费必然发生且一直持续。施工水域警戒是海上施工的必要措施，受当地海事管理部门监督，因此，按规定配置警戒船是承包人办理水上水下施工许可的必要条件，且项目运营阶段也需一直配备警戒船，仅是数量比施工阶段可适当减少。二是警戒船的配置数量和使用时间不受承包人控制。在招标阶段，指挥部按各标段所处的海域位置，要求1~5标分别按1艘、3艘、2艘、2艘、2艘总计10艘的最低要求配置了警戒船，按总额报价，但未约定警戒船的使用时间。最终，本项目配备了15艘警戒船，比最低配置多了5艘，由各承包人分摊，配置时间从海上施工开始，承包人配置警戒船的结束时间是整个海上施工作业完成并经过海事验收。三是警戒船的管理权限在警戒中心。在实际执行过程中，通航安全风险评估是按项目来评估的，而不是按标段评估，警戒船的配备数量及使用时间也是根据项目整体考虑。最后警戒船的管理权限也是在地方政府和指挥部联合成立的警戒中心，承包人除了按约定支付警戒船租赁费外，对警戒船未有实质性的管理。鉴于上述三点，施工水域警戒费由各标段承包人报价不合理。

优化措施是施工水域警戒费在概算中要单独列支，是涉海施工的必要措施；施工水域警戒不再列入各土建标段清单，由发包人单独设置施工警戒服务标段进行公开招标，由地方政府和指挥部联合成立的管理中心进行管理。

土建标段暂估价过多。暂估价的设置虽然有利于指挥部控制专业工程的质量，但过多的暂估价设置，也会产生如下问题：一是增加后续招标工程量；二是投标人暂估价不能下浮，比例过大，导致投标下浮时，非暂估价部分下浮比例过大，对总包单位报价不利，引起总包自行实施部分的亏损；三是对暂估价招标过程中发包人和承包人的权利、义务未详细明确，导致暂估价招标时职责不清，承包人参与度不高；四是因暂估价由发包人和承包人联合招标，当分包人与承包人有矛盾时，需要发包人来协调，大大增加发包人的协调量。

优化措施是严格控制暂估价费用占工程量清单的比例，一般不超过10%为宜；将暂估价部分能单独设置标段的尽量单独设置标段；在合同中明确暂估价招标时发包人和承包人的权利、义务及合同签订方式等内容，解决后续合同管理争议；约定非承包人实施的暂估价项目，由承包人按国家规定负责招标并与之签订合同，减少合同纠纷。

节点工期设置不合理。一是节点工期设置过多，每个标段有四个，实施过程中因关键线路变化，导致节点工期最后变成非关键线路；二是节点工期时间设置为"20××年××月××日"，时间是依据预计开工时间确定，而实际开工日期应以监理发布的开工令明确日期为准，之间有差距，设置为固定时间不合理；三是节点工期的违约处理设置不合理，招标文件约定最后一个节点工期违约金为15万元/d，但是最后一个节点工期时间并不是总工期最后时间，承包人为了避免总工期再违约，可能会在节点工期与总工期之间的时间段内通过各种赶工措施，将工程进度赶上来，承包人虽然节点工期违约，但是未造成总工期违约，未对发包人造成损失，而根据合同条款，又必须对节点工期违约进行处罚，一定程度上会打击承包人赶工的积极性。

优化措施是精减节点工期最好每标段设置1~2个，例如，设置合龙和全线贯通的节点工期就比较妥当，其他附属在总工期内完成即可；当节点工期为固定时间时，后面要写明该节点工期基于"20××年××月××日"开工，当开工时间有变化时，其时间随之变动；在设置最后一个节点违约金时，应明确当最后一个节点违约后，总工期不违约的，其违约金予以退还，能够有效提升承包人自行赶工的积极性。

"甲控乙购"材料招标增加合同风险。一是发包人组织材料统一招标，有干预材料采购的嫌疑；二是承包人与材料供应商的合同风险会有部分转嫁给发包人，例如材料供应不及时、承包人付款不及时等问题，因发包人统一组织招标而牵连进来；三是如果承包人与供应商中止合同，后续材料如何采购等一系列合同风险都将转移到发包人。

优化措施是由承包人自行组织采购，发包人对承包人材料招标文件审核并约定主材品牌范围；向行业主管申请，主材采用甲供模式。

项目经理和总工调换违约设置不合理。一是项目经理更换违约金设置过高，如经业主同意更换的处违约金150万元/人，未经业主同意更换的处违约金300万元/人；二是高规格人员更换同样处以违约金不合理，应鼓励承包人更换能力更强的项目管理人员。

优化措施是将违约金控制在50万元以内；用高规格人员替换时不处以违约金。

项目专用技术规范不够严谨。项目专用技术规范在执行过程中主要存在以下问题：一是技术规范中有构件名称与图纸不一致现象，例如预埋件、螺栓等，容易引起合同争议；二是计量规则表述不全，部分条款未明确工作内容中计量与不计量的部分，容易出现计量争议，导致计量规则与技术规范不够匹配。

优化措施是项目专用技术规范是对通用技术规范的补充和完善，是工程实施过程中应达到的标准，是施工过程中计量支付的依据，也是承包人投标阶段投标报价的基础，因此，编制严谨的项目专用技术规范是减少合同纠纷，降低合同风险的主要途径。在招标阶段，招标工作小组应仔细对照图纸，对技术规范和计量规则进行全面核查，确保技术规范和计量规则相匹配。

指挥部

加强标准化建设　推进智慧安监打造平安工地

宁波舟山港主通道项目指挥部安全处

宏观风险分析与策划

风险分析与管控难点：主通道项目施工高峰期，主体标段 15 个、人员 5000 名，大型、特种设备 11 类、150 台套，船舶 7 大类、120 艘。三座大桥不同阶段、交叉施工多等内外部风险困难叠加，给项目建设带来巨大的安全生产压力。

项目跨越 5 条航道，最大运距 40km，船舶流量 200 艘 /d，涉及三次航道转换，复杂的通航环境加大了通航的管控压力。同时，施工区域内还存在水文条件复杂（涨落潮最大潮差 4.96m、最大流速达 2.41m/s，远大于港珠澳大桥海域 1m/s 流速），气象条件恶劣（8 级及以上大风 66d/ 年、6 级及以上大风 173d/ 年，台风 4.3 个 / 年，大雾 57d/ 年），海底管线密布（水油管、LNG 管道、高压电缆、军用光缆），交叉施工众多等诸多不利因素。稍有不慎就可能导致重特大生产安全事故发生，为有效地应对项目建设所面临的管控难点，主通道项目落实了一系列行之有效的安全措施。

2017 年，为从源头上降低安全风险、提高施工效率、保障工程质量，在省内没有成熟可借鉴的安全策划大纲的情况下，时任指挥部安全征迁处处长蒋强带领安全管理团队，在乐清湾项目安全生产管理实践的基础上，结合实际、因地制宜，编制省内交通建设工程领域首个《安全管理大纲》（简称《大纲》）。

在顶层设计上，《大纲》提出向管理、向基层、向科技、向文化要安全的安全管理理念和"减少海上作业工序、减少海上作业时间、减少海上作业人数，改变分散施工为集中施工、改变野外施工为厂内施工、改变传统施工为机械施工、改变海上施工为陆上施工"的"三减四改"工程创新理念，确立了项目安全管理的"359"安全生产管理体系，即实现三大目标（人员零伤亡、质量零事故、环境零污染，全国公路水运建设项目"平安工程"冠名，打造"平安百年品质工程"），引入五大保障（综合性安全顾问服务、设备专项安全顾问服务、工程专项气象服务、保险安全服务、船舶专项安全顾问服务），践行九化管理（顶层设计系统化，管理考核常态化，安全费用精细化，安全设施标准化、班组管理规范化、顾问服务专业化、管理手段智慧化、安全文化品牌化、应急保障高效化），从安全目标、安全保障和安全理念上构建系统立体的主通道项目安全生产管理体系。

向标准化要安全

项目建设初期班组和人员水平参差不齐，不能全面熟知安全技术规范问题；施工现场"脏、乱、差"，施工企业"以包代管"，基层技术员、监理员的作用未发挥、无压力、不负责等问题不同程度存在。为进一步强化现场管控，指挥部提出从人的标准化和物的标准化落实现场施工安全标准化水平，同时加快智慧工地的引用和开发。

人的标准化：指挥部提出"人"的因素是项目安全管理的核心和最大难点，以培养产业工人为导向，建立"实施有标准、操作有程序、过程有控制、结果有考核"的班组管理体系。

一是班组准入管理：以班组作业流程为抓手，将"首件认可制"作为班组准入条件，对班组首件工程的各项工艺、技术、质量和安全指标进行综合评价，凡未经首件认可的作业班组，一律不得入场施工。

二是网格化管理：按照"管理方便、界定清晰、责任明确"的原则，对全线各分部分项按工序不同进行班组划分，建立指挥部—监理办—项目部—工区—班组（工点）的五级管理体制，明确班组"五大员"管理职责，实现人人都有责任田，实实在在打通班组建设"最后一公里"，发挥基层班组效能。

三是班组"6S"管理：以考核奖惩督促班组落实，在日常管理中推行整理（要与不要、一留一弃）、整顿（物有其所、物归其所）、清扫（源头治理、干净整洁）、清洁（规范统一、一目了然）、素养（长期坚持、养成习惯）、安全（以人为本、防微杜渐）的"6S"管控措施以及整理着装—班前教育—开工检查—班中巡查—场地清理—班后总结"6步走"日循环管理，规范作业行为，培养良好习惯。同时组织开展班组经验交流活动和"最美班组""最美工人""三微改"评比，发挥班组力量。

四是扎实做好危险源辨识交底工作：持续开展危险源辨识分析、风险分级防控和危险源交底，优化培训内容，改进培训方式，通过管理人员抽查、班组长提问、作业人员轮流讲等方式，提升作业人员班前会危险源辨识交底质量，提升教育培训效果，促进作业人员岗位安全应知应会，通过作业人员的自我安全保护实现项目整体安全。

物的标准化：推进工程建设领域安全设施的供给侧改革，把"物"的标准化作为项目安全生产工作的基础。

危险源辨识交底

门式起重机安全通道

胎架安全通道

桩基安全通道

墩身预制安全通道

梁面左右幅通道

主塔施工通道

主塔爬模施工安全防护标准化

海上承台通航安全警示及临边防护

一是通道标准化：提倡智能化、定型化、装配式的通道设置，并实行通道验收制。

二是安全防护设施标准化：针对临边、孔口等安全防护设施，推广使用定型化、标准化产品，要求做到颜色统一、规格一致、方便实用，重点安全防护设施执行"首件验收制"。

三是安全标志标牌标准化：结合"质安文化进工地"活动和关于安全标志标牌相关要求，对安全标志标牌的框架格式、设置位置进行统一规范，对设备信息公示牌、通道验收牌等专用标志牌内容进行统一，倡导亲情关怀、警示教育等形式标牌。

四是临时用电标准化：针对海洋环境易腐蚀、湿度高、触电风险高的情况，采用定型化、标准化配电箱，推行地面"无明线"管理，使用插入式接线最大限度减少私拉乱接电线情况。

五是专用设施标准化：对海上钢管桩、承台通航安全警示灯、旗和钻机防护棚、泥浆箱以及氧气、乙炔瓶专用吊篮等专用设施进行规范统一。

钢管桩通航安全警示及临边防护

液压爬模作业平台安全防护

液压爬模作业平台临边、孔口防护

安全标志标牌标准化

预制场配电箱布设标准化

滑动悬挂式焊把线集中分类悬挂

栈桥线路布设

台座预埋式插座电缆线收纳箱

氧气、乙炔专用小车

氧气、乙炔专用吊篮

电焊机专用推车

泥浆箱及通道

向智慧工地要安全

项目点多、线长、面广、危险因素多、安全管理风险大,采用传统的安全管理模式花费大量的人力和物力,且在管理上存在一定缺陷。指挥部按照"化繁为简、减负提效"的原则,积极引入智慧化手段,强化安全生产科技支撑能力,以"更智慧"的方法来改进人、机、料、法、环各个环节组织和岗位人员相互交互的方式,辅助施工管理,实现更安全、更高效、更精益的工地施工管理。

一是率先在省内交通工程建设领域引入智慧用电系统。主通道项目应用智慧用电监管系统、智慧锁及 USB 充电系统,对线路中可能产生的漏电、电弧、过载、短路、线缆温度异常等情况进行实时监控并主动预警,从源头上防范触电、电气火灾事故的发生。

二是设备安全监控预警系统。对塔吊、架桥机等关键设备的受力、应变、设备性能等进行实时动态监控,实现安全操作、临界危险报警、现场实时显示和数据记录保存等功能,并可运用大数据实时显示工作状态记录、问题回放的功效。

三是平安守护系统。该系统具有很好的集成性和系统性,能够实现安全管理全流程信息化,很大程度减轻基层安全人员负担,目前已集成自主开发人员安全教育培训考核模块,实现了人员实名制管理、一人一档线上签字归档、双控管理体系、安全培训考核全流程信息化、规范化和人员信息统计动态化、精细化,提高人员安全教育培训效率和质量,通过人员大数据实施精准管理。

四是探索安全码的应用。以主通道项目应用的"平安守护"系统里的真实数据为基础,运用大数据分析技术,对工程施工安全管理的各要素进行风险分析,并通过评分模型进行动态自动打分,再结合建设单位、监理单位对项目部的日常检查和安全大检查,得出施工单位的安全评价分,从而形成可量化和动态性反映施工单位安全状况的安全码,分为"绿码、红码、黄码"三色进行动态管控。

五是引入"天眼"系统。在各制高点、危险作业施工区域布设监控,指挥部和各项目部均设置监控中心,安排专人对现场情况进行查看。管理人员通过电脑、手机终端可实时动态了解现场情况,通过广播系统对违章行为进行纠正,实现"指尖上"的安全管理。

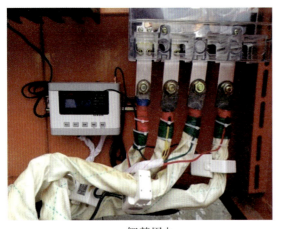
智慧用电

天眼系统

向专业服务要安全

秉持专业人干专业事，跨界融合，补安全短板的理念，主通道项目引入5大助力（综合性安全顾问服务、工程专项气象服务、保险安全服务设备、船舶专项安全顾问服务、专项安全顾问服务）。

综合性安全顾问服务，是靠得住的保障。在工地上，工程安全保障的专家并非能够时时看得到，但他们所带来的安全体系和安全理念，却体现在项目施工的方方面面。通过定期邀请专家，指导安全管理、应急体系完善，确保平安工地建设有更加专业的保障。除此之外，在工程建设前期，通过邀请专家对方案进行审查并现场指导工作，全面提升现场人员的安全管理意识和危机应对水平。

工程专项气象服务，是看不见的保障。主通道项目复杂的自然环境，给施工带来了诸多不确定性。与舟山市海洋气象站签订气象专项安全服务协议，由气象站通过网页、微信等手段提供项目施工区域最新气象动态信息，项目部可结合现场情况进行分析、预判，确保能够提高气象灾害防御能力，更加有针对性地组织施工。

气象联合会商

保险安全服务，是引导性的保障。在常规的项目施工中，保险是事故的兜底性措施。主通道项目充分利用工程保险单位提供的资金、物资支持和专家力量，努力将保险安全保障打造成为事前防控的重要抓手，从而能够有力地减少事故发生。

船舶专项安全顾问服务，是看得见的保障。完善船舶安全管理制度，开展船舶准入及日常安全检查，进行涉航人员安全教育培训，完善船舶应急管理体系。

日常船舶安全检查

特种设备顾问服务，是关键性的保障。特种设备管理事故发生率高，据统计，由特种设备造成的事故占交通建设工程事故总量的 15% 以上；涉及种类繁多，高峰时期项目全线同时使用的特种设备近 200 台套，涉及架桥机、门式起重机、履带式起重机、桥面式起重机、桁车、汽车式起重机等特种（含专用）设备 11 个种类，一旦发生诸如架桥机、门式起重机等设备倾覆事故，极易造成重大人员伤亡和经济损失；管理专业性强，人员素质要求高，但长期以来，项目参建单位专业管理人员匮乏、设备安全管理制度不健全、日常检查维修不到位、检验检测证和使用登记办理不及时的问题普遍存在，仅靠工程参建各方往往难以形成有效的管理，各参建单位按程序进行设备安全管理的压力很大，设备故障也将直接影响施工工期。

2017 年，时任安全征迁处处长的蒋强带领指挥部安全管理团队通过需求调查，在工程建设领域创新性地引入设备专项安全顾问服务，通过企业买服务的方式，由专业机构介入协助指导工程项目建设，服务覆盖了项目部使用的特种设备和非法定的大型设备及特种作业人员，内容包括安全管理制度体系完善、特种设备检验检测开展、特种设备作业人员和相关人员培训、专项安全检查、安全方案审查等，编制《特种（专用）设备安全管理办法》，提出 7 个 100%，即设备选型和证书符合率 100%、设备操作工持证率 100%、设备（危险性较大）安拆方案编审及落实率 100%、设备信息公示牌标准化率 100%、规定设备安全信息化系统安装使用率 100%、设备重大安全隐患控制率 100%、设备进退场和日常使用维修保养资料完整率 100%。实现设备全过程安全管理的规范化、标准化，涵盖了特种设备从选型、安装、使用到拆除的全周期。

引入专业的特种设备服务，有效弥补了参建各方设备安全管理能力不足的问题，完善了设备安全管理程序，及时发现、消除了设备安全隐患，提高了设备使用率，保障了项目顺利进行。一是有效消除设备安全隐患。积极引入架桥机、塔吊监控、电动夹轨器等先进设施推动了设备安全管理关口前移。经统计，设备隐患数量年均30%左右递减，人员持证率从40%左右到100%，设备故障率年均降低了50%左右。二是有效提升人员专业素质。一大批管理人员通过服务收获了丰富的设备安全管理经验，设备安全隐患辨识和治理能力、日常管理水平和应急处置能力均得到显著提升，各施工项目部设备安全管理制度、应急预案、操作规程、"一机一档"等体系逐步完善。三是有效降低设备故障率。通过标准化、规范化现场管理，防止或减少设备带病运行的状态，让计划性、周期性的维护保养代替临场即时维修，通过提升作业人员素质能力降低了操作失误，通过在线管理平台的维保评价机制，确保形成高质量维保单位的进入，提升维保服务质量。四是有效提升设备信息管理效率。在特种设备安全管理服务平台中建立设备"一机一档"的服务，将设备基础信息、对应操作人员、设备进出场状态、设备检验相关信息等作统一化管理，大幅减少企业对设备信息管理及处理的时间。同时，可减少相关处理人员数量，优化调整人员结构，降低企业人员成本支出。

　　　　特种设备检查　　　　　　　　　　　　两位副省长批示

特种设备第三方安全顾问模式成为互利多赢的典范，得到了参建各方和各级行业管理部门的广泛认可，2017年8月，浙江省两位副省长对服务模式给予批示肯定并建议推广。

向"联动"融合要安全

近年来，我国海上大桥工程建设发展如火如荼，港珠澳大桥建成通车、宁波舟山港主通道项目富翅门大桥建成通车、深中通道项目建设正酣……海上大桥工程建设取得重大进展，随之而来的安全管理问题也成为建设中面临的重大挑战。在海上大桥工程建设过程中，非施工船舶通航、涉航道施工对于工程安全管理来说，往往意味着不确定的风险。因此，如何管理好非施工船舶及其通航对于施工单位、业主单位来说都是绕不开的问题。

以宁波舟山港主通道项目为例，主线海上桥梁长约26km，地处灰鳖洋，风高浪急，潮差变化大；工程海域附近主要有中部港域西航道进港主航道、长白水道、马岙港区公共航道（灌门航道、龟山航门航道）、东海平湖油气田岱山原油中转航道、岱山水道等，船务繁忙，每天有300艘次各类通航船舶、渡船、渔船"十字"交汇，项目施工高峰期，还有各类施工船舶7大类、120余艘，通航管理压力巨大。且该项目所处海域水下电缆、自来水、通信光缆、国防光缆众多，施工作业环境复杂。

指挥部经多次沟通，构建起以海上警戒协调中心为核心政企联动、内外互动的"5+X"通航安全管理体系，舟岱大桥警戒中心由舟山海事局牵头，舟山海事局海巡执法支队和主通道项目指挥部联合管理，地方港航、海洋渔业、海事局交管中心等相关单位纳入指挥体系。警戒中心配备了VTS系统、AIS系统等智能化、专业化的船舶动态管理系统，系统接通海事局，根据需要设定了上千条报警规则，会在系统发现异常后自动报警，相当于增加了上千名虚拟执法人员。海上警戒指挥协调工作实现了从拉好警戒线，布好警戒船的"连点成线"，到布局海事智慧系统的"织线成网"。从以前，小红旗、口哨、高频喇叭，人在海上警戒线上来回的巡航，到现在，在发生应急事件时，只要轻点鼠标，荧屏上就可以轻松知道海上桥区需要重点监控的区域、过往船只信息、妨碍安全和效率的因素等，更可以直接指令最近船舶，实现第一时间施救，桥区已"可视、可听、可控"。

警戒中心还开展"点名制"监管服务，每日、每次巡航，每周、每季度不同频次对值班员、现场监督员、法制监督员等各个岗位实行"点名"；每天定时收集施工动态，线上每天系统"比对点名"所有船舶进出港动态报告信息；对警戒船、交通船、重点施工作业船如无动力船进行分类监管，对交通船参照客轮管控制度，制定交通船开停航管理细则，警戒船每次巡航时对这些船舶进行"点对点"提醒检查。每个标段的船舶在入场之前都会事先进入指定待检水域接受安检和试航演练，合格发放施工旗子后方可正式进入施工水域作业，所有施工船舶进出港和抛锚均需向中心报告，确保船舶不影响海底管线。而各个标段每一艘出去的船舶都会向警戒中心报备。

自全面深化"政企"联动、深化融合办公以来，在施工安全管理和通航安全管理方面取得了显著成效，三年多的时间，中心先后服务监控了航经施工水域的30多万艘船舶，项目施工船舶400多艘，得到了来自引航、港航、船舶修造企业和鱼山大桥禁航指挥部等行业和单位的广泛认可。中心联合海巡支队对外来、误入施工区域的船舶进行提示、警醒、劝导，防止外来船舶进入施工水域导致安全事故，误闯、误入警戒水域的船舶已

警戒协调中心

从施工初期的日均 10 多艘逐步减少为零。期间高效处置了 6 起应急事件,其中,2 起香港籍货船和 1 起避台客船误入禁航区、2 起桥区附近水域船舶货船主机失控、1 起韩国籍拖带船组未引航擅自进港,共救起落水船员、渔民共 5 人。

向文化素养要安全

近几年来工程建设领域事故高发,人为事故、人为灾害占绝大多数的原因,主要是员工违反作业规程、违反规章制度或者是管理人员违章指挥蛮干造成的"三违"事故。归根结底是管理层和操作层人员的素质问题。事故高发与作业工人安全文化素质不高、群体安全意识淡薄、安全科技水平和安全文化宣传推动不够直接相关。

指挥部提出向文化要安全的安全管理理念,全面打造"可感化"的文化氛围,让安全管理听得到、看得见、摸得着,入眼、入脑、入心。同时以"平安跨海大桥"安全管理论坛为主线,组建主通道项目"安全生产专家库",全力打造项目安全文化品牌。每月通过安全管理人员之间相互交流、开办讲座和邀请专家名师授课等方式开展活动,倡导终身学习的理念,鼓励各参建人员带着问题学习,不断增强安全意识和技能,提高项目安全管理能力,自 2017 年 5 月 3 日第一期"平安跨海大桥"论坛启动以来,宁波舟山港主通道项目已连续组织开展了 31 次线上、线下联动的"平安跨海大桥"论坛,为项目建设培养出一支意识强、水平高、素质好的安全管理队伍,从而为主通道项目建设提供牢固的安全保障。

"可感化"的文化氛围

"平安跨海大桥"论坛

光荣榜

总结与思考

当前国内工程建设还处于飞速发展阶段,建设任务繁重,建设条件恶劣,技术难度增大,建设成本上升,企业利润降低,社会关注度越来越高,安全生产事故处于高发期,安全管理工作压力巨大。安全队伍不稳定,部分安全人员"认不清、想不到、管不住""不想管、不敢管、不会管",班组最后一公里问题没有得到有效解决。安全生产工作存在主体责任不落实、隐患排查治理不彻底、安全监管执法不严格、监管体制机制不完善、安全基础薄弱、应急救援能力不强等问题。

一是在安全生产上要强化顶层设计，策划总体建设方案，向安全和质量要进度，向安全和质量要效益，从源头控制风险，以"三减四改"工程创新理念，将作业工序减到最少、作业时间减到最短、作业人数减到最少，改变分散施工为集中施工、改变野外施工为厂内施工、改变传统施工为机械施工、改变海上施工为陆上施工，同时推广新技术应用，运用装配化生产组织，提升工厂化率，通过方案工艺提升工程本质安全。

二是在实施过程中根据缺什么、服务什么、需要什么、补什么的思路，要引入专业化管理团队，提供专业化安全生产技术、管理、咨询、指导与培训服务等安全管理模式，推动社会化专业力量参与支持安全生产工作，采用"跨界融合"管理新理念，秉持专业人干专业事，补强施工安全管理短板，提升安全生产治理能力，有效防范各类生产安全事故发生。

三是在安全管理上要建立五大体系：不可侵犯的程序体系，程序到位、谁都无罪、有章可循、反对违章；清晰明确的责任体系，管生产必须管安全，安全贯穿于项目建设活动的全要素、全过程；有效独立的监督体系，确保安全监督的权威性、严肃性；高效及时的应急体系，着眼于现场处置，锤炼班组第一时间的应急处置和现场救援能力；行之有效的管控体系，领导者率先垂范以及稳定专业的安全管理队伍，专业铸造能力、权威铸就实效、敬业创造激情、严谨造就平安。

敬畏大海，在和谐共处中创造品质工程；敬畏生命，在日复一日中坚守安全底线；敬畏规章，在知行合一中把握行业规律；敬畏职责，在担当作为中践行初心使命。

"智慧检测"应品质工程要求而生

舟山港主通道项目指挥部工程处

《公路水运品质工程评价标准（试行）》中对混凝土关键指标质量控制均匀性提出更高要求，对于拟评定为 A 的工程，主要构件混凝土强度（以 28 天龄期强度进行计算）标准差应小于 1.5，相比《混凝土强度检验评定标准》，品质工程的要求远高于全国平均水平。而宁波舟山港主通道工程在建设初期，混凝土强度标准差统计值仅为 3.2。

宁波舟山港主通道工程正着力打造全国品质工程示范项目，然而，此时主通道工程正处于建设初期，各标段提供的混凝土强度标准差值距离 1.5 的目标尚远。如何通过科技创新、技术研发、科学管理实现该目标已迫在眉睫。为此，吴波明指挥长提出了"抓源头、控过程"的指导思想。

混凝土原材料是工程质量最基础、最重要的把控环节，用于生产混凝土拌和物的原材料，如水泥、砂石、集料、外加剂等质量指标不满足规范要求将直接影响混凝土质量。大量文献指出水泥、外加剂及矿物掺合料自身物化特性对混凝土的均质性有很大的影响。原材料质量的不同会严重影响混凝土的强度，导致混凝土强度上下波动。随着基础建设项目规模数量的增长，原材料来源地更加多样化，目前最难控制的问题即原材料来源和质量稳定性。

目前，工程混凝土原材料的检测仍停留在强度、活性指数、减水率等宏观性能指标，目前尚无专门的技术标准来规范原材料的物相组成、颗粒形貌、有效含量、分子结构等微观原始特征方面的要求。应用于工程实际中的混凝土原材料常规检测方法、检测设备基本是适用于室内试验，且大部分试验周期长，取样量大、反馈不及时，不利于混凝土原材料稳定性的管控。

而且混凝土抗压强度试验作为桥涵结构物性能验证的最重要试验检测项，一直以来受到质量管理单位的关注，然而在现有混凝土抗压强度试验检测过程中一直存在检测频率不足、试验数据人为编写修改、试块造假、调包及养护龄期不足等现象，进而造成了混凝土抗压强度试验数据失真的状况，给工程质量埋下了一定的隐患。现有的混凝土抗压强度试验试块制作掺杂了大量的人为不稳定因素，对试块的质量、数据的离散性造成了一定的影响。

博采众家，推动行业进步

以上所述，原材稳定性管控、试验检测技术革新，尤其是标准差 1.5 的指标，均是以往工程实际中的难题。面对这些难题，指挥部提出"迎难而上""管理精细化、专业化"的理念，2018 年初，指挥部在试验检测的科研方面加大了投入，同期出台了《原材料管控制度》《试验检测管理办法》等一系列体系制度，为后续工作开展奠定基础。

作为主管试验检测的负责人王文学，常年扎根在试验检测工作一线，有着丰富的技术管理经验，同时对于质量管控手段和试验检测方法有着自己独到的见解。在他看来，混凝土质控的核心问题是稳定，他常说的一句话就是"稳定压倒一切"，而抓好稳定一定要从材料源头管理、快速精准的试验检测手段等方面下手。随着科研工作深入、工程实际应用，宁波舟山港主通道项目"智慧检测"创新技术的雏形逐步展现。

混凝土原材料稳定性是困扰试验检测团队的一大难题，王文学处长源头管理的思路是正确的，但是溯源必须结合一种快速准确而有效的检测手段，才能将源头管控执行到位。一次偶然的机会，一篇介绍医学 DNA 技术的报道让王处长灵光一现。每种原材是否有其特有的"DNA"呢？掌握优劣不同材料的"DNA"是否能够解决原材稳定性问题呢？

带着问题与期待，王处长四处奔走，联络各大高校及科研机构，最终在高性能土木工程材料国家重点实验室的专家那里找到答案。在探讨与交流时，王处长提出了困扰自己的问题与需求，实验室的专家马上说："混凝土原材料的微观分析与测试已经是实验室正在开展的研究课题，快速检测与样本对比分析一定可以实现。"可是，虽然实验室在该领域已经开展了大量研究，但主要停留在理论研究，宁波舟山港主通道项目为成果转化提供了最有利的条件和机会。实验室立即对研究方向表示出了极大兴趣，在交流会上便提出申请与指挥部合作共同解决这一难题。

于是，指挥部在原材料的检测中引入了"DNA 检测"的概念：借用医学脱氧核糖核酸概念即 DNA 概念，利用 X 射线衍射分析、扫描电镜分析、凝胶色谱分析等微观测试，通过光谱、色谱、能谱加分子量，确定原材料的物相组成、颗粒形貌、有效含量、分子结构等相似度，提升原材料质控水平。

在传统的原材宏观检测方法基础上，分别采用 X 射线荧光光谱分析及 X 射线衍射分析两种方法对母本组成进行微观测试定量分析，获得原材的化学及矿物组成，从材料组成的源头对原材品质进行监测，保障原材质量的稳定。

对于后续批次的原材，采用上述同样的测试方法进行成分分析，基于多批次原材的矿物化学组成及粒径分布数据的采集汇总，构建特征数据库。形成原材 DNA 匹配度计算方法，从而实现对原材的品质监控。基于原材的物理特征与化学成分的大样本采集，构建原材数据库元素与形状特征数据库。形成原材 DNA 匹配度计算方法，判定待检原材是否符合预期原材来源的基本特征。基于 DNA 基因库的信息，采用定期抽检的方式对材料进行基因的检测，并通过自动化比对技术，对原材料的供应真实性进行评估和判断，从而保障混凝土材料的品质一致性。

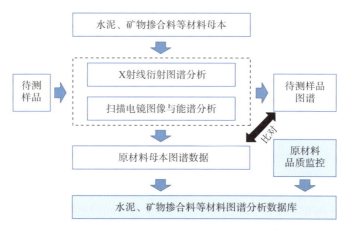

DNA 检测技术路线示意图

通过测试，优质原材样本与劣质样本因微观形貌的差异，必然导致其 DNA 图谱的不同。在显微镜下优质粉煤灰与劣质粉煤灰的形貌差异较大，低品质粉煤灰含有较多的不规则颗粒和多孔物质，会对流动性、强度和耐久性造成负面影响。

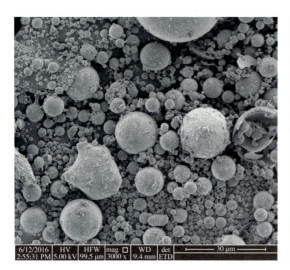

高品质粉煤灰微观形貌

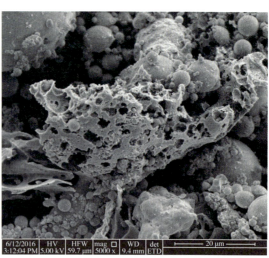

低品质粉煤灰微观形貌

实际进场材料的 DNA 检测结果与母本对比，图谱的峰位、峰强等对比校核相似度达到 98% 以上，证明实际使用的材料与母本确实是母子同源。

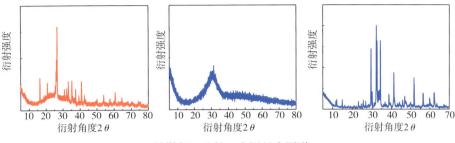

粉煤灰、矿粉、水泥母本图谱

图中分多组矿粉、水泥图谱的对比，其相似程度很高，说明施工实际使用的原材与母本同源。而且通过试验显示，水泥 DNA 达到 98% 以上的相似度，水化热放热量和强度偏差基本可控制在 5% 以内。综上所述，DNA 检测技术是实现混凝土原材稳定性管控的有效手段。

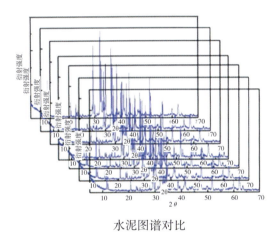

水泥图谱对比　　　　　　　　　　矿粉图谱对比

DNA 检测技术推广

2018年5月，主通道项目初步构建了混凝土原材料"DNA"基因库，为推进成果应用，指挥部组织了一系列的交流、推广活动，并最终将这一技术应用于各个标段。各标段实验室主任对这一技术赞不绝口，认为这是"原材料试验检测方面的重要突破"。浙江省交通管理中心领导到项目调研期间，针对这项创新技术指出："这是工程领域试验检测技术的进步，一定要推广到更多的项目上去。"

追根溯源，为工程品质保驾护航

DNA检测技术基本解决了原材溯源的问题，但是河砂掺杂海砂的问题仍待解决，其核心问题在于氯离子含量检测与界定。本项目所处的海域环境下，对于混凝土的耐久性要求决定了对氯离子含量提出了更高的要求，而要求的落实需要一个严格明确的标准和行之有效的检测方法。

目前检测砂中氯离子含量的方法大多是采用《建设用砂》（GB/T 14684—2011）中规定的硝酸银标准溶液滴定法，但是该方法存在的一个比较棘手的问题是滴定终点的判断。因为该方法必须利用颜色的变化来判断滴定的终点，对操作人员的经验有较高要求。而且滴定法操作速度慢、检测时间长，为了更准确地检测砂中氯离子含量，提高工作效率，可以采用比较先进的快速测定法（氯离子选择电极法）进行砂中氯离子的检测。

但是，如何根据砂中氯离子含量来甄别河砂是否掺入海砂，以及确定海砂掺量并没有明确的标准和界限，这就为管理增加了难度。王文学认为，这个界限必然存在。为此，他先后带领研究人员采集了珠江、西江、赣江等多条支流域的260余个河砂氯离子含量检测样本，经掺入不同比例海砂反复试验检测、运用数理统计和三倍标准差（3S）剔除可疑数据理论，经过大量试验研究总结得出的海砂掺量与砂氯离子含量的关系曲线。

河砂源头检测与封存

在主通道施工过程中,为保障河砂质量,主要采取两项措施:一是检测封存,即源头材料检测,保证源头质量,源头材料装运后封存,防止调包;二是跟踪验收,即引用了 AIS 船舶轨迹实时跟踪技术,实现材料来源可溯,到岸后开封再次检测,与源头数据对比。严格落实以上两个措施,基本保证河砂质量的稳定性。

填补空白,消除不稳定因素

混凝土强度标准差是反映混凝土质量的重要指标之一,也是对混凝土施工质量管控水平的考量。混凝土标准差达到小于 1.5 的水平,在一般人看来是不可能完成的任务。遂成立攻关小组,组织 1 标实验室主任过豪平、4 监理办实验室主任徐秀平等一批熟悉试验检测的骨干,决定从影响标准差的因素打开突破口,开展专项研究。

在王文学的带领下,攻关小组试验检测团队经历数月的研究和试验,总结提炼出影响标准差的 5 大方面 24 个参数。5 大方面分别是试验检测、拌和站、原材料、混凝土浇筑、配合比及统计计算并逐项分析,寻找不稳定因素,发现其中人的干预因素占比约 40%,原材料波动约占比 30%,机械误差约占比 25%,其他占比约 5%。可见,人的因素占比最大,而如何消除人为因素的干预是重点也是难点。

分析发现,混凝土抗压强度试验检测中存在大量人为操作,而且大部分的人为操作又集中在混凝土取样和试块制作,如混凝土取样、二次搅拌、填料、插捣等。既然人为操作带来如此多的不稳定因素,研究团队便产生了何不用自动化机械设备来代替人工完成这一工作的想法呢?

历经一年多的研发,2019 年 7 月,国内第一台混凝土试块自动取样与制作设备诞生了。该产品填补了国内混凝土试块自动化取样成型设备产品空白,已获得实用新型专利。

混凝土自动取样与制作设备应用

主通道项目指挥部在 DSSG05 标梁场组织开展了人工制样与机器制样的对比测试，测试过程为时 6 个月，共开展试验百余组。从测试效果看，混凝土自动取样与制作设备制作的试块成型质量和稳定性明显提高。实验室的检测人员很欣喜，都说"终于可以摆脱这项重体力劳动了"。

从试块表观和内部质量看，人工制作的混凝土试块经常出现表面气孔较多、内部混凝土不密实、集料不均等现象，成型质量稳定性不高，自动化制作的试块表观及内部质量优于现场人工制作的试块。

人工制作的试块

设备自动制作的试块

从标准差统计结果看，混凝土自动取样与制作设备优于人工制作。统计了同等条件下的近百组数据，人工成型试块的混凝土抗压强度标准差：C55 为 2.31，C45 为 2.19；而自动成型的标准差：C55 达到 2.05，C45 达到 1.98，说明混凝土自动取样与制作设备的应用使标准差得到有效控制。

从工效的角度看，混凝土自动取样与制作设备同样优于人工成型。经测算，同样取样 1000 组，制作 3000 个试块。人工成型人员投入至少 3 人，耗时近 10000min，自动成型仅需操作人员 1 名，耗时 3000min。自动化设备的工效及人员成本较人工提高 2~3 倍。

由此可见，混凝土自动取样与制作设备的应用势在必行。

杜绝失真，以数据为准绳

原材料稳定性、试块制作等问题得到解决，但是在试验检测过程中仍然会存在影响试验结果真实性的情况。如近几年在一些大型的第三方检测机构及建筑类实验室逐步出现了采用一维或二维条码标签进行送样登记的案例，在一定程度上实现了样品从送样到使用（返还）的过程记录，但在试验检测过程中无法与试验机伺服控制系统实现有效的联动，因此仍然存在试块调包现象，导致数据失真。

规范是依据，数据为准绳。为有效杜绝检测数据失真，检测管理过程中不规范等问题的发生，不仅要事前对样品进行有效登记，事后通过信息化系统规范试验检测记录及报告的格式，更重要的是如何在事中进行有效控制，确保检测"所见即所压，所压即所得"。

于是，在吸收成熟的二维码识别技术的基础上，指挥部技术团队提出了混凝土试块二维码植入技术，在每个混凝土试块初凝之前为其建立身份证，即生成并嵌入唯一的二维编码。在试验加载的同时扫描二维码，可获取试块的相关基础信息和试验数据，并实现数据实时上传至管理平台，保证了数据的真实可靠。本项技术在 2018 年 9 月获得了实用新型专利。

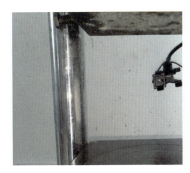
二维码识别装置

带有二维编码的混凝土试块

数据监控系统界面示意

创新技术的总结与展望

"智慧检测"技术的创新过程,也是一个混凝土原材质量管控问题的梳理过程,在这个过程中提出了一系列针对性的管控措施,并将标准差由工程初期的 3.2 左右控制到目前 2.0 左右的较高水平。

2020 年 11 月,吴波明指挥长在西安举行的"2019—2020 年度全国十大桥梁人物"颁奖仪式上,代表宁波舟山港主通道项目作了题为"宁波舟山港主通道工程'智慧检测'在品质工程创建中的几点实践"的主旨发言,引发与会人员的强烈反响。

本项目创新检测技术研究促进了多学科交叉和产学研深度合作。通过材料、土木、化学等多个学科交叉,实现材料与施工的结合、材料与结构的结合、有机与无机的结合、基础研究与工程应用的结合,促进高校、科研院所与企业的协同创新,形成系列具有自主知识产权的核心技术,推动行业进步,为下一步完善行业标准规范打下坚实基础。

在指挥部的管理理念规划下,本项目在混凝土质量管控以及试验检测技术方面做出了重大突破。但王文学处长并不满足于现有的成果,他曾经说过"试验检测工作要有前瞻性和计划性",他坚信随着我国科学技术水平的提升,信息技术与先进测试技术的迅猛发展,"DNA"检测技术有望实现广泛应用,建立全省甚至全国的母本"DNA"库,实现 AI 智能检测和快速检测溯源。该项技术可以有效提升桥梁、隧道等重大工程的混凝土原材料的管控水平,保证混凝土强度等关键指标的均匀性,从而提升整体工程质量,未来具有广阔的市场与应用前景。

目前,指挥部已投入二代样机的研发,新样机的研发将实现与拌和站对接的流水线加工模式,将更有利于新设备的成果转化和推广应用。

以上检测技术经过本项目的研究与应用,必将形成一套针对性强、实用高效和工程应用级的控制混凝土质量的技术体系,完善现有工程混凝土施工技术和质量评价标准,全面提升我国在工程混凝土施工工艺及管理方面的技术水平。

海上测量乘风破浪
——记宁波舟山港主通道项目舟岱大桥测量管理

当我们在凝视海洋，海洋也在凝视着我们。于强者而言，海洋充满了成功的机遇；对弱者来说，海洋遍布着致命的陷阱。在苍茫的大海上建造一座大桥，向前迈进的每一步都在成功与失败的盈尺之间徘徊。从起点到终点的路径上，没有参照物的海面无时无刻不在诱惑着人们犯下毫厘之间的错误，以至于铸成谬以千里的悔恨。征服还是失败，这是每一位建设者必须面对的问题。

宁波舟山港主航道工程主线起于富翅互通，跨越富翅门水道，在岑港镇设置岑港互通，路线向北延伸，其舟岱大桥在马目山入海后转向东北，依次跨越长白西航道、舟山中部港域西航道和岱山南航道，在岱山双合登陆。其中舟岱大桥是项目的重要组成部分，其海上路线长 16.3km，共计有 5 个土建施工标段共同完成。

五个来自不同地区的参建单位散布在 16.3km 的施工线上，为了将图纸上的桥型变为现实而努力着。然而，他们各自依据的测量方法和技术存在着或多或少的差异，为各标段间的对接和全桥的顺畅贯通埋下了隐患。

线型决定着工程的成败。为了将 5 个标段的建设协调指挥得如臂使指，确保施工过程中的每一步推进都精准可控，项目指挥部需要成立一个测量管理部门，建立一个统一、完整、可靠、稳定的测量控制系统，保障控制网的准确性和可靠性。

未雨绸缪——测量咨询部门成立

如何确保各施工单位测量控制系统的高度统一？如何提高测量控制网的整体精度？如何保障平面精度不会因线路过长而受到影响？如何保障高程能按照预期的精度顺利传递？为解决这 4 个测量的根本问题，保障项目施工的顺利进行，成立一个测量管理部门势在必行。

舟岱大桥全桥线路上，无岛屿可设置控制点，无法布设控制基准点及高程控制无法传递，与陆域施工相比，一些能轻松解决的技术问题采用常规的方法难以实现。在同等建设体量的杭州湾跨海大桥、港珠澳跨海大桥工程中，为了完成工程所必须的测量任务，均投入千余万资金成立测控中心，以保障工程的顺利进行。

鉴于以上情况项目指挥部在项目建设初期针对舟岱大桥施工引进了专业测绘单位——宁波冶金勘察设计研究股份有限公司，作为测量咨询单位成立测量咨询项目部。宁冶勘作为综合甲级测绘单位，长期从事浙江沿海地区的测绘工作。在以往的台州湾跨海大桥、秀山跨海大桥和鱼山岛石化项目等工程的建设中作为测量部门参与其中，在大地测量、工程测量、测控管理方面积累了丰富的技术经验，针对主通道项目海上测量工作的开展，也积累了大量的一手数据资料。

为了更好地开展测量管理工作，项目指挥部针对测量专项方案召开了评审会，与会专家组指出："项目方案考虑了本项目工程建设的特点和需求，技术路线正确，内容全面，方案切实可行，可操作性强，可指导本项目海上施工测量技术咨询工作。"项目指挥部吴波明常务副指挥明确，主通道测量工作是整个工程项目的基础，一定要对测量工作严格管控，把握关键节点，坚决杜绝由于测量原因造成质量问题的发生。

管控调配——首级控制网复测

在工程施工过程中拥有一套高精准、可靠的测量基准系统，是测量工作的基础。舟岱大桥海上距离16.3km，其工程控制网覆盖范围广，覆盖面积大。测量咨询项目部依据工程前期设计院移交的13个首级控制点，组织专业测量人员开展了首级控制网复测，历经近2个月，完成控制网的B级平面测量、二等水准测量和跨海水准测量，以确保基础控制网的稳定性和准确性。

根据港珠澳大桥、杭州湾跨海大桥施工经验，首级控制网复测需投入大量专业测量人员和专项设备，按照舟岱大桥首级控制网复测的实际情况，需至少投入高程测量水准组5组，B级GNSS测量小组4组，测量人员至少36人。项目指挥部联合测量咨询项目部对首级控制网的分布情况和路线走向开展了综合分析，并对现有测量资源加以整合，成立首级控制网复测咨询小组，明确各施工单位共同参与首级控制网复测工作，并同意测量咨询单位充分利用近年来在舟岱大桥项目附近的测量成果资源，将秀山大桥项目的控制测量资料以及鱼山岛项目的测量资料，合理融入该项目中，使得舟岱大桥控制网测量复测效率大大提升。测量咨询项目部又将复测任务进行合理分配，使测量工作化整为零。通过优化的管理使测量工作顺利圆满的完成，并在最大程度上节约了工程成本。按照常规首级控制网复测1次需要花费近百万成本，舟岱大桥在施工期间共计进行了2次首级控制网复测的工作，在控制网复测一项中，节省了大量工程成本。

首级控制网测量平面按照B级、高程按照二等水准精度要求进行，等级高、工作量大。测量咨询项目部根据实际情况，制定了《舟岱大桥首级控制网复测实施方案》和《首级控制网复测外业指导手册》。在 B 级 GNSS 网施测过程中，测量咨询项目部在项目指挥部的领导下，仅用不到 1 个月的时间，得到准确完整的首级控制网平面坐标复测结果。

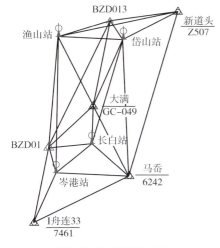

首级控制网测量网形

二等水准测量

首级控制网复测的另一项工作是二等水准测量，本项目首级控制网测量水准路线长度 135km。在项目指挥部统一协调下，测量咨询项目部将水准作业人员分成 5 个作业小组，依据《首级控制网复测外业指导手册》共同开展二等水准网的测量工作。

二等水准测量路线必须经过多处海域，需要开展 4 处远距离跨海水准测量，距离最长位置为本岛至秀山段，达到 3.2km。跨海水准测量是首级控制网水准测量中的难点，跨海水准测量工作量大、耗时长、难度高，测量咨询项目部充分利用鱼山岛、秀山岛大桥项目的测量资源，为跨海水准测量节约了近 30d 的工期，并节约了超一半的成本费用。

严密监管——北斗 CORS 系统建立

海上大型工程项目为确保工程中控制系统的统一性和施工放样精确性，均建立了专用的 GPSCORS 站系统。海上大型桥梁部分 CORS 站点安置在海上专用平台上，致使 CORS 系统的建设费用非常高，一套海上平台 CORS 系统的建设及维护需要近千万元的投入。

为了满足舟岱大桥在施工过程中控制网精度的一致性和准确性，实现实时定位的高精度，在项目指挥部的统一管理下，由测量咨询项目部建设完成了覆盖全部舟岱大桥的北斗 CORS 系统基准站，为工程提供了便捷的高精度测量基础，有效解决了测量控制系统不统一和测量精度不能满足施工要求的问题。

主通道指挥部和测量咨询项目部，对舟岱大桥的地理位置进行了综合研究，预选了 5 个 CORS 基准站位置，最终将 4 个北斗 CORS 基准站分别布设在舟山本岛、长白岛、岱山岛和鱼山岛上，使北斗 CORS 基准站系统的建设成本大大降低。基准站的合理分布实现了大桥的全覆盖，形成了很好的控制网形。基准站安装在各个岛屿的具有稳定基准岩石的建筑上，使得地基更稳定，且不会受到海流等外界天气影响，通信网络的布设及电力设备的安装维护，都使施工更为便利。

测量咨询项目部将舟岱大桥 4 个 CORS 基准站与首级控制网进行了联测，并委托武汉大学采用浙江省 CORS 站基础数据开展了严密平差工作，从而使舟岱大桥北斗 CORS 系统的测量平面进度达到 1cm，高程精度从常规的 5cm 提升到 3cm，超出了高程精度 4cm 的预期要求，为施工过程中的控制定位、施工放样的精度提供了有力支撑。

北斗 CORS 系统的建立不仅改变了各个施工单位在测量方面各自为战的局面，还解决了各单位自行设立基准站的苦恼，使舟岱大桥控制网系统得到了完整统一，大大提高了定位精度和作业效率。

北斗 CORS 系统为整个舟岱大桥建设提供了全天候无死角的测量信号全覆盖，解决了各标段在施工过程中的定位、放样、测量的后顾之忧。北斗 CORS 系统不仅应用到各施工标段施工过程中，还应用到各打桩船的定位放样中，使打桩船定位信号更稳定性，平面定位精度达到了 1cm，实现了真正意义上的高精度定位。

CORS 站设备

利用北斗 CORS 系统测量

大胆创新——海上控制贯通测量

舟岱大桥海域施工长度达 16.3km，其间没有可供布设控制点的岛礁，于是如何将陆地上毫米级高精度控制引测在桥梁施工过程中，就成了亟须解决的首要问题。根据以往跨海桥梁的建设经验，采取的方案是在跨海桥梁周边的海域内建设一定数量的临时桩位承台，作为控制点布设的基础，工程结束后，此类承台往往会被拆除，投入的建设费用巨大，造成了无形的资源浪费。

项目指挥部根据舟岱大桥建设情况，创新性地提出了优先墩海上控制贯通测量方案。海上控制贯通测量就是提前按一定距离完成部分海上墩台（优先墩）的施工，将控制点布设在优先墩上。控制点布设完成后首先利用北斗 CORS 系统完成控制点平面坐标测量，其后采用跨海水准测量方法完成从陆域到海上的高程传递，最终使各控制点达到平面坐标精度 1cm、高程精度 2cm 的预期目标。海上贯通测量方案的提出和实施，解决了长距离海上桥梁施工中高程高精度传递的难题，为后续海上施工提供了高精度测量保障。

海上控制网实施过程中，高程测量是全桥贯通测量的重点，也是难点。鉴于此，指挥部要求测量咨询项目部制定了科学可行的作业方案。首先在优先墩上设立稳定的强制对中测量标志观测墩，从而减小因对中而引起的误差；其次在高程贯通测量时要求全部使用高精度、高稳定性的 0.5″ 徕卡 TS60 全站仪进行，通过使用精密测量仪器提高了测量精度。

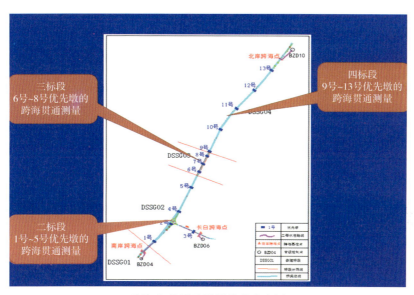

跨海高程贯通测量分段分布图

为了更好地完成海上贯通测量工作，测量咨询项目部组成专业技术指导小组，对海上控制贯通测量进行全程跟踪，根据现场实际情况，要求观测测量时尽量避开打桩施工时段、大风大浪时段，避免因外界环境因素产生的测量误差。在项目指挥的统一管理下，在测量咨询项目部的管控下，在各作业小组的通力合作下，历时近 40d，顺利完成了海上控制贯通测量。

把控大局——研发单北斗定位技术

通过对舟岱大桥项目中测量的管理，项目指挥部认识到在桥梁特别是特大跨海桥梁的建设过程中，卫星定位系统在测量过程中起到至关重要和不可替代的作用。

目前世界上主要使用的是美国的 GPS 卫星定位系统，如该系统出现异常或停止服务的情况，将严重影响周边地区和海域的民航、航运以及高精度的定位服务。目前，中国北斗卫星导航系统已完成全球组网，中国北斗卫星导航系统的使用和研究将更为普遍。在项目指挥部的带领下，组织管理人员为此做了详细的分析和研究，大胆地提出了单北斗 GNSS 系统研发的计划，"单北斗 GNSS 可以搞，也必须搞"。此科研计划也得到了项目顾问李建成院士的充分肯定和技术支持。

单北斗网络 RTK 平台研制是以满足施工测量的精度为前提，针对解算过程中仅使用北斗信号，分析改进部分误差模型，并结合北斗系统的星座分布，做出一种新的参考卫星选取模式，提高单北斗网络 RTK 算法定位精度，依据该算法搭建单北斗网络 RTK 平台，利用域内控制点进行内符合、外符合等多指标精度测试，使单北斗定位技术在桥梁施工领域，首次成功应用于舟岱大桥及后续跨海桥梁项目中。

舟岱大桥在跨海桥梁建设中提出并建立自主的单北斗 CORS 系统在国内尚属首例，该项技术的提出，在政治层面、技术层面、安全层面和社会效益层面都是一个提高和创新，是此类项目的一个亮点，也是一个突破。单北斗卫星定位系统的提出和应用充分体现了以项目指挥部的行业信心和对中国自主研发的技术的管理信心。

测量管理——为工程保驾护航

学无前后，达者为师。作为成功者，舟山港主通道以相对低廉的价格，达成了理想的测量控制效果，其中的经验或可为后续的海域工程项目提供有益的参考。

首先，项目指挥部提出的优先墩海上控制贯通测量，解决了海上无法布设控制点的难题，节省了海上测量平台的建设费用。提出建设了自主的单北斗 CORS 基准站，从技术层面、科研层面、安全层面和社会效益层面都具有显著的提高和突破，也成为后续海域桥梁测量工作的科研方向和主要内容。

其次，在测量工作中，采用武汉大学的大地水准面精化技术，为跨海桥梁建设指明了高程控制测量的一个新方向，使海上控制贯通测量方法发生了质的改变，节约大量的人力物力，技术层面和经济层面都具有值得深入探讨的价值。

最后，在工程实施中，应该贯彻"专业的人干专业的事"的理念，将整个工程的测量工作作为一项专职任务来做，对所有的测量工作进行统一管理。从前期的项目立项、设计方案的确定，到工程的实施，过程中的监管工作，建设过程中的安全监测，后期运营阶段的健康监测等，测量工作均应贯穿其中。这样既方便管理，又能在最大限度上节约能源，减少人力成本的投入，从而使整个项目的测量工作更专业，更能跟上技术创新和发展的脚步，使整个工程项目得到更好的测量服务，从根本上解决项目中的测量问题。

如果说海域桥梁建设如同驾驶一艘通往彼岸的航船，那么测量管理部门就是站在桅杆之上的守望者。他会为船长提供规避险滩暗礁的建议；他会为航线的偏离拉响警报；他会为第一个发现大陆的伟人预告远征的胜利。当我们国家的桥梁建设从江河湖泊、高山峡谷的内陆地区向海洋迈进时，会有更多像舟山港主通道一样大规模的跨海大桥开工建设。成功还是失败，在建设者面对海洋提出的问题时，我们需要这样的守望者为工程保驾护航。

舟岱大桥 1 标

舟岱大桥1标

布局谋思　凝心聚力谱新篇

浙江交工集团股份有限公司

舟岱大桥智慧梁厂是全省首个全桥装配式预制厂，占地180多亩，内有3个钢筋加工厂、3条预制构件生产线、1座混凝土工厂，负责舟岱大桥1标2245片T梁、316榀盖梁和650根立柱及本标段陆域、海域钢筋笼，海域、隧道钢筋骨架模块化生产。项目建设前期，宁波舟山港主通道项目工程建设指挥部提出创建全国品质工程标杆的目标，项目部积极响应指挥部的号召，为了能够达到质量可靠、安全生产、进度可控的管理要求，项目部必须打破传统，建设出更加现代化、科技化、智能化的预制厂以助力品质工程的创建。

2017年在项目前期规划布置会议上，舟岱大桥DSSG01标项目经理叶以挺指出："本项目智慧梁厂的定位，就是实现由'制造'到'智造'，助力'平安百年品质工程'，建设全省首个全桥装配式预制厂，打造国内一流建筑装配化工业基地。"叶以挺还解释道："智慧梁厂主要以新型信息管理智慧化和班组安全标准化管理为手段，以装配化、标准化、机械化、智能化、信息化、共享化管理为目标，利用物联网技术和设备监控技术打开预制构件生产过程的每个封闭性环节，实现由原先的人工对接转变成现在的中央厨房式的统一信息化安排。这将是这个行业全新的突破，技术的革新。"

合理选址　科学布局建梁厂

当务之急是要尽快确定智慧梁厂的选址。首先，为了尽量避免梁厂在建设及生产过程中对地方居民产生影响，智慧梁厂的选址有硬性的边界条件，要尽量远离居民生活区，减少噪声、粉尘等对居民生活的影响；其次，考虑到经济效益和安全管理的因素，梁厂生产的预制构件在送往现场的过程中，必须具备合理的供应半径和便利的陆运、水运交通条件；最后，智慧梁厂将打造国内一流建筑装配化工业基地作为建设目标，选址必须做长远规划，保证长久使用。叶以挺经过不断走访、调查，最终确定了智慧梁厂的地址：舟山市马岙港区北港路东北侧，距主线桩号直线距离1km。

宁波舟山港主通道项目工程建设指挥部常务副指挥吴波明对智慧梁厂的建设十分重视，他在梁厂建设规划汇报会议上指出，梁厂的建设与管理一定要秉承宁波舟山港主通道项目创建全国品质工程标杆的建设理念；同时，梁厂总体规划必须贯彻绿色科学、环保节约、循环利用的要求；遵循工程品质"内实外美"的基本原则；推行"三减少"理念：减少现场施工工序、减少现场作业人员、减少现场作业时间；坚持"三抓"举措："抓现场、抓班组、抓落实"，做到"不落实不放过"；推进"三化"管理：实行标准化、工厂化、信息化管理；落实"三集中"举措：按"构件集中预制、混凝土集中拌和、钢筋集中加工"组织生产；执行"四控制"措施：从"方案、工艺、材料、设备"四方面从严控制，严格执行"先方案后实施""先检验后使用"要求；深化"质量安全标准化"：建立质量、安全生产责任制，制定质量、安全管理制度，加强施工标准化管理；推进"班组作业标准化"：落实"6S""首件制""工点工厂化"管理理念，积极开展"微小创"活动。

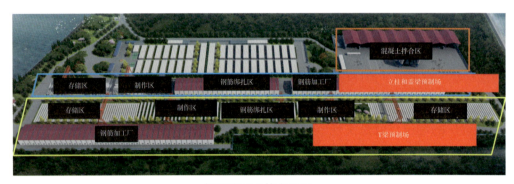

智慧梁厂总体布置图

在梁厂的建设中值得一提的是厂区用电布控采用无线布控技术，此技术的运用能有效隔离电气与人员直接接触，极大降低触电风险，同时现场"6S"管理能够得到有效提升，做到"无线化"作业。虽然梁厂的整体建设高标准、高要求，但是在后期投入使用时也发现了些许不足，如T梁预制台座沉降严重，每月需进行监测、维修，很大程度上增加了人员、资金的投入，对T梁的生产速度也造成了极大的影响。另外，混凝土浇筑场地为露天场地，预制构件的生产效率受天气影响严重。此外，突发的恶劣天气对正在生产中的预制构件造成了一定的质量隐患，也给现场的作业人员带来了无法预知的安全隐患。汲取本项目的经验教训，在今后类似的项目建设中一定需要注意预制台座基础的设计与施工，可采取换填、扩大基础、桩基础等措施进行台座基础的防沉降、变形施工。在浇筑场地建设方面，对室内施工与室外施工进行经济效益与社会效益比选，选择合理的建设模式。

智慧工厂　促进传统行业转型

为了让智慧梁厂名副其实，除了常规必须投入的智能设备外，项目部还在钢筋加工厂大力引进了全自动焊接机器人、桩基钢筋笼检测台车，在预制构件生产区投入智能混凝土振捣设备、智能养护设备。智能设备的投入提高了施工效率，保证了工程质量，锻造了专业化的管理队伍和职业化的工程建设人员，打造出一支现代产业化的团队。

本项目引进的焊接机器人属国内最新一代全自动焊接产品，具备自动化程度高、焊接速度快、焊接质量高、批量生产误差小、辅助作业人员少等特点。同时，操作简单，轻便灵活，现场只需一至两名经过专业培训的作业人员进行辅助操作即可顺利完成焊接任务。通过现场测算比较，一台焊接机器人的效率，相当于5个一流的焊接师傅，全面投入使用以后，可实现每天焊接盖梁骨架8片，报验合格率可达到100%。采用焊接机器人代替人工焊接，不仅可以减少时间成本，还可以减少安全隐患、降低作业人员的劳动强度、提高生产效率。同时，机械手精密的编程设计可以实现精准焊接，提高焊接质量，替代传统人工进行预制盖梁及梁板骨架的焊接。

盖梁焊接机器人

T梁焊接机器人

焊接机器人机械手臂操作看起来很炫酷又高效，但是如何发挥机器人的最大效益还需要人来思考。预制厂工区主任冯炳森全程参与了机器人的引进与调试，起初由于对新设备不够熟悉，望着复杂的零件，令久战沙场的他感到"眼花缭乱"。在调试阶段，焊偏、咬边、气孔等问题时有出现，他主动与工艺员、厂家服务人员对接，琢磨图纸，思考从什么地方入手、如何改进，以确保生产质量，在长期的调试中不断积累经验，现已最大限度发挥机器人效益。

智能养护设备也在质量控制中发挥了极大的作用，梁板养生采用带恒温恒湿智能喷淋养护装置，每台养护仪带8个通道，同时养护8片混凝土梁板，每片梁板安装一台无线测试终端，测控系统同时对每片梁板表面及周边温湿度进行监控，多台无线终端实时传回数据由控制处理中心进行判断分析，从繁杂数据中确认逻辑条件后，由控制中心驱动水泵、养护管路进行养护，预制构件整条流水线都使用智能养护设备进行养护，替代人工洒水养护，保证了养护质量。

T梁智能喷淋养护系统

为了便于信息溯源，预制厂内每批材料、每个预制构件都有自己的电子身份证——"二维码"，里面详细集成了材料、预制构件全过程制作加工等信息，告别了以往的传统台账式记录，可以更直观地了解第一手构件信息。

半成品钢筋二维码标识　　　　　　成品构件二维码标识

严格管理　质量问题零容忍

质量管理是宁波舟山港主通道项目工程建设指挥部常务副指挥吴波明十分重视的一项工作内容，在预制构件开始生产之前，吴指挥要求项目部一定要积极响应建设指挥部打造品质工程样板的号召，秉持"三真"（较真、顶真、认真）理念，在预制构件质量方面精益求精，通过构件试浇取得相关技术参数，验证混凝土配合比的合理性，确定拟施工方案的可行性。本项目预制T梁一共试浇3次，预制立柱一共试浇4次，通过不断地预制构件试浇，不断总结问题、改进工艺、解决问题。

预制 T 梁试浇总结

序　号	主要存在问题	解　决　措　施
试浇梁 1 （2017 年 12 月 18 日）	负弯矩波纹管定位筋不牢固	对负弯矩波纹管定位筋进行加固并在入模前对扁管位置进行放样定点
	端模波纹管预留空洞采用泡沫胶封堵效果不佳，漏浆现象严重	端部开洞部位里侧提前采用玻璃胶封堵刮平，外侧采用泡沫剂进行双层封堵，以增强其硬度
	腹板表面存在部分气泡，并有麻面、蜂窝现象	加强腹板混凝土振捣厚度管理，控制好混凝土振捣时间，分层浇筑厚度控制在 30cm 左右，振捣间距控制在 20~30cm 范围
试浇梁 2 （2017 年 12 月 25 日）	模板未清理干净，顶板表面出现少量印渍	加强模板的打磨和清理
	端头模板出现错台，倒角位置出现漏浆	加固模板，保证模板严丝合缝
	腹板表面存在部分气泡	控制下料速度，均匀下料；控制振捣时间及间距
试浇梁 3 （2018 年 1 月 5 日）	端头模板及倒角位置出现漏浆	对部分不合格的止浆条进行更换，避免出现漏浆现象
	本试浇梁一面使用清机油作为模板油，另一面使用消泡脱模剂进行比较，结果使用清机油导致混凝土表面存在少许气泡，效果不佳	后续梁板施工采用消泡脱模剂，减少混凝土表面气泡

　　在预制构件的正常生产中，项目部也严格管理，不放过任何质量问题，对质量不达标的构件直接进行报废处理，并在构件上张贴警示标语，时刻提醒所有人员不折不扣地把握好质量关，本项目一共对两片 T 梁、五根立柱、一片盖梁进行报废处理。

报废构件警示标语

　　为了更好地做好质量工作，根据指挥部的"三微改"要求，项目部组织工人及管理人员集思广益，勇于创新，针对工艺、设备、技术开展了"小微改大名堂"活动，积极推广科技创新及"四新"技术应用，在日常施工中善于发现，乐于发明创造，通过广大员工的积极献言献策，充分发挥了一线施工人员的智慧，使各项施工工艺和设备达到最优，不断提高工效节约施工成本，让"金点子"成为工程建设的有力助推器。

优秀"金点子"

名　　称	发明人	工作原理	照　　片
墩柱成品存放台座	叶以挺	墩柱成品存放台座有效地增加了预制立柱存放数量，同时便于预制立柱的寻找与转运。同时在预制立柱存放台座四周设置橡胶垫，防止立柱在吊装或存放时立柱发生二次表面破坏，能有效地达到立柱保护的作用	
预制T梁、盖梁养护棚	叶卫东	解决了传统养护方式温湿度稳定性差的技术问题，棚内设置雾化喷淋管，让结构物养护覆盖全面，并由智能养护终端系统来控制结构物的养护时间，使结构物达到更好的养护效果	
预制立柱养护系统	张学鑫	设置滑轮升降式养护罩对预制立柱进行全覆盖养护，在养护罩内顶部设置养护喷头，养护效果极佳，未进行使用时可将养护罩收缩存放，收纳方便	
车丝打磨一体机设备改进	唐左平	车丝打磨一体机将直螺纹丝头打磨从原来的磨砂片打磨改造成毛刷头打磨，打磨后丝头表面更加平整	
T梁移动棚焊把线收纳装置	冯斌森	在T梁移动棚顶部设置滑轮装置，电焊施工时焊把线从顶部的滑轮装置上行走，方便工人进行电焊施工，日常施工时更能保持施工场地的整洁	
桥面剪力筋+边梁护栏筋二合一预埋小推车	罗修翔	在桥面剪力筋预埋小推车的基础上增加了边梁护栏筋的定位装置，使桥面剪力筋与护栏筋的预埋定位更加精准，同时方便工人操作，现已广泛应用于各大项目	
T梁齿块定位架	柴世财	定位架预留的每根钢筋卡槽确保了整个T梁齿块的钢筋数量不会缺失，也保证了每根钢筋的间距与设计图纸相同，使T梁齿块的制作质量得到了最大的保障。此外，也在很大程度上减小了施工难度，降低了施工时间，提高了施工工效	
T梁腹板定位架改进	丁忠新	针对T梁腹板钢筋骨架间距定位问题设计T梁腹板移动定位架，该定位架使用方便，以三点式对腹板骨架进行定位，定位精准，吊装腹板骨架时，可移动定位架，方便腹板骨架吊出	

尝试 UHPC 在预制 T 梁应用　建议不推广

项目团队积极配合参与科技研究，为了解 UHPC 新型材料在梁板上的应用，项目团队选取烟墩互通 B 匝道（UHPC 混凝土预制）和烟墩互通 D 匝道（普通混凝土）进行功效、经济效益分析对比。UHPC 是一种具有超强力学性能、高韧性、超高耐久性及优良浇筑和成型性能的水泥基混凝土。在功效方面，一片 30m T 梁使用 UHPC 混凝土预制的有效作业时间是 10.5d，普通混凝土预制有效作业时间是 13d。在经济效益方面 UHPC T 梁在材料使用量上有不小的节余，每片梁钢筋约节省费用为 1.86 万元，但由于 UHPC 混凝土属于新型材料，单价偏高，导致总体费用增加 17.36 万元。

目前 UHPC 正处于推广运用阶段，在施工过程中也存在很多难点。一是拌和效率低。一片梁板设计方量 $16.99m^3$，实际施工所需方量 $17.85m^3$，从布料到制拌完成的时间需要大约 3h。二是模板易漏浆。超高性能混凝土具有极好的流动性，因此模板稍有缝隙或者封堵不牢固就容易出现漏浆的现象。三是翼板厚度难控制。由于模板设置横坡，而且此混凝土流动性极好，在浇筑完成之后高边的混凝土易向低边流失，因此浇筑完成之后高边的翼板厚度偏低。四是施工过程中需使用模板布，方可确保梁板外观质量。五是混凝土振捣需采用高频振捣器，使用插入式振捣会影响钢纤维均匀分布。故我们认为 UHPC 预制 T 梁从目前来看不值得推广。

总结与反思

预制厂的建设是整个工程成败的关键，应当把梁厂的建设作为主要任务来完成。因此，本项目旨在建设更智能化的预制梁厂，以提高施工效率和工程质量。相比于传统预制厂，智慧梁厂以先进的物联网技术和设备监控技术为支撑，以新型信息管理智慧化和班组安全标准化管理为手段，实现预制梁厂的精细化管理。智能化的管理、智能设备的投入，不仅减少了作业人数，更提高了预制梁厂的质量、效益与安全，创造了极大的经济效益。对预制构件的严格管理，强化了各环节的质量把控，保证了预制构件的生产质量。即便如此，预制梁厂的现代化发展仍需要不断探索与尝试，才能达到更经济高效的施工效果。无论如何，合理的梁场规划，智能化的梁板加工设备，创新高效的工程管理思路，专业化的产业工人，高质量的工程品质，成就了现代化的桥梁构件预制厂诞生。

积木式建桥理念　　首创一体化架设工艺

浙江交工集团股份有限公司

预制装配化技术最初诞生于法国 20 世纪 50 年代，1979 年，美国第一次采用了预制桥墩技术。而我国于 21 世纪初，在东海大桥、杭州湾大桥、港珠澳大桥以及本项目舟岱大桥等一些跨江跨海特大桥，开始采用下部结构预制方案。

我国陆上全预制技术起步比较晚。2013 年开始，上海的 S26 公路、S7 公路、嘉闵高架等工程，开始采用全预制拼装技术。墩柱与承台采用灌浆套筒连接、盖梁与墩柱采用灌浆波纹管连接，盖梁分块预制拼装。这些陆地上的桥梁，上部结构主要采用架桥机或者吊机安装；下部结构，即立柱盖梁，主要采用履带吊或者汽车吊安装。而采用大型吊机安装的方案有一定的局限性，主要是吊机安装对施工场地的要求比较高，要求地势比较平坦，有足够的地基承载力，还要有运输预制构件的通道。因此，这种方案不适用于地势起伏的山区和地质情况较差的滩地。

本标段陆域桥梁地处丘陵山区，地形起伏，地貌复杂，且桥梁墩柱高度变化大，为了能够在这种丘陵山区农田紧缺、交通不便的条件下高效进行高架桥施工，最大限度减少临时征地、保护良田，减小对周边自然环境和交通等的不利影响，降低施工风险，改善现场施工形象，高效施工，实现生态环保部提出的"无害化穿越"建设目标，宁波舟山港主通道项目时任指挥长梅敬松辗转各地进行考察，根据考察结果提出在舟山这片地貌复杂区域研发新工艺，将一体化架设梁式桥作为一种新的工艺来践行。

零经验　　无标准　　集思广益克难题

技术研发阶段根据指挥部要求，一体化架桥机需具备信息化自动控制，可实现上部和下部结构预制件一体化架设的功能，实现新型桥梁工业化。项目部积极践行指挥部关于新型桥梁工业化建设的理念，成立了以项目经理为主的攻坚小组。但是从设计、安装到调试，面临许许多多无以往经验可以借鉴的新情况、新问题、新难题，如一体化架设应满足梁式桥不同构件的拼装要求，需要设计一种可以直接满足 T 梁、盖梁、立柱拼装的多功能吊具以减少不同构件转换的工作强度，同时制订出一套新的施工流程。叶以挺和相关技术人员们一起创新工艺、创新方法，从架桥机结构设计、墩梁架设适用性等方面对新设备进行研究和攻关，经过不断的探索、改进，一体化架桥机横空出世。

一体化架桥机主要由主桁架、前支腿、两个承重支腿、两个辅助支腿、两个横移轨道、两个起重天车和液压电气系统组成。它的前支腿具有多级伸缩功能，可实现5~20m高度调节。一体化架桥机可完全满足桥下地形起伏变化、构件安装多姿态调整的梁式桥架设需求，是一种运行程序控制、状态信息实时监控、自动化多功能的高效新型架桥机。

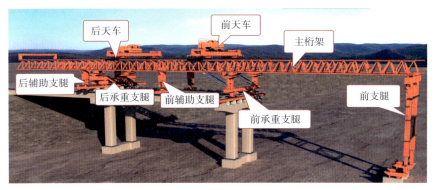

一体化架桥机

至此，陆域桥梁立柱、盖梁、T梁采用集中预制和一体化安装架设的施工工艺，实现了积木式建桥理念，开创了全国先河。一体化架桥机可同时架设30m或28m跨预制T梁、预制立柱以及预制盖梁，分步依次对预制立柱、T梁及盖梁进行交替架设。一体化架桥机前期架设因设备调整到位时间较长、垫层坐浆时间较长等原因功效较低、项目部通过分析总结，技术改进，将功效由前期的5~6d/孔单幅提升至3~4d/孔单幅。

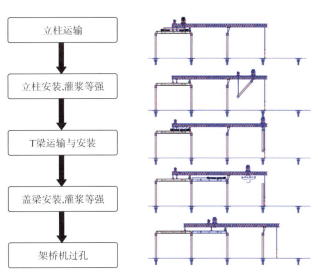

一体化架设工艺流程

抓细节　严控制　预制安装高精度

一体化架桥机架设技术精度要求高，套筒偏位要求控制在2mm以内。想要在安装过程中按照设计位置精确安装到位，必须从系梁施工，立柱及盖梁预制等多环节进行控制，减小累计误差，对构件预留的接头钢筋，半灌浆套筒的平面位置进行精确控制。套筒连接接头主筋较多，要保证每根主筋准确对接，必须采取措施使套筒的位置与预留钢筋的位置精确重合。针对不同施工阶段采用不同定位架进行套筒及钢筋的定位。

系梁顶部预埋钢筋采用整体式定位架，采用定位套管和紧固螺栓实现精准定位，能够保证每根主筋位置和两根立柱主筋相对位置精度及竖直度；预制立柱底部采用定位板固定半灌浆套筒位置，顶部采用主筋定位架，保证半灌浆套筒和主筋在浇筑过程中位置准确；盖梁钢筋胎架上安装整体定位架，定位架上安装定位板。钢筋绑扎完成后，定位板与钢筋定位架脱离，随钢筋骨架一起吊到预制台座的底模上。定位板再与底模上的套筒定位孔连接，保证盖梁浇筑完成后套筒位置准确。

系梁顶部预埋钢筋整体式定位架

立柱底部半灌浆套筒定位

在预制施工前使用BIM技术对构件进行建模，检查构件位置冲突情况，对项目设计图纸和施工参数进行复核和修改。在预制构件生产完成后，相关的实际数据（如预埋件的实际位置、窗框的实际位置等参数）需要反馈到BIM模型中，对预制构件的BIM模型进行修正，再进行虚拟拼装，旨在检查生产中的细微偏差对安装精度的影响，并指导后续预制施工。

一机全幅　实现架设降本增效新工艺

对于已经成功应用的一体化架设技术，叶以挺始终觉得还缺少点什么，如何让一体化架桥机在性能上有更大的突破，在不断的研究中，一机全幅一体化架设浮现在他的脑海。桥梁上部结构一机全幅架设工艺是一项比较成熟的工艺，在国内许多场合都有成功的应用，但在桥梁上下部结构一体化架设中采用一机全幅架设是一种新工艺。

一体化架桥机实现一机全幅架设，架桥机的个别部件需要功能扩展。王海峰带着项目团队经过分析和研究架桥机的结构形式和施工流程，单幅一体化架桥机经过不大的改动就可以满足全幅式的桥梁架设，其改动主要通过加长前后承重支腿下方的横移轨道，使之能够横跨两幅桥的宽度，从而实现一机全幅式的施工。

采用全幅式架桥机施工可以降低架桥机配置成本，但不会明显节省施工时间。而一机全幅式架桥机对施工组织来说增加了一种新的选择，可以根据桥梁结构特点、工程规模、以及桥址环境、交通条件等，优化施工顺序，合理调配施工人员和设备，达到适合环境条件、提高工效、节约成本的目的。

对比分析　行业发展新趋势

一体化架设工艺将立柱、盖梁、T梁生产工作转移到预制场，由产业工人进行标准化制造，在现场采用一体化架桥机进行标准化、机械化操作和自动化控制，从根本上改变了陆域桥梁的施工面貌，传统土木生产转变为了现代化工业生产，传统土木匠人转变为了现代产业工人。另一方面，与传统工艺相比较，预制一体化施工能够实现快速施工，大大减少了现场作业的时间，降低建筑工人的施工风险，减少对周围生产和车辆通行影响。

一体化架设工艺与传统现浇工艺比较

类别	传统现浇工艺（工艺/工期）	一体化架设（工艺/工期）
陆域上下部架设	1. 架设模板，现场绑扎钢筋 2. 现场浇筑立柱混凝土 3. 养护完成后凿毛 4. 现场立模、绑扎盖梁钢筋 5. 现场浇筑盖梁 6. 架桥机拼装 7. 安装T梁	1. 预制场预制 2. 一体化架桥机安装 3. 构件运输至现场 4. 现场拼装
	约20d/孔	3~4d/孔

另外，为深入研究一体化架设与传统工艺经济效益的对比，浙江省交通规划设计研究院以依托工程东海农场大桥采用现浇施工、传统预制安装施工和预制一体化架设施工三种施工方案为基本模型进行分析比较，其中预制一体化架设按照主通道项目专项定额测算，现浇施工和传统预制安装施工按照公路定额测算。

在东海农场大桥建设阶段，可以采用三种施工方案，分别为：

（1）现浇立柱、盖梁，预制T梁，架桥机安装T梁（以下简称"现浇"）；

（2）预制并使用汽车式起重机/履带式起重机安装立柱、盖梁、架桥机安装T梁（以下简称"预制安装"）；

（3）预制立柱、盖梁、T梁，采用一体化架桥机架设（以下简称"预制一体化架设"）。

以下为浙江省交通规划设计研究院对三种施工方案经济效益分析比较的成果。

东海农场大桥三种施工方案的直接成本

项目	指标	预制安装	现浇	预制一体化架设
直接成本（万元）	人工费	2210	2057	1993
	材料费	8927	8779	8877
	机械使用费	2633	2299	2690
	其他工程费	1100	1034	1066
	间接费	1828	1701	1700
	利润	1168	1112	1148
	税金	1965	1868	1922
合计		19832	18851	19396

分析三种施工方法，其中预制安装的直接成本最高，预制一体化架设次之，现浇施工最低。但需要考虑的是，预制安装及现浇施工忽略了临时用地建设和维护的成本，以及施工用地对周围生态环境的破坏。预制一体化架设现场施工仅进行必要的桩基、承台施工便道的修筑即可，与现浇施工相比，一体化架设减少了立柱、盖梁施工期间便道的维护费用；与预制安装相比，一体化架设不需要建设高等级便道，也为主通道项目陆域全线累计节约便道约40亩，考虑地基处理费用、临时征地费用、复耕费用和补偿费用等，约节约投资2000万元。

此外，大桥建成之后产生的巨大社会效益并未考虑。依据本项目的工程可行性分析，考虑车渡船舶购置和泊位建造费用的节约效益、车渡船舶运营和维护费用节约效益、过海车辆运营成本节约效益和过海车辆旅客时间节约效益，每年的效益流量约为10亿元，因此节约工期对于实现社会效益具有重要意义。综上分析，预制一体化安装方法值得推广。

总结与反思

本项目实施的梁式桥全预制墩梁一体化架设工艺，是一种有效解决山区丘陵地形起伏、交通不便、用地紧张、环保要求严格等环境条件的桥梁施工首创工艺，陆域桥梁实现全预制拼装是一个颠覆性的举措，不仅标志着我国桥梁建设水平的重大突破，更是在建桥方式上颠覆传统，将"桥梁建造"变为"桥梁制造"。它打破了陆域桥梁传统的设计思路和施工工艺模式，是浙江交工集团积极探索新型建筑工业化，实现工地安全标准化、预制构件生产智能化、项目管理精细化、助力交通强省建设的生动实践，是对陆域桥梁设计与施工的一场革命。

智能引领　树立软基处理新标杆

浙江交工集团股份有限公司

俗话说"基础不稳，地动山摇"，从人类文明出现以来，我们的祖先便开始对软土地基处理不断地进行着探索，从最初挖除软土换填硬土，到后来发现可在地下保持千年不腐的松木桩，再到现在的水泥桩都是人类探索路上的足迹。

20世纪80—90年代，水泥搅拌桩因其实用性、造价低、施工便利成为软基处理领域的宠儿。但随着大量的推广，也出现了一系列质量事故，如广东省清远市某工程采用水泥搅拌桩复合地基，经单桩竖向承载力和单桩复合地基承载力载荷试验检测时，发现单桩竖向承载力和复合地基承载力均达不到设计要求，造成了严重的经济损失和社会影响。此次工程质量事故除了地质条件、设计、施工原材料等方面的原因外，施工单位偷工减料的行为是罪魁祸首。为了规范水泥搅拌桩施工，提升水泥搅拌桩施工质量管控水平，确保隐蔽工程施工质量，我们一直在探索。

中国东部，曾经与世隔绝的舟山群岛上也有着一帮筑路人正在准备着水泥搅拌桩的施工。他们所处的施工区域曾是一片广阔的农场，这里生产着粒粒饱满的水稻、清爽的西瓜以及甘甜的橘子，也正是因为农场的广阔且位置符合路线设计，这里被征用为高速公路互通区用地。施工区域位于山丘坡脚，属海积平原区地貌，下卧淤泥质粉质黏土，最大埋深约13.7m，且分布厚度变化较大。根据招标文件及设计图纸要求，施工单位需在此软基段落采用钉型水泥搅拌桩施工技术。

紧急叫停　寸步难行

2017年10月28日，在项目部质检部部长罗修翔的组织下水泥搅拌桩班组人员和设备陆续进场，经过一系列的安全培训、质量技术交底后，施工人员开始进行施工设备的安装与调试。为了检验设备及施工工艺的可靠性，项目部经监理、设计、业主单位同意后，决定于8d后进行工艺试桩。整个试桩施工时间共计3d，试桩数量共6根。等强期到了之后，项目部便开始委托宁波正信检测公司对试桩进行钻孔取芯试验检测以及水泥搅拌桩静载试验检测，经过检测人员仔细的检测，芯样强度试验结果与试验桩单桩承载力均符合设计及规范要求。

试桩的成功让罗修翔心里有了底，他趁热打铁，开始组织更多的作业人员及施工设备进场作业，为了满足施工进度的要求，他根据人员及设备数量将施工队伍划分成 3 个小班组，各司其职，分开管理。2017 年 12 月 15 日机械的呼吸声在这片宁静的土地上响了起来，宁波舟山港主通道项目烟墩互通水泥搅拌桩施工正式拉开了帷幕。

罗修翔站在远处的山坡上俯看着 6 台桩机按计划有条不紊的工作着，终于松了一口气，这一刻他才感觉到原来这里的空气是这么的清甜，两个月的筹备在这一刻得到了回报。此刻的他并不知道有一个巨大的挑战正在步步向他逼近。

正式开工 5d 之后，在罗修翔的带领下，6 台桩机已累计完成搅拌桩 505 根，总长度达 5552.5m，占总工程量的 3.8%。宁波舟山港主通道项目时任副指挥长吴波明也听闻了这喜人的成绩，他便带着指挥部的技术人员来到了施工现场，巡视一圈之后，吴指挥的脸色凝重起来，项目部陪同的领导班子赶紧四处观察，看看哪里做得不到位。吴指挥说道："我看还是先暂停施工吧，水泥搅拌桩作为隐蔽工程，单纯地靠人为操作会有很大的质量隐患。近年来，在这方面偷工减料的事情不少见，你们 1 标的领导班子作为浙江交工的尖刀队伍，一定要在这方面做出改变。"

曙光照耀　研发有了新方向

吴指挥的话让项目部的领导们陷入了沉思，一直以来整个行业都是这样施工，该去哪个单位学习，该到哪个项目考察，所有人都在绞尽脑汁思考着。停工已将近一个月，工人和设备都在焦急地等待着，最合适的整改思路仍然没有从这场头脑风暴中脱颖而出。在大家快坚持不住时，吴指挥提供了一条让人眼前一亮的思路，也就是施工单位可以从水泥搅拌桩智能化施工着手进行整改。智能化是新时代的产物，在很多工程建设领域已被广泛应用，如焊接机器人、多功能钢筋加工机等。在流传了近 40 年的水泥搅拌桩传统工艺下贴上智能化的标签是这个行业与时俱进的表现，吴指挥随即要求 1 标项目部同高讯公司建立水泥搅拌桩施工质量监控与分析系统。听闻这个消息，失落的罗修翔又开始活跃了起来，这是他在主通道工作半年以来遇到了第一个挫折，他不想就这样被打败，于是收拾好心情，主动请缨参与系统研发，他正在准备重新出发。

为了做出以防施工过程偷工减料的检测系统，罗修翔对水泥搅拌桩历年来的质量事故进行了研究，发现偷工减料的行为主要体现在以下几个方面：一是上下搅拌的次数不够，作业队伍可能为了加快施工进度改变施工工艺，把四搅两喷的工艺改变成两搅一喷，从而加快施工进度。二是上下钻进提升的速度太快，通常提升速度不超过 1.2m/min，但作业队伍为了提高施工速度，把桩机主动轮改小，被动轮改大，提升速度可达到 2.6m/min，转速不变,上下钻进提升的速度加快,意味着钻头叶片在单位深度土体中的搅拌次数减少,钻头叶片不能把土体充分捣碎,水泥浆与土体得不到充分拌和,出现水泥团和泥团现象。三是钻进过程垂直度控制不到位。四是作业队伍为了减少水泥用量,擅自改变水灰比,从而达到减少水泥用量的目的。五是桩长不够,桩底未进入持力层。

通过分析偷工减料事件的源泉,系统研发有了方向定位,作为系统研发的成员,罗修翔需要做的是提供各项技术指标,如每根桩的设计桩长数据、每根桩的水泥用量以及成桩时间等。提供这些技术数据指标也并非难事,难的是时间过于紧张,作业人员都希望能尽快复工,分包单位也无法承受设备长时间停工带来的损失,各方的牢骚向罗修翔袭来,除了用心的安抚,罗修翔能做就是尽快提供他所负责的技术数据指标。

成功研发　行业有了新标杆

终于,经过 3 个月的系统研发,2018 年 3 月 28 日,第一台水泥搅拌桩施工质量监控与分析系统设备开始安装。系统由北斗定位基准站、数字化桩机控制系统、数据共享交互平台三部分组成。在施工现场,通过建立北斗基准站,实现施工现场的定位全覆盖,为现场多台桩机提供高精定位差分信号。在每台桩机上,加装控制箱(北斗定位接收机、触控机、监控系统、信号计算处理机、路由器)、GNSS 天线、电流传感器、流量传感器等数字化设备。通过信息系统监测可实时反馈打桩位置及深度、打桩速度、成桩时间、喷浆量、提钻次数、电机电流值等关键作业指标,并实现 24h 桩基施工数据采集及管理,指导现场施工的同时实现打桩过程的全面管控、验证设计、反馈施工、指导检测。

系统组成结构图

数字化系统实体照片

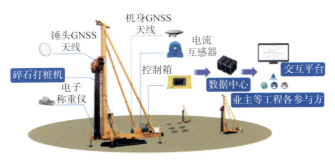

系统组成结构图

打桩过程检测

数据共享交互平台示意图

数据库实时查看示意图

系统研发的成功无疑是水泥搅拌桩这个行业全新的突破，主要体现在以下五个方面：

一是桩长的判定。统模式钻杆的进深度需据导向架标尺判断成桩深度，精确度不高，但现在可以通过北斗定位 GPS 接收机实时反馈打桩位置及深度，成桩深度精确到 0.01m。

二是打桩速度控制。按照传统模式需通过人工记录起止时间计算打桩速度，无法确保打桩速度规范，现在可以通过控制台实时检测打桩速度，系统自动记录打桩的开始、提钻、结束时间。

三是喷浆量控制。按照传统模式需过单桩长度计算喷浆用量，人员操作喷浆，不能保障喷浆均匀，喷浆总量是否达到设计要求，但现在可以通过控制箱实时监测喷浆流量过程，喷浆量结果直接传输到云端系统。

四是判定是否到达持力层。按照传统模式需通过人工观察钢丝绳是否出现松动及电流表的电流变化来判定，现在可以通过电流传感器实时检测电流变化情况，确保终孔电流值满足最低标准。

五是数据采集。按照传统模式需通过技术人员原始记录数据，缺乏数据的真实性保障，但现在可以通过信息化控制记录，实时采集数据传输到网络平台保存，可实时查看施工记录。

除了这五个方面的突破外，系统的成功研发也让水泥搅拌桩的成桩速度与传统模式下相比有了大幅提升，主要是由于人为因素的减少。此外，可以通过系统严格按照设计要求进行水泥用量的控制，做到不少用水泥也不浪费水泥。

正视不足　不断改进

但系统仍然存在些许不足，如针对目前小范围的数据收集、信息分析，整个系统可以完全胜任，但在大范围的施工情况下，面对海量数据的报送，系统是否仍然可以正常、准确的分析出各项技术指标，技术人员们并未做出尝试，这也是下一步系统在大数据处理方面需要进行改进的方向。

工程前期，面对人为操作水泥搅拌桩可能带来的质量隐患，建设者们毅然决定停工改进，经过大家的研究与思考，确定了水泥搅拌桩智能化施工的研究方向。建设者们克服重重困难，经过长达3个月的研发，终于研究出了第一台水泥搅拌桩施工质量监控与分析系统设备，实现了水泥搅拌桩行业全新的突破。此次研发充分的解决了本工程水泥搅拌桩施工的质量隐患，研发出的水泥搅拌桩施工质量监控与分析系统更是为行业树立了新标杆，推进了施工智能化的发展，体现了浙江交工打造品质工程的决心。

水泥搅拌桩施工原始记录

施工日期	2018年11月2日	施工地点	C匝道CK0+380	桩机编号	5号	水泥品种及强度	42.5	储存罐容量	L
设计桩长	—	设计桩径	1.5m	设计水泥用量	大:280kg/m 小:70kg/m		0.5		大:234L/m; 小:58L/m
桩编号	开钻时间	竖直度(%)	钻入深度(m)	提升时间	水泥浆水灰比	喷浆压力	复搅开始时间	理论水灰比	复搅深度(m)	结束时间	单桩喷浆量	理论水泥浆相对密度	水泥浆相对密度	备注
---	---	---	---	---	---	---	---	---	---	---	---	---	---	---
C85-1	5:05	0.5	6.50	5:12	0.5	0.7	5:18	0.5	6.50	5:31	910	1.8	1.80	
C85-2	5:32	0.7	6.60	5:39	0.5	0.7	5:45	0.5	6.60	5:58	920		1.81	
C85-3	5:59	0.4	6.70	6:06	0.5	0.6	6:12	0.5	6.70	6:27	940		1.79	
C85-4	6:28	0.4	6.80	6:35	0.5	0.8	6:42	0.5	6.80	6:56	940		1.79	
C85-5	6:57	0.5	6.50	7:04	0.5	0.8	7:10	0.5	6.50	7:23	910		1.79	
C85-6	7:24	0.3	6.00	7:30	0.5	0.7	7:36	0.5	6.00	7:48	890		1.82	
C85-7	7:49	0.8	6.20	7:56	0.5	0.9	8:02	0.5	6.20	8:15	900		1.80	
C85-8	8:16	0.8	6.40	8:23	0.5	0.7	8:29	0.5	6.40	8:40	920		1.81	
C85-9	8:41	0.9	6.40	8:48	0.5	0.8	8:54	0.5	6.40	9:07	930		1.79	
C85-10	9:08	0.7	6.60	9:15	0.5	0.6	9:21	0.5	6.60	9:35	910		1.80	
C85-11	9:36	0.6	6.70	9:43	0.5	0.8	9:50	0.5	6.70	10:03	950		1.81	
C85-12	10:04	0.6	6.20	10:11	0.5	0.8	10:17	0.5	6.20	10:30	940		1.79	
工作班统计	工作量		77.60m	水泥总用量	13.272t		水泥浆平均相对密度	1.80		折算每延米水泥用量	171kg/m			

舟岱大桥1标

装配化施工　针对性升级隧道二次衬砌工艺

浙江交工集团股份有限公司

隧道二次衬砌是隧道所有结构中唯一展露在外的部分，它在保证隧道结构稳定的同时还担负着隧道外观形象的重任。地质条件良好的围岩在初期支护后结构基本稳定，这时二次衬砌作为安全储备，一般为素混凝土结构。不良的围岩段在初期支护后很难保证结构的长期稳定，需要二次衬砌提供支撑，保证隧道结构稳定，这时的二次衬砌为钢筋混凝土结构。

隧道二衬钢筋现阶段施工方法主要为现场绑扎，即钢筋现场下料，由作业人员通过焊接方式与仰拱预留钢筋连接，两层钢筋之间通过拉筋绑扎连接固定。但现场绑扎工艺由于受现场下料精度、焊接质量影响，二衬钢筋往往施工精度不足，机械化程度不高，需要较多的施工作业人员，且钢筋连接需进行电焊作业，存在电焊烧伤防水板现象，对二次衬砌防水产生不利影响。

宁波舟山港主通道项目共有两座连拱式隧道，炮台岗隧道和擂鼓隧道，其中炮台岗隧道全长533m，擂鼓隧道全长495m，隧道二衬钢筋依据设计图纸采用现场绑扎方式。

考察走访　集思广益定方案

隧道二衬施工伊始，宁波舟山港主通道项目工程建设指挥部李勇处长来项目检查隧道施工时，看到隧道二衬钢筋施工后皱起了眉头，问道："你们隧道二衬钢筋采用现场绑扎工艺，对这个工艺在施工中出现的通病问题有没有解决措施？"

项目领导也皱起了眉头，这个问题在施工前就考虑了，但目前仍没有妥善的解决措施，只能加强施工过程管控以及验收程序。大家为此展开讨论，最后李勇说道："我们主通道项目是要打造品质工程，既然现场绑扎工艺存在的问题没有较好的解决措施，那我们是不是可以针对这些问题对工艺进行改进，从而解决难题。"随后，指挥部下发关于对隧道二次衬砌钢筋安装工艺微改进创新的通知。

收到指挥部通知后，项目部高度重视，成立了由副经理叶卫东为首的攻关小组，研究落实二衬钢筋安装工艺微改进创新。隧道工程目前基本还是遵循以往的施工习惯，采用现场绑扎施工工艺，在工艺改进方面没有依据可参考，如何将隧道二衬钢筋施工图纸优化调整为模块化制作安装施工，是摆在攻关小组面前的第一个难题。

叶卫东经理带领大家走访了省内的隧道施工项目，并通过查找各种相关资料，最终提出了隧道二衬钢筋节段拼装方案。但具体该如何调整，考虑结构受力、各钢筋节段重量、钢筋利用率等方面，使其适用于现场施工，需要深入研究讨论，通过查找相关资料以及请教具备丰富隧道施工经验的人员，最终确定将整环二衬钢筋分为8个节段，其中拱部及边墙分为5段，仰拱分为3段，共A、B、C、D四种单元形式，最大节段重约150kg，节段钢筋单元采用∟100×80×10角钢作为连接面，通过M20×60螺栓连接。每个节段内、外层主筋，相邻主筋构成节段单元模块主体，4根主筋之间采用ϕ12mm钢筋波浪式连接，保证运输及安装中不会出现形变，单模二衬节段钢筋拼装完成后，进行纵向分布筋安装绑扎。通过优化二次衬砌钢筋，实现隧道二次衬砌钢筋在钢筋加工厂内分节段单元集中模块化生产，装配化拼装。

众心齐聚　施工过程克难关

成国军是项目部钢筋加工厂的负责人，接到项目部关于制作隧道二衬模块化钢筋节段单元的通知后，第一时间拿出图纸研究，他向叶卫东提出一个建议：由于二衬节段钢筋需要拼装成环，这对钢筋加工的精度要求很高，但在钢筋加工过程中会出现钢筋下料加工精度不够、节段骨架主筋定位不精准、钢筋焊接偏位误差等问题，会导致后期整环节段钢筋拼装时出现最后一节无法安装或节段之间无法连接紧密的问题，所以应该制作一个提高钢筋加工精度的辅助工具。

叶卫东大受启发，与老师傅讨论后，最终决定做一个胎架，胎架尺寸由钢筋设计长度和弧度确定，胎架设置限位卡槽，用以定位钢筋。胎架做好后，叶卫东要求先把各单元节段钢筋加工出来进行试拼，最终经过试拼，各节段钢筋单元之间连接紧密，整环二衬钢筋尺寸经测量符合设计要求，难关在大家的不懈努力下终于攻克了，二衬节段钢筋可以批量生产了。

隧道二衬施工工艺是先完成仰拱施工，然后再进行边墙及拱部施工，这就意味着整环二衬节段钢筋施工无法同时拼装完成，那么先行施工的仰拱钢筋必须要定位准确，如果仰拱钢筋安装时，钢筋位置出现偏差，安装精度不够就会导致拱部二衬钢筋拼装不上，又一个难题摆在叶卫东面前。

叶卫东召集攻关小组成员，展开讨论。有人说：测量定位精准是必要的，但施工时的人为误差难以避免；有人说：在隧道初支上打设定位钢筋，但这样会增加施工工作量，且会对隧道防排水造成影响。最终大家提出采用工具可以将整体仰拱钢筋的两端固定，这样就会形成一个整体，只要保证测量精度就可以解决这个问题，大家决定将这个工具叫作仰拱钢筋定位器。

定位器采用通直角铁，放置于仰拱钢筋与二衬钢筋连接处，在定位器角铁上设置有等同钢筋设计间距而预留的螺栓孔，施工中配合施工放样，准确放置定位器，确定高程、偏位等，仰拱钢筋两端螺栓与定位器连接。二衬边墙及拱部钢筋施工时，先进行边墙节段钢筋的拼装，最后拱部钢筋采用小型起重机起吊至隧道钢筋安装台车上，再进行拼装。

钢筋节段加工

钢筋节段试拼装

数字化系统实体照片

通过对隧道衬砌钢筋装配化施工工艺经济效益分析，得出该工艺用于宁波舟山港主通道1标，钢筋、连接件及螺栓等材料工程量大大增加，一模9m二衬材料费用增加2.5万元，其中钢筋材料增加2.5t，费用增加1万元；连接件角钢材料增加2.3t，费用增加1.4万元；螺栓增加576套，费用增加0.1万元。

总结与反思

隧道二衬钢筋装配化施工相比二衬钢筋现场绑扎施工，节段预制拼装机械化程度大大提高，传统施工工艺一模9m二衬钢筋需14人同步作业7.2h完成，新施工工艺一模9m二衬钢筋需7人同步作业约5h完成，施工作业人员大大减少，有效减少了洞内施工作业人员和作业时间。二衬钢筋通过采用节段拼装施工工艺，每个钢筋节段在钢筋厂模型架上集中加工，钢筋施工精度得到有效提高，且通过改变连接方式有效减少了钢筋搭接量，大大提高了钢筋各项检验项目合格率。由于节段钢筋之间采用螺栓连接，不需电焊施工，避免了因电焊烧伤防水板引起的二衬渗水现象。装配化施工有助于提高超欠挖控制及初期支护质量，为保证后期二衬节段钢筋顺利安装，在初期开挖支护施工中，作业人员需特别注重欠挖和喷混表面平整度控制，避免因欠挖引起二衬厚度不足，保证后期二衬节段钢筋顺利安装。隧道二衬钢筋装配化施工实现了模块化、装配化、机械化的理念目标，质量得到提升，取得了较高的社会效益，同时也提高了隧道作业的安全性，使施工管理更加系统化、标准化和科学化，为后续的发展积累了丰富的经验。

N06桩基施工塌孔事故处理纪实

浙江交工集团股份有限公司

作为常用的基础形式之一，钻孔灌注桩凭借其悠长的施工历史被现代的施工单位普遍地应用于各个工程领域以及各种大型工程建设当中。尤其是在地质复杂的各种施工地区，修建高层建筑以及桥梁建筑时，钻孔灌注桩更是事关工程质量的基础工程。在此过程中，其施工难度较小、成本适当等优点得到充分的体现。但由于其作业面通常位于地下或水下位置，因此，在施工过程中会由于一系列的原因造成各种问题，尤其是塌孔事故的出现，这将会对工程的整体质量和工期进度产生重大的影响。

踌躇满志　齐心征战

宁波舟山港主通道项目南非通航孔桥桩基础采用钻孔灌注桩形式，桩基实施采用气举反循环ZJD4000型钻机施工，护筒形式为钢护筒。2018年5月项目部经监理办、指挥部对南非通航孔桥桩基施工方案审批之后开始组织施工人员陆续进场施工，所有管理人员及现场作业人员都满怀激情、踌躇满志地准备着，然而所有人都没想到这么一个施工技术较成熟、施工难度较小的工程项目却面临着一个巨大的挑战。

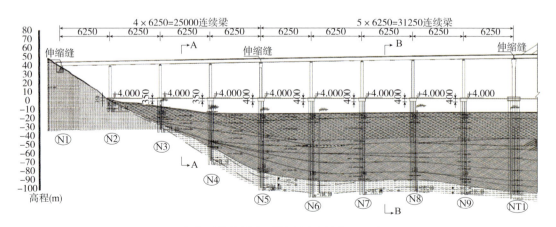

南非通航孔桥立面图（尺寸单位：mm）

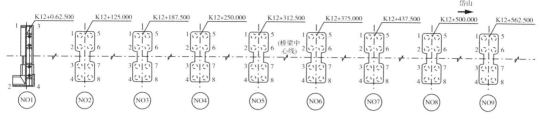

南非通航孔桥桩基分布图

南侧非通航孔桥 N06 号墩采用整体哑铃形承台，基础下设 8 根变直径 2.2~1.9m 混凝土钻孔灌注桩，桩长为 108m。N06 号墩桩基设计原数据如下。

墩号	数量（根）	桩顶高程（m）	设计桩底高程（m）	桩径（m）	变截面位置（m）	钢护筒底高程（m）	单桩钢筋笼重（t）	桩基类型	钢护筒总重（t）
N06	8	+0	−108.0	2.2−1.9	−45.0	−35.0	33.7	嵌岩桩	262

在南侧非通航孔桥地质勘探中，CSZK4 号钻孔里程为 K12+385 右 3.8m，N06 号墩里程为 K12+375，设计勘察地质情况为 −51.85~−49.45m 处有碎石土夹层，层厚 2.4m，具体设计地质情况如下。

设计地质情况

勘探孔编号	CSZK4		孔口高程	−14.65m
地层编号	层厚（m）	层底高程（m）	岩土描述	
①4	5.00	−19.65	淤泥质粉质黏土：黄灰色，流塑，含贝壳、云母碎屑，局部夹粉灰条纹	
②1	25.00	−44.65	淤泥质粉质黏土：黄灰色−灰色，流塑	
③2	4.80	−49.45	粉质黏土：灰色，软塑，含有机物腐殖物，夹粉砂薄层，单层厚 0.2~0.4m	
④5	2.40	−51.85	碎石土：杂色，中密−密实，夹少量碎石，砾石直径 0.3~1.0cm，块石最大粒径 5~9cm	
④2	7.20	−59.05	粉质黏土：灰色，可塑，含有机物，腐殖物，切面光滑	
⑥1	9.70	−68.75	粉质黏土：灰色−灰黄色，硬塑，以粉质黏土为主，含砂砾，中粗砂含量 10%~15%，砾石含量 5%~7%，砾石直径 0.3~1.0cm	
⑦1	11.90	−80.65	粉质黏土：灰黄色−灰白，可塑含铁锰质锈斑，夹粉土团点	
⑧1	9.20	−89.85	粉质黏土：灰黄−黄褐色，硬塑，含少量砾砂，砂含量 5%~10%，砾石含量 5%~7%，碎石约 2%，碎石直径 0.3~1.0cm，最大可达 3~5cm	
⑩1	5.00	−94.85	凝灰岩：灰黄色，强风化，碎块直径 3~5cm	
⑩2	8.50	−103.35	凝灰岩：灰黄色，凝灰结构，块状构造，基岩裂隙发育，岩芯碎块状，块径 3~7cm	

举步维艰 "卡脖子" 工程进展缓慢

N06号墩采用两台ZJD4000型气举反循环钻机施工。1号钻机周转顺序为4→8→3，2号钻机周转顺序为6→5→1→2→7。

N06-3号桩基于2019年2月18日开钻，4月13日钻进至–93m时，项目部技术人员张首波发现孔内水位突然下降，排渣量明显增大，钻机钻头也无法直接提出，钻孔平台区出现不均匀沉降，纵横梁出现明显变形，钻机施工区域出现塌陷。张首波立即要求施工班组停止钻进，并将情况上报生产副经理唐左平。唐左平得到消息后，立即赶赴现场，通过现场实际情况并结合以往经验，判断应该是发生了塌孔现象。他立即召集班组和技术人员进行原因分析，通过查看钻孔记录和渣样，分析造成塌孔的原因有三：一是地质资料不准确，护筒底部碎石夹层高程较设计高程提前，且层厚增大；二是泥浆比重计浓度没有达到碎石土层中施工标准；三是因海上潮水水位变化引起护筒内外压力失衡。

分析出塌孔原因后，唐左平立即组织制定了塌孔事故处理方案。首先针对钻孔平台修复他提出了四点措施：一是要求桩基班组提升钻杆、转移钻机；二是安排钢结构班组将南非通航孔桥N06号墩钻孔平台拆除；三是新打设平台管桩3-1′、3-2′、3-3′，同时对第二、三、四排共12根平台管桩进行接长；四是平台上部由双拼型钢组成的纵横梁结构改为贝雷梁结构，同时为提高平台整体稳定性，将未完成施工的桩基附近平台管桩与钢护筒之间设置平联，平联采用$\phi 325 \times 6mm$的钢管，后续加强平台沉降观测。其次对于后续的桩基施工提出了三点要求：一是要求桩基施工先清孔，将钻具提出后，宕渣回填孔，待宕渣回填2~3d稳定后重新钻进；二是为避免后续再次出现塌孔，选用相对密度为$1.25g/cm^3$、黏度24s及胶体率为98%的泥浆，保证孔内形成稳定泥皮；三是在潮水变化时，安排专人补充水头，保证孔内承水压力稳定。

在对塌孔及平台沉降进行紧急处理之后，3号桩基钻进正常，于2019年5月30日成孔，并于2019年6月8日成桩，扩孔率约为1.46。

7号桩基于2019年6月4日开钻，技术人员发现钻进至–47.75m处平台再次出现塌孔、平台沉降、护筒下沉现象。针对此现象，项目部立即采取与3号桩基同样处理措施，经过一番加固后，7号桩基于7月15日再次正常钻进，然而事情往往没有想象得那么顺利，8月6日，7号桩基再次出现塌孔、平台沉降，并且更加严重。多次的桩基塌孔、平台沉降，使得N06号桩基施工遥遥无期，工程进度徘徊不前，原本不属于关键节点的桩基施工一下变成了"卡脖子"工程，看着不远处4标段渐渐逼近的架梁吊机，唐左平急得像热锅上的蚂蚁。

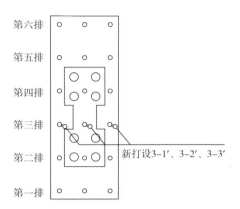

N06号墩打设管桩、平联焊接

群策群力　助推桩基施工顺利完成

针对N06-7号桩基的再次塌孔，项目执行经理叶以挺立即组织召开了专项会议，并邀请指挥部、设计院、监理办等领导参与讨论。会上指挥部常务副指挥吴波明针对N06号墩桩基多次塌孔、漏浆、平台沉降等问题，要求项目部高度重视，正视问题，集思广益，要确立"防治结合、预防为主"的原则，树立"治早、治标、治本"的指导思想，科学管理，信息化施工。会上决定由指挥部、设计单位、监理单位、施工单位联合成立技术攻关小组，并邀请专家现场查看。

2019年8月10日，经指挥部、设计院、监理办同意，项目部重新组织专业地质勘探队伍进场对地质情况进行勘探。设计勘察地质情况为–51.85~–49.45m处为碎石土夹层，层厚2.4m，实际7号桩基底部卵石夹层高程为–64~–47m，卵石直径为5~15cm，层厚18m，实际地质情况与设计地质情况偏差较大。根据勘探结果，技术攻关小组于2019年8月15日再次组织召开了专项会议，会上决定使用600t浮式起重机将N06-7号钢护筒拔

钢筋节段试拼装

出放置于栈桥上,在栈桥上将N06-7号钢护筒接长(底部变形严重的部分割除),然后采用100t履带式起重机配合120振动锤进行打设,将钢护筒穿过卵石夹层。后续钻进采用膨润土造浆护壁,严格控制泥浆指标,同时稳定孔内水头,防止再次塌孔。

有了科学权威的解决方案,建设者们面对困难越挫越勇。科学地运用专家方案,实行24h轮换作业,一系列科学规范标准的调整,使得南非通航孔桥桩基瓶颈得到破解,也迎来了2019年10月7日全线桩基施工完成仪式上掌声雷动、鞭炮齐鸣、礼花冲天的一派兴奋景象。

"只为成功找方法,不为失败找理由。"在整个桩基施工最艰难期间,浙江交工宁波舟山港主通道项目团队在一个个不眠之夜里冥思苦想,项目生产副经理唐左平和技术人员更是天天泡在工地上,几个月没有回家是常有的事,大家原本白皙的皮肤被晒成了古铜色,心中铭刻着"不怕吃苦,就怕没苦吃;不怕待遇少增长,就怕事业不发展"的企业精神。

深刻总结　砥砺前行

在后期超声波检测中N06号墩8根桩均为Ⅰ类桩。但是本次桩基塌孔事故的教训是严重并深刻的,项目部在事故的处理上尚存在诸多不足:一是项目部过分相信地质勘探资料,作为施工单位没有保险意识。二是项目部在处理有夹层桩基时不够果断,导致出现反复的塌孔和平台沉降。三是前期方案编制时未充分考虑地质变化带来的不良影响。为此项目部提出以下几点建议:一是地质勘探时,遇到地质变化较大的区域应增加勘探孔位;二是根据设计部门提供的地质勘探资料,对于不同的地质情况,应选用适宜的泥浆相对密度,泥浆黏度和不同的钻进速度,如在砂层中,应选用较好的造浆材料,加大泥浆稠度提高泥浆黏度以加强护壁,并适当降低进尺速度;三是当潮汐水位变化大时,需升高护筒,增加水头保证水头压力相对稳定;四是深海桩基施工采用永久钢护筒,永久钢护筒设计应穿过易塌地层。

舟岱大桥 2 标

非通航孔桥海域承台施工的破局之战

中国建筑股份有限公司

宁波舟山港主通道第 DSSG02 标段（以下简称 2 标），共有 173 座非通航孔桥海域承台，包含圆端形、哑铃形、三哑铃形、圆形、矩形 5 个大类，多达 12 种结构尺寸；均为海上孤立墩、高桩承台，承台底与海床面最大高差为 30m，采用无栈桥法、船舶配合作业。海域承台下设置数量不等的倾斜钢管桩基础，钢管桩桩径 1.6m、1.8m、2.0m，最长桩长 109m，最大斜率 1:4.5。

2 标项目部在海域承台施工过程中，应指挥部的建设要求，根据海域高桩承台结构特点，大胆创新，设计了一种水上可拆卸底板钢吊箱工法，克服了杭州湾跨海大桥、金塘大桥等钢底板不能拆除的技术难点，取得了非通航孔桥海域承台施工关键技术的重大突破。

DSSG02 标段非通航孔桥海域承台一览表

结构	圆端形	哑铃形	三哑铃形	圆形	矩形
图示				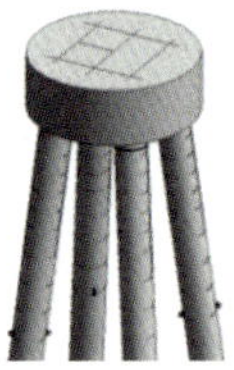	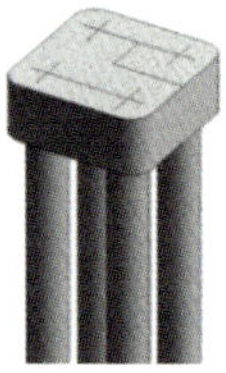
尺寸	4.25m×11m×3m	20.895m×8.5m×3m 21.5m×8.5m×3m 23.05m×10m×3m 23.25m×10m×3m 23.75m×10.5m×3m	36.3m×10m×3m	φ8.5m×3m φ9.0m×3m φ9.4m×3m	9.4m×4.2m×3m 7.2m×7m×2.8m
数量	19 座	46 座	12 座	47 座	49 座
合计	173 座				

守正出新 明确钢吊箱全周转目标

2标非通航孔桥海域承台数量众多、种类繁杂，桥址区海水流急，平潮期短，气候复杂，多台风、季风，有效施工时间短，施工过程中材料转运异常困难，施工风险极高。面临如此复杂的施工条件，中国建筑股份有限公司项目总工李林挺清晰地意识到，做好钢吊箱的选型是关键，既要做到快速、安全，确保施工速度，又要做到经济、合理，降低项目成本，为此，他带领项目技术团队开展技术攻关。

2标非通航孔桥海域承台高3.0m，封底混凝土厚0.8m，承台设计顶高程+4.0m，封底混凝土底高程+0.2m；桥址区平均高潮位+2.2m，平均低潮位-1.5m，最大潮差3.9m；潮汐类型属于不规则的半日浅海潮型，对海上施工窗口期要求苛刻，低潮位时，单次钢吊箱无水状态有效施工黄金时间平均为3~4h。

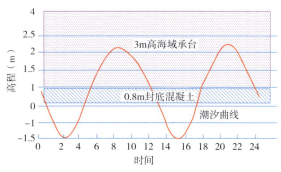

2标非通航孔桥海域承台潮汐水位示意图

经技术调研，目前满足2标非通航孔桥海域承台潮汐水位恶劣条件的钢吊箱施工工艺主要有以下三种方式：

第一种，底板不能拆除的钢底板钢吊箱，代表工程为杭州湾大桥。缺点是钢底板不能拆除，钢材浪费严重；钢底板和钢管桩处于连通状态，会导致保护钢管桩的牺牲阳极损耗量大大增加，直接影响牺牲阳极在海洋环境下的使用寿命。

第二种，底板不可拆除的混凝土底板钢吊箱，代表工程为泉州湾大桥。缺点是混凝土底板预制需要施工平台和预制胎膜，2标有5个大类、12种尺寸承台，需设置不少于20个胎膜，平台面积超过10000m^2，一是很难找到合适的位置搭设，二是平台搭设一次性投入过大，成本超过4000万元。

第三种，底板水下可拆除的钢底板钢吊箱，代表工程为象山港大桥。缺点是需要潜水员下到海水中配合拆除，桥址区海况复杂，水下拆除费用高，且水下作业安全风险大，不利于项目部安全管控。

不能拆除钢底板钢吊箱　　　　混凝土底板钢吊箱　　　　水下可拆除钢底板钢吊箱

钢吊箱常规工艺示意图

对比以上三种方案，技术团队多次组织召开会议进行研究探讨：

（1）不能拆除钢底板钢吊箱即浪费底板材料，又影响钢管桩耐久性，不可取；

（2）混凝土底板钢吊箱方案可行，但不满足2标海域承台种类众多的实际情况，成本投入大，不适用；

（3）底板水下可拆除的钢底板钢吊箱，实现了底板可拆除、可周转，推荐；但水下拆除风险过高，不可取。

如果学习只是模仿，那么我们就不会有科学，也不会有技术。现有的成熟方案都不满足2标海域承台的施工诉求，怎么办？要改变，要创新，要在前辈基础上再走出一条路来。项目经理曹海清认识到，2标海域承台种类众多，第三种承台工艺是最吻合现场实际情况的，但必须要解决水下拆除安全隐患，要变水下底板拆除为水上拆除，水"上"水"下"，一字之变，变被动为主动，变劣势为优势，实现了海域承台钢吊箱水上全周转施工，开创了非通航孔桥海域承台钢吊箱施工关键技术的新篇章。

自出新意　水上可拆除底板钢吊箱巧妙设计

目标已经确定，号角已经吹响。

常规钢底板钢吊箱结构从下到上依次是横梁、纵梁、底板、壁体、桁架挑梁和精轧螺纹吊杆系统，吊箱部件的拼装主要依靠构件之间螺栓连接、精轧螺纹吊杆紧固方式进行拼装。同时，为保证钢吊箱顺利下放、桁架挑梁平稳地落在钢管桩顶面上，需根据桩顶实测高程，由特种作业人员进行水平气焊切割，控制钢管桩顶面高程偏差值±5mm。

要实现钢底板水上拆除，钢吊箱设计重点要解决以下难题：

第一，底板结构要改变，要改变底板栓接方式，方便工人水上抽出拆除。

为了优化底板拆除工序，经过技术人员的巧妙设计，钢吊箱的底板结构，块与块之间不再设置螺栓连接，而是像"七彩板"一样，成了分块对接结构，接触位置采用平缝对接，底板边缘与壁体通过螺栓连接；底板下部设置横梁、纵梁共同组成底板结构，横梁、纵梁、底板与桁架挑梁通过精轧螺纹吊杆紧固组成整体。

因钢管桩设计为斜桩，且钢管桩需深入钢吊箱 1.8m 深度，故将钢吊箱底板的钢管桩预留孔位设计成椭圆形，尺寸比设计直径大了 20cm，从而保证了钢吊箱的顺利下放。

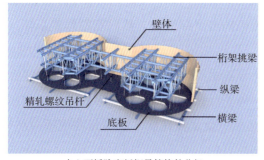
水上可拆除底板钢吊箱构件分解

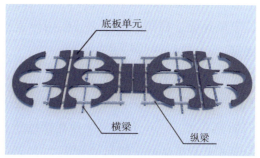
钢底板分块对接细节构造

水上可拆除底板钢吊箱 BIM 模型一

第二，吊杆体系要创新，要求封底混凝土施工结束后，能够在套箱内部反拧拆除。

经过技术人员的反复研讨，为实现混凝土封底后，工人于钢套箱内部拆除吊杆的目标，精轧螺纹吊杆设计成上、下两段，中间采用套筒连接，只需拧除套筒，上下吊杆即可分开拆除。这种方法操作简单，对结构没有损伤，吊杆可以周转使用。

拧除套筒后，精轧螺纹上吊杆悬挂在桁架挑梁上，可同挑梁一起采用浮式起重机整体拆除。

钢吊箱拼装时，提前将下吊杆端头的螺帽焊接在底板结构上，固定不动。这样，下吊杆拆除时就能像日常"卸螺丝"一样，用扳手在套箱内部反拧拆除，实现了安全、快速去除底板吊杆约束的目的，为水上拆除底板奠定了坚实的基础。

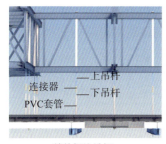
精轧螺纹吊杆

上吊杆拆除

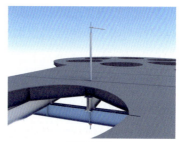
下吊杆拆除

水上可拆除底板钢吊箱 BIM 模型二

第三，要对底板结构拆除步骤、细节进行模拟优化，最终顺利实现水上拆除底板结构的目标。

钢管桩表面涂装了高性能双层环氧粉末涂层，为规避底板结构拆除对涂层造成的损坏隐患，技术人员利用 BIM 技术对吊箱整个底板拆除过程进行模拟，检查各个板块与钢管桩的碰撞情况。低潮位底板露出水面后，采用小型全回转浮式起重机进行钢吊箱底板水上拆除。先拆除纵梁、横梁，然后拆除底板，底板拆除顺序为由两侧向中间依次拆除。

第一步，低潮位无水状态下，开始进行纵梁、横梁拆除，先松动外侧吊杆的顶部螺母，下放纵梁、横梁一段距离，使用浮式起重机抽出上部纵梁，然后割断外侧吊杆，抽出横梁。

第二步，低潮位无水状态下，在底板两头设置吊点，一侧吊点用手拉葫芦固定在壁板上，另一侧吊点用钢丝绳吊环与浮吊连接，防止底板落入海中；然后解除壁体与底板间的螺栓连接，逐步下放与壁板连接的手拉葫芦，使底板在海水中缓慢变成垂直状态，然后浮式起重机从另一侧起吊拆除。

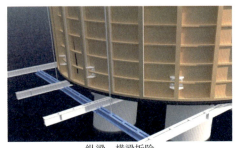
纵梁、横梁拆除

底板结构拆除

水上可拆除底板钢吊箱 BIM 模型三

分毫析厘　水上可拆除底板钢吊箱工况计算

结合水流力、波流力、静水压力、风荷载等环境因素，技术团队通过 MIDAS CIVIL 有限元软件对水上可拆除底板钢吊箱各控制工况进行分析计算，确保钢吊箱结构安全、可靠。主要控制的工况共 4 个：下放工况、浇筑封底混凝土工况、浇筑承台工况、抗台工况。

第一，下放工况，在钢吊箱自重及钢丝绳吊索水平分力荷载作用下，分析研究钢吊箱结构及吊点体系的强度、刚度及稳定性情况。

第二，浇筑封底混凝土工况，封底混凝土厚度 0.8m，采用低潮位、无水状态下进行混凝土浇筑；在钢吊箱整体脱离水面情况下，验算钢吊箱各构件、吊杆及挑梁的安全性。

第三，浇筑承台工况，选取最不利水位，整个钢吊箱脱离水面下，验算封底混凝土握裹力的安全性，验算壁体在承台混凝土侧压力作用下各构件强度及刚度。

第四，抗台工况，台风期须选择合适的气象窗口进行钢吊箱下放，并及时完成封底混凝土施工。在封底混凝土与钢管桩接触面固结（封底混凝土龄期不小于 48h），桁架挑梁与钢管桩焊接固定约束条件下，打开连通器，确保内外水位一致，按照14级台风进行钢吊箱抗台工况计算，验算钢吊箱结构的整体安全性。

水上可拆除底板钢吊箱过程照片

总结与思考

舟岱大桥非通航孔桥海域承台已于2020年10月27日全部顺利施工完成，2标创新发明的非通航孔桥水上可拆卸底板钢吊箱具有以下优点：

（1）实现了钢底板可拆除，钢底板100%周转利用。以2标173座海域承台工程量计算，不能拆除钢底板钢吊箱需投入3000t钢底板，水上可拆卸底板钢吊箱仅需600t钢底板周转利用。钢底板采购4800元/t，海上拆除费用1700元/t，拆除的钢底板考虑40%残值，可节省钢底板费用：3000×4800－（600×4800×0.6+3000×1700）=757.2（万元）。

（2）钢底板采用为水上拆除工艺，解决了水下潜水员拆除钢底板安全隐患，提高了拆除工效。

（3）解决了钢底板与钢管桩的电导通问题，牺牲阳极损耗率大大降低，保证了恶劣海洋环境下牺牲阳极的设计使用寿命。

非通航孔桥海域承台水上可拆除底板钢吊箱施工工法，改水下拆除作业为水上作业，实现了底板结构周转利用，有效提高了施工功效，减少了安全风险，折射出工程技术人员的智慧和汗水，取得了良好的经济效益和社会效益，可为同类跨海大桥非通航孔桥海域承台施工提供借鉴参考。

从落后到超越
——海域索塔施工工艺的探索

中国建筑股份有限公司

南通航孔桥为双塔双索面钢箱梁斜拉桥，跨度组合为74m+106m+390m+106m+74m，全长750m，由两座索塔、两座辅助墩、两座过渡墩组成，采用半漂浮体系。建成后，该桥将成为陆地车辆和海上船舶通行的双功能交通枢纽。南通航孔桥全桥根据工程部位划分成两个不同的标段，第DSSG01标段（以下简称1标，包含NT1过渡墩、NT2辅助墩、NT3索塔以及27个钢箱梁段和相关附属）；第DSSG02标段（以下简称2标，包含NT4索塔、NT5辅助墩、NT6过渡墩以及28个钢箱梁段和相关附属），2标由中国建筑股份有限公司承建。

南通航孔桥2标NT4索塔，索塔塔高152m，由下塔柱、中塔柱、上塔柱及下横梁组成，采用C50海工耐久混凝土，塔身浇筑方量11851.7m³，整体工程量大，工期紧张。NT4索塔整体呈宝瓶形，线形控制要求高，塔柱倾斜度误差不大于塔高的1/3000，塔柱轴线偏差不大于30mm；塔柱断面尺寸偏差不大于20mm，塔顶高程偏差不大于10mm。

项目建设之初，主通道建设指挥部以打造"浙江省标准化示范项目"和争创"国家级品质工程"为目标，对项目施工提出了严格的安全和质量管控要求。工程建设过程中，2标项目部始终积极落实建设指挥部常务副指挥长吴波明"认真、顶真、较真，是态度，是意志，是承诺；务实、落实、切实，是效率，是保证，是品质"的工作宗旨，在快速化施工关键技术上积极探索，向质量安全要进度，稳中求快，NT4索塔相比工期计划提前两周完成封顶。

未雨绸缪　索塔6m大节段施工划分

NT4索塔桥址区位于浙江东南沿海灰鳖洋海域，海水水深10.70~12.94m，气候上属亚热带季风气候，冬季多季风，夏季多台风。NT4索塔自2018年3月桩基开工至2020年6月钢箱梁合龙，历时26个月，期间共遭遇11次台风和2个季风期；每次台风来临前，人员、船舶都需要提前撤离，现场需要安全加固，台风过后需要进行恢复性施工整理；受台风、季风影响，工程年有效施工工期仅200d。

由于2标索塔位于海中，采用独立钢平台施工，受自然条件恶劣、运输条件不便等因素影响，施工初期，2标NT4索塔工期相比1标NT3索塔施工已滞后将近1个月。项目在面临支撑条件缺乏、建设条件复杂、工程体量巨大、建设工期紧迫等多重挑战的情况下，如何通过系统的探索快速施工之路，已然成为决定项目建设成败的关键。

2019年3月　　　　2019年6月　　　　2020年1月

2标NT4索塔施工进展（NT4索塔位于图片下侧）

为规避斜拉桥钢箱梁大悬臂渡台安全风险，南通航孔桥须于2021年6月底前完成钢箱梁合拢，给NT4索塔施工剩余的时间仅剩330d。中国建筑股份有限公司2标项目总工李林挺充分认识到，在如此紧迫的工期压力下，做好海域索塔爬模施工节段划分是重要前提。为此，技术团队调研了杭州湾跨海大桥、金塘大桥、桃夭门大桥、富翅门大桥等跨海桥梁索塔施工经验，对于索塔爬模高空施工，风力影响是一个绕不开的难题，尤其是海域索塔施工，风力影响更为严重。为保证施工安全，海域索塔施工通常采用4.5m节段划分，相邻标段1标南通航孔桥NT3索塔、3标主通航孔桥ZT3、ZT4、ZT5索塔均采用4.5m节段划分。若NT4索塔（152m高）采用4.5m节段划分，则需要划分为33个节段，施工速度平均12d/节段，需要396d，该工期已经不能满足NT4索塔施工要求。

能不能对爬模结构进行加强设计，增大爬模施工节段高度呢？

经查阅相关索塔施工技术资料，陆域索塔爬模施工常规有4.5m、6m节段划分，匹配9m、12m钢筋定尺，减少钢筋损耗。若将NT4索塔施工节段像陆域索塔一样，从4.5m增加到6m，则可划分为27个节段，通过增加劳动力资源，保证施工速度平均12天/节段，只需要324天，可满足NT4索塔施工工期要求。

但加大节段划分意味着模板面积加大，爬模整体迎风面积和所受风力都会随之增大，为了保证爬模施工安全，不减少爬模施工的有效作业时间，技术团队和专业爬模厂家进行了多次沟通和探讨。经过仔细研究，针对本项目的海域环境及索塔特点，选用江苏良工LG-120型液压重型爬模，采用模板和架体分离式结构。并对原设计的爬模系统进行了如下改进：①钢木结合模板，高度由4.83m加高至6.33m，面板采用21mm厚进口维萨板，竖肋为 H20 木工梁，横肋为双 14a 槽钢，满足 6m 大节段混凝土浇筑需求；②重型桁架式架体，进行加强设计，自重达 2.6t，并对桁架间距进行加密，间距从原来的小于等于 3.0m 调整至小于等于 2.5m；③增设爬模爬升时的防坠落保险装置；④爬模外侧用 60mm 钢管连接成整体，增加缆风绳，确保爬模整体稳定性和安全防护到位。经有限元分析计算，LG-120 型液压重型爬模可满足停工状态下抗 14 级风，7 级及以下大风具备正常爬升的作业工况，其结构受力及功能满足索塔 6m 大节段施工要求。

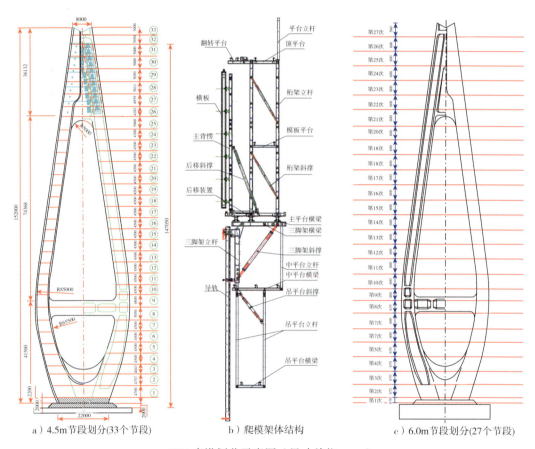

NT4 索塔划分示意图（尺寸单位：mm）

另辟蹊径　索塔下横梁异步工艺施工

下横梁施工是索塔施工的一个关键节点，经过仔细梳理，项目技术团队将 NT4 索塔下横梁施工作为加快施工速度的一个突破口。经向专家咨询请教及参阅相关资料，技术人员研究发现，除了常规的塔梁同步施工工艺之外，还有一种塔梁异步施工工艺，并对两种工艺进行了综合分析对比。

综上分析可知，下横梁同步施工和异步施工方案对比，索塔结构内力除塔根弯矩、下横梁负弯矩有所增大外，分别增大7.0%和2.5%；其余均有所减小，尤其是下塔柱控制截面弯矩减少较多，减少2.9%。因此，索塔和下横梁异步施工的方案在结构上是可行的。

通过指标比较，塔梁异步施工在节省工期、成本控制方面具有较高的可实施性，在下横梁施工的同时，索塔可继续施工两个节段；同时，质量、安全方面通过采用各种针对性措施也可以满足施工要求。2标技术团队最终选定了塔梁异步施工工艺，大大提高了索塔施工速度。

倍道而行　下横梁钢筋模块化施工

选定了下横梁异步工艺，出现在项目经理曹海清面前的新难题是怎样加快下横梁钢筋的施工速度？NT4索塔下横梁钢筋结构复杂，如果采用常规现场绑扎工艺需要15d的时间，在分秒必争的索塔关键线路施工上，需要节约出更多的时间。他召集技术人员研究探索下横梁钢筋的模块化应用，减少现场作业时间、作业人员和作业环节。通过分析模拟，结合下横梁钢筋骨架特点，将下横梁钢筋划分为腹板、隔板等8个模块，每个模块重约10t，采用角钢作为定位及吊装骨架。钢筋模块在钢筋生产车间利用胎架法预制，使用运输船海运到施工现场处，采用塔吊直接吊装安放至下横梁处。钢筋模块化施工充分体现了主通道建设指挥部"工厂化生产"的管理理念，较传统施工现场绑扎钢筋的施工方法，大大节省了下横梁钢筋绑扎时间；同时钢筋模块化的施工钢筋绑扎规范、施工质量高。

通过采用下横梁钢筋模块化施工工艺，减少现场绑扎焊接量70%；下横梁钢筋施工由15d缩短为3d，现场基本无绑扎焊接作业，最终达到了快速、安全施工的目的。成本方面，以节省12d工期计算，节约费用如下：人工13.4万元；发电机燃油7.0万元；塔吊9.8万元、电梯1.6万元、履带式起重机8.0万元、运输船5.0万元、交通船6.0万元；共计节约50.8万元。

下横梁钢筋模块化施工

南通航孔桥混凝土供应方案对比

序号	项目	塔梁同步工艺	塔梁异步工艺
1	工艺	下横梁同步施工分为4个步骤： （1）下横梁第一层混凝（4.5m）和第8节索塔同步浇筑； （2）下横梁第二层混凝（1.5m）和第9节索塔同步浇筑； （3）张拉下横梁底板钢绞线； （4）张拉下横梁顶板钢绞线	下横梁同步施工分为7个步骤： （1）浇筑索塔第10节混凝土； （2）浇筑下横梁第一层混凝土（4.5m）； （3）张拉下横梁底板钢绞线（0~40%）； （4）浇筑索塔第11节混凝土； （5）浇筑下横梁第二层混凝土（1.5m）； （6）浇筑索塔第12节混凝土； （7）张拉下横梁底板钢绞线（40%~100%）及顶板钢绞线（0~100%）
2	示意	（示意图）	（示意图）
3	受力分析	（受力分析图，单位 t·m）	（受力分析图，单位 t·m）
4	质量	塔梁同步施工，规避了索塔与下横梁交接面的钢筋全断面接头形式，确保钢筋施工质量	塔梁异步施工，索塔与下横梁交接面须设置全断面接头，要求采用一级接头标准，增加了钢筋质量控制难度
5	安全	不存在交叉作业，安全风险低	存在交叉作业，施工安全风险高；须加大管理力度，各个施工环节紧密衔接，确保施工安全可控
6	工期	塔梁同步施工，索塔爬模处于停工状态；同步施工时的钢筋及模板体系较复杂，需要工期50d	塔梁异步施工，下横梁施工不会对索塔施工造成延误；下横梁施工需要工期40d，同时索塔可继续施工2个节段，可节约工期25d
7	成本	—	见下表
8	意见	—	推荐

成本明细表（塔梁异步工艺）：

子项		数量	单价	金额（万元）
人工		40人	280元/d	-28.0
材料	钢筋接头	—	—	+1.5
	发电机燃油	—	—	-15.0
机械	塔式起重机	2台	12.3万元/月	-20.5
	电梯	2台	2万元/月	-3.3
	履带式起重机	2台	10万元/月	-16.7
	运输船	1艘	25万元/月	-20.8
	交通船	1艘	15万元/月	-12.5
小计		—	—	-115.3

精益求精　下横梁钢筋同截面施工

根据《钢筋机械连接技术规程》(JGJ 107—2016),接头等级的选用应符合下列要求:当在同一连接区段内钢筋接头面积百分率为100%时,应选用Ⅰ级接头的规定,下横梁接头面积百分率为100%,选用Ⅰ级接头。由于下横梁异步工艺,索塔与下横梁钢筋采用全断面施工,钢筋接头数量大,一旦丝头浸入砂浆,钢筋将不能有效连接,影响索塔的施工质量。在钢筋预埋施工过程如何进行丝头保护和保证钢筋精准对接是一个难题。

为保证施工质量,2标技术团队研究了多种保护措施。①预埋钢筋出厂前,加工直螺纹半丝接头,将Ⅰ级螺纹套筒安装在丝头上,并用胶带缠紧,避免运输、吊装、安装过程中破损;②在预埋钢筋对应的模板上钉牢50mm厚定位木条,木条开ϕ38mm圆孔用来精准固定预埋钢筋端头的螺纹套筒;③为避免少数套筒在施工过程中因各种原因,造成损坏,影响钢筋对接质量。在预埋钢筋时,比图纸多预埋10%预埋钢筋;④钢筋对接完成后,对剩余的套筒拧入1m长的抗剪钢筋,有效提高混凝土接缝位置的抗剪强度。

下横梁钢筋同截面施工

虑无不周　塔式起重机选型和现场布置

塔式起重机选型和现场布置对索塔施工影响甚大,它决定了索塔的施工速度、最大起吊重量、0号块钢箱梁支架搭设时间等。NT4索塔横向最大宽度为40.3m,且单个塔肢独立构成一个工作面,根据索塔现场施工需要,左右塔肢需各布置1台塔式起重机。受最重钢锚梁及钢牛腿17t吊装工况控制,塔式起重机起重力矩需不小于500kN·m。

大塔式起重机选择布置在索塔中间还是外侧，涉及塔式起重机使用时间和租赁成本。布置在索塔中间时间短，索塔合龙即可拆除，成本低；布置在索塔外侧时间长，需要斜拉索安装完成方可拆除，成本高。2标技术团队综合考虑了塔式起重机拆除和0号块钢箱梁支架搭设的衔接影响，为了确保钢箱梁在2020年6月顺利合龙，规避大悬臂渡台风险，NT4索塔大塔式起重机（中联重科T600-25/32U）选择布置在了索塔侧面的海域，小塔式起重机（中联重科TCT7250）布置在承台索塔正面。这样，NT4索塔中塔柱合龙后，拆除小塔式起重机即可进行0号块钢箱梁支架搭设，上塔柱钢锚梁及钢牛腿由外侧的大塔式起重机负责安装。

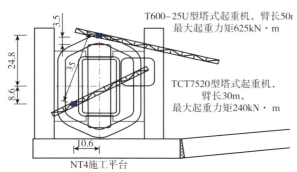

NT4索塔布置（尺寸单位：m）

2标NT4索塔塔式起重机的现场布置，大大减少上塔柱施工对钢箱梁架设的影响，0号块钢箱梁支架搭设和上塔柱施工可同时平行作业。通过塔式起重机的合理选型和布置，2标较其他标段提前5个索塔节段进行0号块支架搭设，节约关键线路工期60d。在NT4索塔未封顶情况下，2标率先全线完成首片钢箱梁的安装，为后续桥面吊机安装及调试争取了宝贵时间，确保了南通航孔桥钢箱梁按期合龙。

0号块支架搭设与首片钢箱梁安装

成本方面，大塔式起重机（T600-25/32U）比小塔式起重机（TCT7250）租赁费用多 7.4 万元 / 月；大塔式起重机布置在外侧，比布置在承台中间多 9 个月租赁期，仅额外增加成本 66.6 万元。

总结与思考

南通航孔桥通过索塔 6m 大节段划分、塔梁异步工艺、钢筋模块化、塔式起重机选型与合理布置等措施，NT4 索塔较工期节点提前两周完成，0 号块钢箱梁顺利安装，为南通航孔桥钢箱梁顺利架设和按期合龙打下了良好基础。

NT4 索塔施工前，充分考虑了液压爬模 6m 大节段及塔梁异步施工的难度及施工风险，经过仔细研究，精心组织，采取了多项精细化施工措施规避了施工风险，保证了各道工序的施工质量，无安全事故发生。实践证明，NT4 索塔 6m 大节段划分与塔梁异步施工，下横梁钢筋模块化施工，合理地选择塔式起重机型号和现场布置，可极大提高索塔的施工速度，取得了良好的经济效益和社会效益，可为类似桥梁工程施工提供借鉴参考。

踏浪而行　助力海上施工
——海域斜拉桥独立钢栈桥及钢平台规划评议

中国建筑股份有限公司

南通航孔桥为双塔双索面钢箱梁斜拉桥，跨度组合为74m+106m+390m+106m+74m，全长750m，由两座索塔、两座辅助墩、两座过渡墩组成。南通航孔桥由2家单位共同参与建设，第DSSG01标段（以下简称1标，包含NT1过渡墩、NT2辅助墩、NT3索塔以及27个钢箱梁段和相关附属）；第DSSG02标段（以下简称2标，包含NT4索塔、NT5辅助墩、NT6过渡墩以及28个钢箱梁段和相关附属）。2标由中国建筑股份有限公司承建。

2标南通航孔桥共有38根3.2~2.8m变径钻孔灌注桩，桩长111~119m；承台采用永久防撞钢套箱施工，主墩承台尺寸为41.66m×28m×6m；索塔为钻石型混凝土塔身，塔高152m；混凝土总量约为61000m³。

南通航孔桥钢栈桥及钢平台布置图

保障通航　NT4独立钢栈桥及钢平台方案确定

2017年9月初，接到项目中标通知书后，2标项目团队火速集合，立即奔赴舟山开展前期准备工作，摆在他们面前的首要难题是，如何快速完善南通航孔桥的钢栈桥及钢平台方案，为钻孔灌注桩基础施工提供作业平台。在第一次钢栈桥及钢平台方案讨论会上，建设指挥部常务副指挥长吴波明提出总体要求："要在苍茫的大海上架起飞虹，保证桥梁安全、高质量、高效率的实施，成就百年品质工程，每一步都要像走钢丝一样，始终保持战战兢兢、如履薄冰的态度，做好钢栈桥及钢平台的规划设计是第一步，一定要迈得稳、迈得准、迈得快。"

南通航孔桥桥址位于浙江东南沿海灰鳖洋海域，海水水深10.70~12.94m，NT3索塔距陆地为730m，NT4索塔距陆地为1120m。2座索塔和陆地的距离都不大，钢栈桥及钢平台规划可考虑两种方案：第一种方案是将航道临时改移，将钢栈桥拉通至岸边，采用全栈桥法施工；第二种方案是保留航道，近岛侧钢栈桥拉通至岸边，采用全栈桥法施工，远岛侧设置独立钢栈桥及钢平台，采用船舶配合施工。

2 标项目团队和指挥部、海事部门充分沟通后，掌握到舟岱大桥批复的《施工通航安全保障方案》中关于临时通航孔的具体要求：南通航孔桥跨越的长白西航道，施工期必须保留 325m 临时通航孔，以保证 1 万吨级杂货轮和 1 万吨级油船等代表船舶的通行角度和会船距离，确保船舶顺利通行。为了保障船舶通航安全，2 标项目部迅速决策，选择了第二种方案，采取独立钢栈桥及钢平台建设方案。

面面俱到　独立钢栈桥及钢平台设计规划

2 标南通航孔桥独立钢栈桥及钢平台设计使用寿命 3 年，考虑桥址区 20 年一遇高潮水位 +3.09m、20 年一遇有效波高 2.56m 等参数，为避免台风、浪涌对临时设施造成破坏，2 标南通航孔桥独立钢栈桥及钢平台贝雷梁结构底高程设计为 +5.7m，桥面板顶高程设计为 +7.5m。

为满足据南通航孔桥施工需求，2 标独立钢栈桥及钢平台划分为六个功能区：主栈桥、支栈桥、钢平台、海上拌和站、工人生活区、靠船平台。

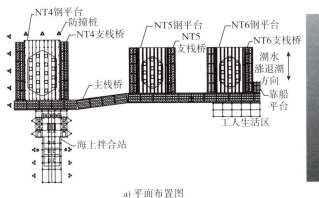
a) 平面布置图

b) 现场施工图

2 标钢栈桥及钢平台示意图

（1）主栈桥：用于连接 NT4、NT5、NT6 钢平台和搅拌站平台，用于钢筋、混凝土等运输。宽 9m，每跨 12m；采用 800kN 履带式起重机 +200kN 吊重荷载设计。

（2）支栈桥：为桩基、承台、索塔及墩柱施工提供作业空间，包括钢筋、模板吊装、混凝土灌注等。宽 8m，每跨 9m；采用 1300kN 履带式起重机 +450kN 吊重荷载设计。

（3）钢平台：采用永久钢护筒作为主要承力结构，打设临时钢管桩辅助承力，用于 3.2~2.8m 大直径钻孔灌注桩施工。承担 KTY4000 气举反循环回旋钻机作业荷载，承担 1300kN 履带式起重机 +450kN 吊重荷载。

（4）海上拌和站：海上混凝土供应有两种方法。第一是拌和船供应，第二是搭设海上拌和站供应。通过方案必选，海上拌和站方案更经济，比拌和船供应节省约893.3万元，且混凝土供应不受大风、大浪的影响。2标项目部在海上建设了2座HZS120海上混凝土拌和站，生产工效不小于80m³/h，最大单次供应能力为1000m³，满足了单根3.2~2.8m大直径钻孔灌注桩浇筑需求。

（5）工人生活区：设置于海上拌和站及NT6钢栈桥外侧，满足工人休息、吃饭、洗漱、洗澡、娱乐等功能需求。

（6）靠船平台：技术人员十分注重与船长的沟通，靠船平台方向的选择充满了智慧和结晶。如果靠船平台与潮水涨潮和落潮方向垂直，顺潮水时，会加大靠船速度，使船身猛烈撞击靠船桩，造成安全隐患；逆潮水时，船身横向动力不足，不能离开靠船平台，只能等潮水变向，影响使用效率。所以靠船平台设计时要选择平行于潮水涨落潮方向，这样，潮水就既不会给船舶施加横向力，也不会影响船舶的正常停靠和撤离。

永临结合　永久钢护筒参与钢平台受力

钻孔钢平台是最重要的临时受力结构之一，承担KTY4000气举反循环回旋钻机（最大1700kN作业荷载）及1300kN履带式起重机+450kN吊重荷载，该结构的安全、合理性能直接决定海上桩基施工的成败和成本控制的效果。

根据桥址区的施工条件，2标技术人员对两种可行方案进行了分析对比。第一种是打桩船插打临时钢管桩，利用钢管桩承重，形成钢平台，然后下沉永久钢护筒进行桩基施工的方案；第二种是利用打桩船插打永久钢护筒及临时钢管桩，钢护筒及钢管桩共同受力，形成钢平台的方案。

两种方案的区分在于永久钢护筒参不参与受力，永久钢护筒直径3.2m，壁厚28mm，底高程-46.0m，入海床深度大于33m。经详细研究地勘资料，南通航孔桥桥址区覆盖层以淤泥质粉质黏土、粉质黏土为主，厚度超过80m，基岩为晶屑凝灰岩，不存在软弱层、溶洞等不良地质，地质条件优良。经计算，单根永久钢护筒轴向受压承载力特征值为11628kN，作用在单根永久钢护筒上的KTY4000气举反循环回旋钻机及130t履带式起重机工作荷载仅约为3500kN，可以让永久钢护筒参与平台受力。

2标最终钢平台方案设计时在永久钢护筒侧面焊接了承重牛腿，采用双拼HN700×300型钢作为主承重梁，采用HN500×200型钢@90cm作为次梁；钢护筒永临结合的设计，可减少φ820×12mm螺旋钢管桩80根，节约用钢量约700t；螺旋钢管桩采购均价5200元/t（摊销60%），搭设及拆除专业分包1350元/t，共计节约施工成本312.9万元。

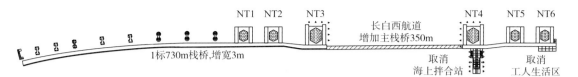

全栈桥方案示意图

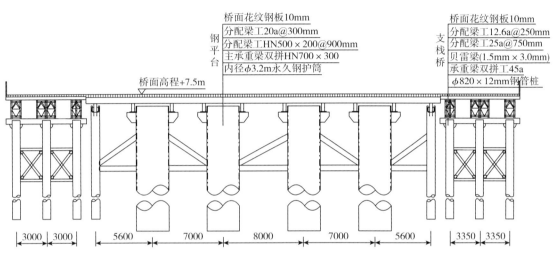

2 标 NT4 主墩钢平台示意图（尺寸单位：mm）

南通航孔桥混凝土供应方案对比

方 案	子 项	说 明	数 量	单 价	金 额（万元）
拌和船	钻孔灌注桩	（1）拌和船含燃油租赁单价75万/月； （2）桩基混凝土≥800m³/根，拌和船供应能力≤550m³/艘，需2艘拌和船同时供应； （3）钻孔灌注桩施工工期6个月	2艘	75万元/月	+900.0
	承台	（1）承台单次最大浇筑方量2500m³，拌和船供应能力≤550m³/艘，需2艘拌和船同时供应并安排补给船补料； （2）承台施工工期4个月	2艘	75万元/月	+600.0
	索塔	（1）索塔最大单次浇筑方量520m³，采用1艘拌和船供应； （2）索塔施工工期14个月	1艘	75万元/月	+1020.0
	小计	—		—	+2520.0

续上表

方案	子项	说明	数量	单价	金额（万元）
海上拌和站	平台搭设	（1）搭设平台面积2660m²，用钢量2100t； （2）平台钢材采购均价5200元/t（摊销60%）； （3）平台搭设及拆除专业分包1350元/t	2100t	4470元/t	+938.7
海上拌和站	拌和站建设	（1）2×HZS120拌和站采购	2座	210万元/座	+420.0
海上拌和站	拌和站建设	（2）2×HZS120拌和站安装、调试	2座	40万元/座	+80.0
海上拌和站	拌和站建设	（3）2×HZS120拌和站拆除	2座	20万元/座	+40.0
海上拌和站	混凝土生产	（1）操作手2人，24个月	2人	1元/月	+48.0
海上拌和站	混凝土生产	（2）地泵2台，10个月	2台	5万元/月	+100.0
海上拌和站	小计	—	—	—	+1626.7

注：海上拌和站更方便、快捷，比拌和船节省约893.3万元，推荐采用海上拌和站方案。

常备不怠　全栈桥和独立钢栈桥及钢平台方案比选

项目前期，若《施工通航安全保障方案》评审批复意见，同意临时通航孔可以改移，则可将2标钢栈桥与1标钢栈桥相连，采用全栈桥方案，并将1标的730m钢栈桥加宽3m，作为交叉施工的保障措施，这样2标的施工组织将更为便利，海上拌和站也可以改为陆地建站，混凝土供应更快速、经济。现将全栈桥、独立钢栈桥及钢平台两种方案进行综合分析，可作为后续跨海大桥施工的借鉴。

全栈桥和独立钢栈桥及钢平台方案对比表

项目	说明	造价（万元）
主栈桥	（1）1标段栈桥长730m，增宽3m，增加面积2190m²； （2）航道宽390m，增设栈桥350m，宽9m，增加面积3150m²； （3）合计增加面积5340m²，550kg/m²，增加用钢量2937t； （4）钢材采购均价5200元/t（摊销60%）；搭设及拆除专业分包1350元/t；主栈桥钢材摊销及施工单价为4470元/t	+1312.8
支栈桥	结构不变	+0.0

续上表

项	目	说 明	造价（万元）
钢平台		结构不变	+0.0
拌和站	陆地临建	（1）占地10亩，1.5万/亩/年，租期2.5年，增加租赁费37.5万元； （2）增加陆地拌和站场地、水、电等临时设施建设，总额300万元	+337.5
拌和站	海上平台	（1）取消海上拌和站，减少平台面积2660m²，用钢量2100t； （2）同主栈桥，钢材摊销及施工单价为4470元/t	−938.7
拌和站	材料转运	（1）混凝土总量约为6.1万m³，共需原材料约14.0万t； （2）海运比陆运贵15元/t	−210.0
工人生活区		（1）取消平台工人生活区，节约集装箱房35万元； （2）取消平台工人生活区，减少平台面积1200m²，根据每平方米用钢量为450kg测算，总计减少用钢量540t；同主栈桥，钢材摊销及施工单价为4470元/t	−276.4
施工用电		（1）柴油发电机采购和工业用电变压器配置费用持平； （2）由发电机供电变成接入工业用电，可节约柴油消耗约550万元	−550.0
运输	通勤及陆运	增加1辆小客，1.5万元/月，2辆货车，3.5万元/月，租期2.5年，增加租赁费255万元	+255.0
运输	交通船	节约1艘交通船，15万元/月，租期2.5年，减少租赁费450万元	−450.0
运输	运输船	节约1艘运输船，25万元/月，租期2.5年，减少租赁费750万元	−750.0
合计		—	−1269.8

综上分析可知，2标南通航孔桥若采用全栈桥法施工，可节省成本约1269.8万元，同时施工组织将更加便利、快捷。后续类似跨海大桥施工时，在主航道可以临时改移的条件下，推荐采用全栈桥法施工，该方法工期、成本更可控，同时降低了施工难度和施工风险。

总结与思考

2标南通航孔桥采用独立钢栈桥及钢平台方案，分区合理、功能齐全，有效利用了永久钢护筒承重搭建钢平台，克服了灰鳖洋海域恶劣环境的不良影响，圆满完成了南通航孔桥的建设任务，且较好地控制了施工成本。同时，通过全栈桥和独立钢栈桥及钢平台方案对比，全栈桥方案施工风险小、有利于降低施工组织难度，且成本优势比较明显，若项目前期各方策划充分，航道临时改移方案合理可行，与陆地距离适宜的通航孔桥更推荐采用全栈桥法施工。

标准化设计　装配化施工
——长白互通下部结构设计与施工思考

中国建筑股份有限公司

目前，中国跨海大桥建设蓬勃发展，除刚建完通车的珠港澳大桥、平潭大桥外，正在建设的有深中通道、舟岱大桥，马上启动的有杭州湾跨海铁路大桥、甬舟铁路大桥、六横大桥等项目。作为跨海大桥连接各岛屿的核心枢纽，海上互通工程也越来越多，作为全国第四座海上互通立交——舟岱大桥长白互通工程，是目前国内装配化程度最高、结构形式最复杂的大型海上互通立交桥，由中国建筑股份有限公司宁波舟山港主通道第DSSG02标段（以下简称2标）组织实施。

长白互通由A~F六条匝道组成，最小匝道转弯半径65m；除近岛段外，下部结构为钢管桩基础+现浇承台+现浇墩身，共有98个海域承台、100个海域墩身。海域承台分为哑铃形、圆形、矩形三种结构形式，采用水上可拆除底板钢吊箱施工工艺；海域墩身分为方柱墩身、变截面矩形墩身、曲线花瓶墩身三种结构形式，最大高度26.0m，采用翻模分节现场浇筑工艺。

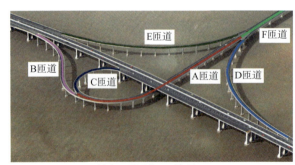
长白互通匝道BIM模型

长白互通现场照片

长白互通示意图

规圆矩方　长白互通承台及墩身标准化设计建议

2标项目部在施工过程中，发现长白互通下部结构如果能减少一些规格尺寸，将更有利于现场的标准化管理，提高实体质量，降低施工成本。

长白互通共有98个海域承台,分为哑铃形、圆形、矩形三种结构形式,7种结构尺寸,有些结构尺寸数量很少,不便于钢吊箱配置,实际施工共配置12套钢吊箱,重740t(7500元/t),采购成本555万元。

如果哑铃形承台优化为1种规格,则吊箱不用改造;圆形承台优化为2种规格,则只需配置5套吊箱;矩形承台局部尺寸优化统一,根据矩形承台前后衔接顺序,则只需配置3.5套吊箱。承台优化后可节约2.5套钢吊箱投入,减少180t,减少采购成本135万元。优化后,长白互通海域承台钢筋增加56t(6500元/t),混凝土增加380m³(2500元/m³),合计增加工程造价131.4万元。

DSSG02标段长白互通海域承台一览表

结构	图示	数量	原设计		调整后	
			原设计结构尺寸(m)	投入钢吊箱	调整后结构尺寸(m)	投入钢吊箱
哑铃形		1个	20.895×8.5×3	1套 (需局部改造)	21.5×8.5×3	1套
		1个	21.5×8.5×3			
圆形	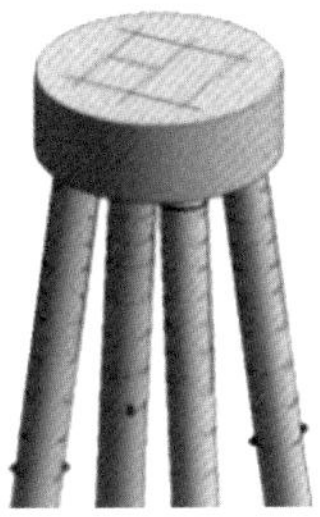	27个	φ8.5×3	3套	φ8.5×3	3套
		18个	φ9.0×3	2套	φ9.4×3	2套
		2个	φ9.4×3	1套		
矩形		32个	7.4×4.2×3	3套	7.4×4.2×3	2套
		17个	7.2×7×2.8	2套	7.4×7.0×2.8	1.5套
合计	—	98个	7种结构尺寸	12套	5种结构尺寸	9.5套

长白互通共有100个海域墩身,分为方柱墩身、变截面矩形墩身、曲线花瓶墩身三种结构形式,13种结构尺寸。2标项目部技术人员对所有墩身类型、结构尺寸、结构特点进行了全面分析和搭配,通过将墩身浇筑节段合理划分和模板分块制作,弧形模板通

用设计，直线模板拆卸组合等措施，最终实际投入 20 套墩身模板，重 800t（7800 元 /t），采购成本 624 万元。

DSSG02 标段长白互通海域墩身一览表

结构	图示	数量	原设计		调整后	
			原设计结构尺寸（m）	投入模板	调整后结构尺寸（m）	投入模板
方柱墩身	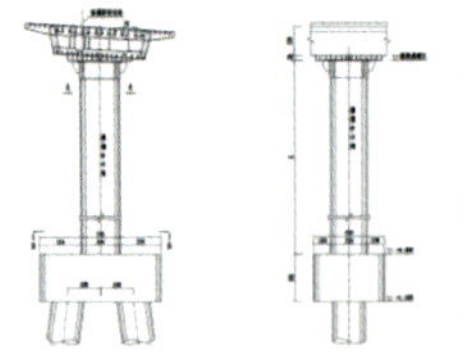	26 个	2.2×2.4	4.5 套	2.2×2.4	3.5 套
		6 个	2.0×2.4			
		2 个	2.2×3.0		2.2×3.0	
变截面矩形墩身	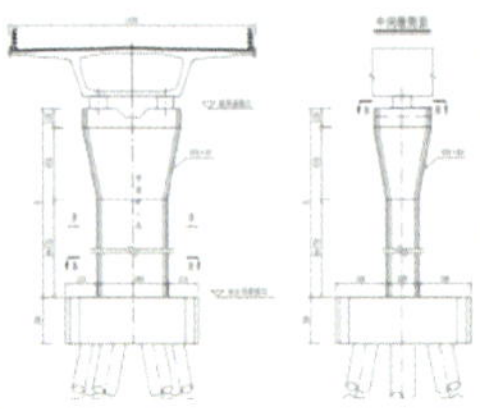	35 个	2.2×2.4 变 3.8×6.7（直线折角，4.5×0.95）	3 套	2.2×2.4 变 3.8×6.7（半径 9.62/30.3，双曲线）	3 套
曲线花瓶墩身	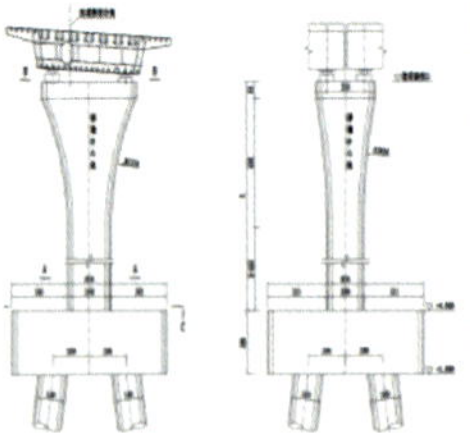	7 个	2×4 变 2×8.2（半径 9.62，单曲线）	10 套	2.2×4.6 变 2×8.8（半径 9.62，单曲线）	6 套
		3 个	2×4.6 变 2×8.8（半径 9.62，单曲线）			
		1 个	2×5.8 变 2×10（半径 9.62，单曲线）		2.2×5.8 变 2.2×10（半径 9.62，单曲线）	
		1 个	2.2×4 变 2.2×8.2（半径 9.62，单曲线）			
		2 个	2×4 变 3.2×8.2（半径 9.62/30.3，双曲线）		2.4×4.6 变 3.6×8.8（半径 9.62/30.3，双曲线）	
		2 个	2×4.6 变 3.2×8.8（半径 9.62/30.3，双曲线）			
		1 个	2.4×4 变 3.6×8.2（半径 9.62/30.3，双曲线）			
		12 个	2.0×2.4 变 3.2×5.2（半径 13.56/30.3，双曲线）	2.5 套	2.4×2.4 变 3.6×5.2（半径 13.56/30.3，双曲线）	1 套
		2 个	2.4×2.4 变 3.6×5.2（半径 13.56/30.3，双曲线）			
合计	—	100 个	13 种结构尺寸	20 套	7 种结构尺寸	13.5 套

如果方柱墩身优化为 2 种规格，则只需配置 3.5 套模板；变截面矩形墩身和曲线花瓶墩身统一为曲线花瓶墩身，优化为 5 种规格，则只需配置 10 套模板。墩身优化后可节约 6.5 套墩身模板投入，减少 260t，减少采购成本 202.8 万元。

优化后，长白互通海域墩身钢筋增加98t（6800元/t），混凝土增加650m³（3200元/m³），合计增加工程造价274.6万元。

承台和墩身结构尺寸的多样性，导致钢筋直径、转弯半径及弧长变化较多，不利于钢筋的标准加工和安装。各种模板组合困难，匹配件太多，模板合模时间长，且合模后容易发生错台、漏浆等质量隐患，严重影响了工程施工工效和实体质量；同时，由于承台钢吊箱、墩身模板配置数量较多，海上存放空间有限，2标额外增加了1艘运输驳船用于模板中转、存放及拼装，运输驳船租赁费25万元/月，工期27个月，额外增加了船舶费用675万元。

承台和墩身结构尺寸统一优化后，虽然增加了部分工程造价，但有利于钢筋和模板等工序的工厂化、装配化及施工船舶的配套组织，提高劳动生产率，加快长白互通建设进度；有利于减少疏漏，提高工程实体质量；有利于节约建设材料，降低工程造价，提高经济效益。

长白互通下部结构施工照片

化繁为简　墩身装配化设计思考

长白互通墩身采用无栈桥法、船舶配合、翻模分节现场浇筑工艺。在长白互通墩身施工过程中，受潮汐、浪涌、大风、附近通行船舶等因素影响，浮式起重机的吊钩正常晃动量达30~80cm，导致墩身钢筋的节段预制、节段安装工艺试验达不到标准要求，只能采用现场绑扎工艺，效率低下；墩身模板安装定位、校正、拆除非常困难，且存在很大的高空作业安全风险；单个墩身节段平均工期超过7d，墩身总体工期很难保证。

无栈桥法海域墩身施工工艺对比表

结构	现浇墩身	预制墩身	钢壳组合墩身
图示			
配置	浮式起重机、拖轮、搅拌船运输船、交通船、钢模板	浮式起重机、拖轮、运输船交通船、张拉压浆设备	浮式起重机、拖轮、搅拌船运输船、交通船
工期	7d/节段	3d/节段	4d/节段
质量	可控	可控	可控，后期钢结构维护成本高
安全	现场作业人员多、工序复杂，时间长；存在很大的高空作业安全隐患	配套可拆除平台及梯笼，现场作业人员少，工序简单，时间短；高空作业的安全风险较低	配套可拆除平台及梯笼，工人在墩身内部作业，作业人员、工序、时间适中；高空作业的安全风险较低
成本	按 2m×4m 矩形截面，9m/节段，1.5 万 m³；投入 4 艘小浮式起重机、1 艘拖轮、1 艘搅拌船、2 艘运输船、2 艘交通船；单月按完成 16 个节段直接成本统计	按 2m×4m 矩形截面，9m/节段，1.5 万 m³，210 个节段；投入 1 艘中型浮吊、1 艘小型浮式起重机、1 艘拖轮、1 艘运输船、2 艘交通船；单月按预制 30 个节段、海上安装 20 个节段直接成本统计	按 2m×4m 矩形截面，9m/节段，1.5 万 m³，210 个节段；投入 3 艘小浮式起重机、1 艘拖轮、1 艘搅拌船、1 艘运输船、2 艘交通船；单月按完成 22 个节段直接成本统计

现浇墩身成本明细

子项		数量	单价	金额（万元/节）
人工	现场	60 人	280 元/d	3.2
材料	钢筋	14t	7000 元/t	9.8
材料	混凝土	72m³	600 元/m³	4.3
材料	钢模板	1t	7800 元/t	0.8
材料	海上工装	0.3t	7800 元/t	0.2
机械	小浮式起重机	4 艘	35 万元/月	8.8
机械	拖轮	1 艘	35 万元/月	2.2
机械	搅拌船	1 艘	75 万元/月	4.7
机械	运输船	2 艘	25 万元/月	3.1
机械	交通船	2 艘	15 万元/月	1.9
小计		—		39.0
成本合计				8190.0

预制墩身成本明细

子项		数量	单价	金额（万元/节）
	预制场建设（含拌和站、胎膜）	1 座	1000 万元	4.8
人工	梁场	50 人	280 元/d	1.4
人工	现场	20 人	280 元/d	0.8
材料	钢筋	14t	7000 元/t	9.8
材料	混凝土	72m³	600 元/m³	4.3
材料	海上工装	0.3t	7800 元/t	0.5
材料	连接装置	1 套	万元/节	0.5
机械	陆运	1 节	2.0 万元/节	2.0
机械	中浮式起重机	1 艘	55 万元/月	2.8
机械	小浮式起重机	1 艘	35 万元/月	1.8
机械	拖轮	1 艘	35 万元/月	1.8
机械	运输船	1 艘	25 万元/月	1.3
机械	交通船	2 艘	15 万元/月	1.5
小计		—		33.0
成本合计				6930.0

钢壳组合墩身成本明细

子项		数量	单价	金额（万元/节）
	钢壳（专业厂家制造运输及安装）	10t	1.2 万元/t	12.0
人工	现场	30 人	280 元/d	1.1
材料	钢筋	8t	7000 元/t	5.6
材料	混凝土	72m³	600 元/m³	4.3
材料	海上工装	0.3t	7800 元/t	0.2
机械	小浮式起重机	3 艘	35 万元/月	4.8
机械	拖轮	1 艘	35 万元/月	1.6
机械	搅拌船	1 艘	75 万元/月	3.4
机械	运输船	1 艘	25 万元/月	1.1
机械	交通船	2 艘	15 万元/月	1.4
小计		—		35.5
成本合计				7455.0

意见	—	推荐	推荐

借鉴长白互通海域墩身现浇工艺施工经验与教训，建议后期的无栈桥法海域墩身采用预制墩身或钢壳组合墩身设计方案。现对三种方案进行比较，以期对后续类似的工程设计与施工能有所启发。

按 2m×4m 矩形截面，9m/节段，1.5 万 m^3，210 个节段；投入 1 艘中型浮式起重机、1 艘小型浮式起重机，1 艘拖轮、1 艘运输船、2 艘交通船；单月按预制 30 个节段，海上安装 20 个节段直接成本统计。

按 2m×4m 矩形截面，9m/节段，1.5 万 m^3，210 个节段；投入 3 艘小浮式起重机、1 艘拖轮、1 艘搅拌船、1 艘运输船、2 艘交通船；单月按完成 22 个节段直接成本统计。

综上分析可知，预制墩身、钢壳组合墩身施工成本均比现浇墩身成本低，且工期、质量可控，同时有效降低了海上施工难度和施工风险，故无栈桥法海域墩身推荐采用预制墩身或钢壳组合墩身施工工艺。若海域墩身设计统一、结构类型少、标准节段数量多，此时预制厂建设投入低，成本可控，推荐采用预制墩身工艺；若海域墩身设计复杂，异型结构众多，推荐采用钢壳组合墩身工艺，减少临建投入。

设计标准化是桥梁工业化建设的前提条件，是基于产品"共性多、通用性强"的特点，可采用尽可能统一的模具制作，并通过一定方式连接成为整体。依托新型建筑工业化管理理念，以"海上作业工序减到最少，海上作业时间减到最短，海上作业时间减到最少"——"三减少"为指导思想，以设计标准化为抓手，以工厂化生产、装配化施工为主要生产方式，可有效提高施工工效和工程质量，实现跨海桥梁快速建造，有效解决海上施工管控风险。

舟岱大桥 3 标

节约时间就是提高效益
——装配化施工平台的价值

中交路桥建设有限公司

时间紧任务重，装配化为优解

海上桥梁施工常搭设桩式钢平台，作为后续施工场地，因其属于临时结构，且在一般项目中所占建设费用比例较低，因此在以往国内大型桥梁建设中，并未对其快速施工开展专项技术研究。主通航孔桥单个标段合同额约15.85亿元，根据项目前期费用预测，开展海上平台搭设施工费用约1.2亿元，占比7.6%，所占比重较大，且平台搭设工期控制将直接关系到海上施工成本，因此对其展开快速化施工技术研究就变得极为必要。

宁波舟山港主通道主通航孔桥是全桥跨度最大的通航孔桥，亦为全线的控制性工程。主通航孔桥为三塔整幅钢箱梁斜拉桥，桥跨布置为78m+187m+550m+550m+187m+78m=1630m。满足10万吨级油轮通航条件，是目前世界上最大跨径的三塔钢箱梁海上斜拉桥。

主通道项目施工受到环境的巨大制约，施工海域浪高水深，潮差大，水流流速快。7—9月为台风期，平均每年2.5个台风，11月下旬至来年2月上旬为季风期，最大风速56.1m/s，全年有效作业时间不足200d。

主通航孔桥效果图

自项目2017年9月进场，于2017年12月开始平台搭设作业，为避免台风对后续钢箱梁大悬臂施工的影响，全桥需在2020年7月之前完成合龙施工，否则全桥在钢箱梁大悬臂状态下遭遇台风，其安全性无法得到保证。由于主桥桩基、承台、索塔及钢箱梁架设施工周期较为固定，极难从中节省出额外工期。因此，为保证全桥在台风期来临前顺利合龙，如何缩短前期的平台搭设施工时间就变得极为重要，经过工期倒排，需在2018年1月底前需完成首个主墩平台搭设作业并开展桩基钻孔作业，首个平台搭设总工期不足60d。

在项目进场时期,指挥部常务副指挥吴波明同志强调:"若要在复杂海域环境下确保平台施工能够安全、快速地完成搭设作业,就必须要办到:海上作业工序减到最少、海上作业时间减到最短、海上作业人数减到最少。"因此,能否实现平台"装配化"施工,是保证首个主墩平台在1月底前投入使用、确保主线施工工期及施工安全的关键。

海上主墩平台搭设窗口工期为2017年12月—2018年3月,正处于冬季季风期,受季风影响,平台施工期间,月有效作业时间不足15d,总有效作业时间不到50d,首个主墩平台需在季风期60d内(总工期)将平台下部结构中116根钢管桩和桩基29根钢护筒震设到位,并将4650m^2上部钢结构搭设完成并投入使用。

通过对国内外海域桥梁平台装配化调研,关于钢平台的"装配化"施工技术研究甚少。主要原因为结构形式多样,标准化设计难度大,资源配置不统一,无相关标准规范供参考。在海域桥梁施工中无同类型工程案例参考,主通航孔孔桥施工海域泥面以上桩长超过20m,单桩稳定性差,单桩时受风浪影响下顶部晃动幅度接近1m,对施工时的平联焊接及平台整体受力造成不利影响。此外,由于本工程位于主通航孔处,过往船只多、吨位最大近20万t,通过大桥主通航的船舶以货船、油船和危险品船为主,对施工船舶影响较大。同时本标段施工海域分布2条海底军用缆线,属于本标段重点保护设施。一旦发生抛锚击中光缆,或走锚刮蹭光缆,均有可能损坏光缆,钢平台装配化施工将成为解决以上问题的最优方案。极尽可能地缩减平台施工工期,将大大地缩减施工风险。

灵活技术应用,保障光缆安全

项目部从海事部门得知,项目施工海域有两处军事光缆从3号、4号施工平台中间穿过。在此之前,项目施工从未在有海底光缆的水域开展过施工作业,没有任何应对经验,这两条军事光缆的出现让项目部管理人员措手不及。而海上施工平台一旦开始搭设,打桩船、货船、运输船施工船舶总数接近20艘,会频繁进出施工现场协助平台的搭设施工,如果不小心在抛锚起锚时刮坏军事光缆,不仅会对国家的国防事业造成极大的破坏,同时也会使工期和经济成本受到非常大的影响。

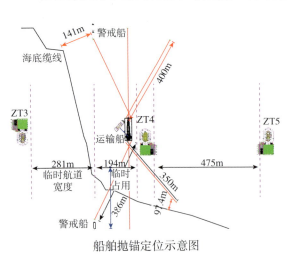

船舶抛锚定位示意图

对此，指挥部蒋强副指挥在安全专项会议上作出明确要求："军事光缆对国防建设具有重要意义，在施工全过程中项目部必须做好对船舶及海底光缆的全过程监控，采取措施防止船舶起、抛锚对军事光缆产生任何破坏及刮蹭等不利干扰。"

针对目前不利的局面，项目部明确提出：如果想要避免船舶起抛锚对光缆产生破坏，首先就需要弄清光缆的具体位置，项目部引入专业团队对光缆位置完成准确摸排，但接踵而来的；另一个问题便是在海域施工环境中，在无任何参照物的情况下进行抛锚作业，施工人员仍然不能准确判断光缆和锚的相对位置。为此，项目部专门在每条施工船舶上安装GPS抛锚定位软件，该系统能够在船舶扫海的同时将扫海的数据结果输入抛锚艇的计算机系统，并以点、线的形式在频幕上显示出来，这样光缆与船舶的相对位置对于船舶操作人员就变得清晰可见。

平台施工船舶图

在随后的实际施工过程中，项目部发现，由于前期没有任何针对抛锚施工精度控制的操作规程，且项目处在建设初期，现场管理较为散漫、抛锚艇抛锚位置极为随意。部分船舶抛锚位置距光缆仅有二三十米，在施工海域波浪、潮汐相互作用下，船锚的位置会发生移动，同样会对光缆产生破坏。为此，项目部作出硬性要求：抛锚艇必须以"锚缆跨越缆线的长度必须大于80m；未跨越电缆的，离开缆线不小于50m"为标准进行定位抛锚，辅以项目锚艇所配备的"GPS抛锚定位技术"，确保抛锚位置的准确性。同时，船只抛锚还要考虑对通航的影响，各锚缆布置点设置浮标。借助以上措施，项目部在整个平台施工期间，施工船舶未对军事光缆产生任何破坏事件。

平联组合化，安全又质优

在以往常规水上平台搭设中，桩身与桩身之间的平联常采用现场分节焊接的形式。本项目由于主墩平台结构尺寸大（长103m，宽45m）、平联结构多（约150处），且施工区域处与海域，若采用常规平联施工方案，单个主墩平台平联焊接就至少需要10d，且水上施工安全性得不到保障。

与河流、湖泊的施工环境相比，主通道项目受海浪及涨落潮的影响，施工海域潮差最大约3m，在潮湿环境下平联的焊接施工难度大、危险性高，人员暴露在风浪环境下的施工时间长，一旦遭遇较大风浪，平联管甚至是施工人员极易掉入海中。因此，如何避免安全事故的发生，是平联施工时亟须解决的问题。

项目部针对本项目施工海域的不利情况，在项目进场后便展开实地调研，并且借鉴本公司之前在飞云江跨海大桥的施工经验，改变以往现场逐根焊接的平联施工方法，提出先在后场预制焊接成整体，再运往现场进行整个平联焊接。采用"工"字形平联，使现场焊接接头由6个减少为4个，减少现场作业量30%以上，3个主墩平台的平联管迅速完成了预制、运输、现场焊接的工作，且保证了整个施工过程中工人的安全性，整个平台的结构强度也满足实际使用要求。

平联预制加工、运输图

平联由上下两层平联管及竖向连接管组成，将下层平联管设置在低潮位以上1.5m左右位置。涨潮时，先将上层平联管焊接固定（管端全部焊接）；等到落潮时，一旦具备焊接下层平联管的条件，立即组织人员焊接下层平联管，形成流水作业，有效避免了潮水涨落对平联焊接进度的影响，既保证了刚性联系的焊接作业时间需求，也达到了缩短单桩受压自由长度的目的，充分平衡施工进度、施工安全性及平台整体结构强度，同时有效减少现场焊接人员临水作业量及作业时间，提高现场施工的安全性。同时，工厂化焊接"工"字平联质量也更加有保障，增强了施工质量。

平联施工图

面板装配化,施工快又优

海上单个主墩平台面积约为4650m²,若是采用传统现场流水作业的施工方法,依次进行分配梁、面板的焊接工作,单个平台完成施工预计需50d。

而本项目施工进度极为紧张,需在2018年1月完成首个主墩平台搭设,平台搭设完成时间便是桩基开工时间,将直接影响到全线施工工期。

项目部针对国内各种施工平台进行了详细的调研和分析:在平台搭设作业方面,国内桥梁施工领域绝大部分采用现场散拼的施工方法,其主要优点是施工组织简单,只需后场简单下料,再通过现场加工进行尺寸及质量控制,但是其现场施工步骤多、工期长,并不适用于本项目。

面板预制、吊装图

本项目借鉴国内石油钻孔平台的模块化施工,以适用整体吊装及现场安装为原则分块划分,先对面板进行整体预制,在次承重梁安装就位后直接进行面板吊装,无需在现场焊接分配量与面板、仅需焊接分配梁与次承重梁间焊缝，可以减少现场约 70% 以上的焊接量，实际单个主墩平台上部结构搭设仅占用 15d 施工工期，较常规散拼作业减少约 8 天工作时间，大幅加快平台的施工进度。最终单个主墩平台结构在 30d 内（有效时间）全部完成并具备验收条件。同时，后场预制加工也平台的施工质量更加有保证。

新方向，好出路，优成效

在全施工过程中，借助于指挥部全过程提供施工海域气象、水文条件及海底光缆布置位置，让项目部在制定方案之时有所针对性；同时针对现场不利环境，共同制定"装配化施工"的思路，确定"工"字形平联以及"预制面板"的使用，极大提高了施工效率，大大缩减了工期，在保证安全质优的情况下，更加有效地节约了施工成本。

以 3 个主墩平台为例，平台施工于 2017 年 12 月 2 日开始，至 2018 年 3 月 5 日结束，实际施工天数仅 94d（总工期），有效作业时间约 50d，较常规工艺节省工期约 33d。在不增加资源投入的情况下，节约工期就是节约成本。平台搭设原计划投入资金 1.2 亿元，最终消耗资金约 1.05 亿元，仅平台装配化施工就给项目全投资节约费用约 1500 万元；且因施工场地的转换，保证了焊接质量，减少了返工的可能。

装配化施工平台在海域桥梁施工的应用属国内首例，在减少现场作业时间的同时，工艺细节得到优化，工艺水平得到了提高，焊接质量得到了保证，由于减少现场临水作业时间，有效保证了施工人员的安全。由此可见，装配化施工平台方案从时效性、安全性、经济性和社会影响力等方面均取得良好效果，将为未来此类固定式钢平台在海上快速搭建提供宝贵经验，打好前哨，我们将把"更好更快的发展思想"贯彻到底。

承台内外双保险，优化施工品质高

中交路桥建设有限公司

双层套箱有前景，实际应用好处多

随着我国工程建设的不断发展，跨越大江大河的桥梁也越来越多。自1976年上海黄浦江大桥采用钢套箱围堰进行基础施工以来，钢套箱在我国桥梁基础工程中的应用越来越广泛，南京长江三桥、润扬大桥、东海大桥、杭州湾大桥及苏通大桥等特大型桥梁的基础施工，均采用钢套箱围堰的结构形式。在沿海经济发达地区，由于大直径超长桩、群桩的设计越来越普遍，大体积承台应用越来越广泛，对通航孔桥承台防撞设施越来越关注。浙南沿海地区经济发达，船舶通航频繁，加上桥位附近码头、船坞的影响，对承台防撞要求更高，无论从桥梁美学还是从防撞性能方面考虑，防撞钢套箱均是首选方案。该方案已经在国内许多大型桥梁建设过程中被采用。由于原材料属性的原因，也注定钢套箱技术是一个必然的趋势。

钢套箱围堰施工图

如今，特大型桥梁对防撞钢套箱的防撞等级要求越来越高，常规单层防撞钢套箱已逐渐不能满足大型跨海大桥的防撞需求，故本工程在项目指挥部的指导下提出创新性的设计，首次在国内桥梁领域采用双层防撞钢套箱，增强其防撞效果，提升整体性能，并提出可分块拆卸更换的设计理念。双层防撞设施的设计综合考虑了重力、浮力、潮流力、波流力、船舶碰撞力等荷载。防撞结构允许有较大的变形，这样能吸收较多的能量，减少船舶和防撞结构的损坏。此外，本项目双层防撞套箱创新性增加拱形橡胶护舷，起到辅助防撞作用，有效减缓船舶与钢套箱撞损。橡胶护舷在吸收一定能量变形后，船撞力继续作用于钢套箱，钢套箱通过局部损坏，进一步降低船撞力，从而起到保护桥梁结构的目的。

主通航孔桥共计7个承台，均采用内外双层防撞钢套箱体系。以3个主墩承台为例，为整体式六边形承台，外轮廓尺寸为63m×40m（横向×纵向），内层钢套箱由侧板结构、底板桁架、内支撑系统、悬吊系统、反压系统、水平限位与精调系统组成，结构重量为1500t。

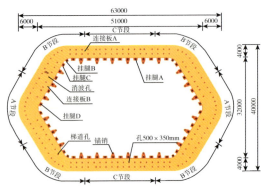

内层套箱结构图（尺寸单位：mm）

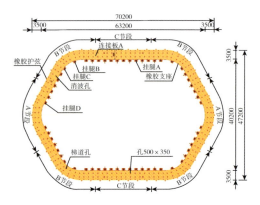

外层套箱结构图（尺寸单位：mm）

外层防撞套箱总长约70.2m、总宽为47.2m，高度为10.4m，结构重量为1100t，外层防撞钢套箱分为8个模块，通过螺栓与内层钢套箱逐块安装，在遭遇撞击损坏时可分块拆卸更换，节省维修成本，内外双层防撞钢套箱结构总重为2600t。

内外层套箱就位安装图

套箱结构自重大，PPU运输保安全

内层套箱为整体运输，自重为1500t，且体积巨大，常规车辆无法完成运输工作。而钢套箱加工场地距离出运码头运输距离约3km，大型浮式起重机及龙门式起重机无法在此情况下投入使用。在此以前，国内外从未有过双层防撞钢套箱施工先例，也从未有过单次运输、吊装重量达1500t的钢套箱施工先例，无同类型工程作参考借鉴，这也直接导致钢套箱安装作业刚进行到第一步就陷入了困境。

7月，舟山即将进入台风期，若防撞钢套箱无法在台风期外完成安装，并且在台风来临前需同步完成钢套箱安装到位并完成封底混凝土的浇筑作业，则钢套箱的运输、安装、封底混凝土施工均需安排在台风期结束之后，所造成的现场窝工将至少1个月的时间。

为此，在现场施工之前主通道项目指挥部常务副指挥吴波明同志专门同本项目部针对钢套箱的运输做过专项调研，本项目内层钢套箱尺寸接近63m×40m，常规的运输车不能满足运输的要求。但是，项目驻地附近的长宏国际造船厂内有一批PPU运输车，这些运输车的特点就是驾驶室位于装载板的下面，整个车辆顶面可以作为一个运输整体，而套箱结构底部较为平整，可以在套箱底部布置一批PPU运输车进行联合运输，可以达到1500t的运载量。项目部负责人与吴波明总指挥经过论证，遂决定采用PPU运输车方案。

PPU运输车

首个套箱下放图

随着PPU运输方案的实施，另一个问题随之浮现出来：单个钢套箱运输要同时采用8辆PPU运输车，那么在套箱上船的时候必然存在先后顺序，在一些运输车先压到驳船甲板上之后，而其余运输船还在岸上，船在受到偏载的时候就会向一侧倾倒，套箱整体结构将不再水平，有倾覆的危险性，会对我们的驳船和运输车的安全造成很大的影响。

针对上述问题，项目部结合驳船结构图、码头自然环境，确定将套箱上船时间选定在低平潮时，确保整个运输过程中驳船甲板高程不会发生大的变动，方便运输车上船。同时，选择尾部和首部压重仓可以进行排水和抽水压重的驳船，在套箱上船时，根据驳船甲板倾斜程度进行抽、排水，保持运输船甲板与码头岸上地面高程一致且纵倾度小于组合式模块车组的爬坡能力，确保整个移运过程的安全性。

精简指挥机构，增强指挥效率

在钢套箱安装过程中，共涉及平台拆除作业队、承台施工作业队、钢套箱加工、运输作业队及船舶作业人员等近十个作业队，参与工作队数量较多，同时各作业队之间存在作业面交叉及作业相互配合的问题，各作业队之间的协调及沟通是否顺畅将直接影响现场作业效率。

由于各个作业队在施工之时存在作业避让，造成自身窝工甚至导致工作冲突，但是各个工作队之间的工作又是紧密相关、环环相扣的，如何进行有效地施工管理，是项目部亟须解决的问题，也是目前我们项目管理人员最重要的协调任务。

项目部各主管部门根据不同的工作职责开展海上施工管理，其中质检部负责现场质量管理，工程部负责施工进度，物资部负责机械及材料的供应，每个部门负责各自职责范围内的任务，每个工作队均由多个项目管理人员进行对接，沟通起来非常烦琐。有时候工作队遇到了麻烦不知道该找哪个项目人员，或者嫌麻烦自己私下处理。防撞钢套箱安装作为风险极大的一项工作，如果在施工协调和指挥上出现混乱，将会直接影响到现场施工效率及施工安全性。这对这一现象，在项目指挥部常务副指挥吴波明同志的要求下项目部成立套箱施工指挥小组，由项目经理担任组长，所有水上施工的指挥及调度均由组长发布指令，精简指挥机构，以保证施工作业队收到的指令明确、清晰，减少现场施工沟通成本、避免现场施工混乱，严格按照项目施工指令进行施工。

现场施工遇险情，冷静指挥终化解

钢套箱从长宏国际码头出发，经3h运输，在当日下午18：00运至长白岛附近施工现场后，驳船立即抛出船锚进行船舶定位，等待钢套箱吊装时机的到来。

但是由于项目部管理人员前期没能足够重视海域施工的复杂性及难度，忽视了套箱自重较大、驳船驻泊困难的问题，运输驳船仅配备了5个2t的锚，而如果要在水深、浪高、潮急环境下保证驳船驻泊稳定，至少需要5个3t的锚。因此，在施工海域落潮影响下，即使运输驳船抛完所有锚，依旧不能保持位置稳定，反而随着潮水方向不断地缓慢移动，并在抛完锚接近1h的时间内移动了约100m的距离。

由于施工现场海底有两条军事光缆，若无法及时解决走锚问题，即便驳船驻驳位置距离施工区域较远，但在一整个落潮周期的影响下，依旧有对海底光缆产生危害的风险，一旦船锚对军事光缆产生破坏，必然会造成重大施工事故，对国防建设、工程进度、项目经济成本造成严重损害。

套箱就位安装图

在了解驳船走锚的现象后，项目部立即上报指挥部，指挥部常务副指挥吴波明同志针对实际的施工情况及资源配置做出决定：立即调用本标段及隔壁标段所配备的拖轮，从船尾顶住运输船，阻止运输船继续移动，防止船锚破坏光缆的可能。同时，调配警戒船到施工水域航道上下游各1000m位置，对过往船只发出警戒，避免发生船舶碰撞事故。

由于处置及时果断，走锚的风险在刚刚露出苗头的时候就被掐断了，但也让现场人员惊出了一身冷汗，同时，大家也更加清晰地认识到，施工安全无小事，尤其是与陆域施工相比，海域施工有着更多隐藏的危险，而且处理起来难度更大，稍有疏忽就可能对工程造成不可逆转的破坏。钢套箱起吊之后，项目部立即安排拖轮将涉事运输船拖离施工水域，并告诫现场所有管理人员将此次危机当作警示，避免此类型事件再次发生，更要时刻以如履薄冰的心态，全面细致地检查每一个施工环节，杜绝隐患的存在。将后续套箱施工中驳船锚的吨位增加到3t，提高船锚抓地力，确保驳船在潮水影响下能停泊就位。

悬吊反压相结合，套箱稳定又安全

由于海域施工环境复杂，水面高程会随着涨落潮发生变化，套箱底板面积近2000m^2，即便套箱底板并未全封闭，但套箱所受的浮力变化影响依旧相当大，水面在上升至最高处套箱所受最大浮力约为20000kN，不断变化的浮力必然导致钢套箱上下位移，若不对钢套箱进行竖向固定，在最不利情况下，套箱竖向位移接近35cm左右，对套箱施工时的安全性及安装精度均产生不利影响。

由于套箱选择在施工海域刚进入低平潮时进行下放，而低平潮持续时间仅为2h左右，若要避免钢套箱因为涨落潮而导致安装精度下降，就必须要保证在2h之内将套箱下放到位并在竖向位置进行固定。为此，项目部专门设计出一种"悬吊—反压"一体化系统，悬吊系统采用 H 型钢制成，吊杆与桁架上弦杆及套箱底板进行焊接连接，通过扁担梁架在钢护筒上。悬吊系统与底板桁架一同在后场预制加工，随钢套箱整体下放安装。

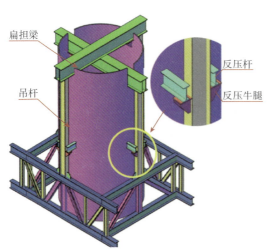

"悬吊—反压"系统图

反压系统由反压牛腿与反压杆两部分组成，其中反压牛腿直接焊接于悬吊杆上。反压杆采用短节工字钢，待钢套箱就位以后，立即将反压杆一端与钢护筒焊接牢固，另一端贴于反压牛腿上焊接牢固。由于"悬吊—反压"系统大部分均在后场进行预制加工，现场只需在套箱下放到位后将反压杆与钢护筒相焊接，单个护筒反压杆焊接长度约 1.6m，整个主墩套箱焊接长度约 46.4m，完全能够在一个低平潮周期内完成套箱的竖向固定工作，而在实际施工过程中也成功得到了应用，有效实现了套箱竖向固定工作。

限位精调一体化，平面精度有保障

套箱竖向固定的问题得到了解决，但是施工现场在涨落潮时往往伴随着速度约为 2.4m/s 的水流，套箱迎水面积接近 120m²，其所受水流力近 460kN。在水流力的作用下，无法依靠套箱自重保持套箱在平面位置的稳定，尤其是在吊装下方阶段，由于吊绳属于柔性结构，在受水平力的影响下，其安装精度难以得到保障。

针对这一不利条件，在套箱安装之前，项目技术人员便设计出一种套箱水平限位-精调一体化装置。水平限位与精调装置由支撑平台、支挡牛腿、支垫型钢、顶杆和千斤顶组成。顶杆在专业钢结构厂家加工制造，顶杆端头设置滚轴，防止对钢套箱精调和限位的过程中破坏防腐涂层。

在套箱安装前，提前将支撑平台固定于护筒内部，顶杆、千斤顶和支垫型钢存放在支撑平台上，以便套箱下放时，将顶杆顶出护筒，对钢套箱的平面位置进行调整，确保套箱安装精度。在套箱下放到位、完成受力转换后，将千斤顶顶紧，起到水平限位作用。最终将三个主墩套箱平面安装精度控制在2cm以内。

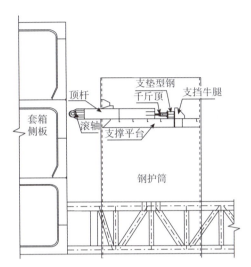

"限位—精调"系统图

外层套箱分段拼装，避免占用主线工期

外层钢套箱分为8个节段进行安装，其单个重量约150t，最大长度约22m，由于尺寸及重量均远小于内层钢套箱，因此项目管理人员经讨论决定，外层套箱施工时，放弃使用内层套箱的大型运输及起重设备，采用常规300t浮式起重机及2200t运输船进行安装作业以减少经济投入。运输船单次运输2个节段，单次安装1个节段。

由于施工设备的更换，导致至少需4次运输、8次吊装才能完成1个主墩外层套箱安装作业，而吊装仅能在平潮时期吊装，因此，1个主墩套箱安装就位至少需要3d的施工工期。若是按照内层钢套箱安装→外层钢套箱安装→承台施工的顺序进行施工，全桥7个防撞钢套箱势必将对整个主线工期造成21d的延误。

经过与指挥部常务副指挥吴波明同志的沟通，项目管理人员意识到：双层防撞钢套箱真正发挥作用是在桥梁通车、航通正式应用之后，而目前大型船舶航行均会避让主通航孔桥施工区域、从未施工区域绕行，再加之我项目在施工区域附近布置多艘警戒船，能有效防止船舶与承台发生碰撞的可能性。因此项目经理决定：在完成内层套箱安装之后立即进行承台施工，在后续承台混凝土或塔柱混凝土浇筑完成、养生之时再进行外层钢套箱的安装作业。使外层套箱的安装作业完全不占用主线工期，有效减少主线施工工期，加快施工进度。

外层套箱安装图

多项措施齐应用，进度质量得效益

海上桥梁工程施工，受风浪、潮流等影响较大，为确保钢套箱的顺利安装，项目以"提高后场加工质量，节约现场安装时间"为前提进行相关设备的选型和结构的设计，同时辅以高效有序的管理，保证了钢套箱施工的顺利完成。

内层钢套箱采用"整体加工＋整体安装"的形式，现场无须搭设钢套箱拼装平台，悬吊系统支撑在桩基钢护筒上。单个钢套箱安装到位仅用1d时间。双层（内外层）组合型防撞钢套箱模块化拼装与下放施工关键技术，省去了钢套箱拼装平台的搭设施工，节约搭设和拆除的人工费用，缩短工期约2个月，大大节省了船舶、设备租赁费用和油耗投入。

实践证明，宁波舟山港主通道项目主通航孔桥防撞钢套箱施工采用的"内层套箱整体安装＋外层套箱逐块安装"的施工工艺，有效提高了施工功效，减少了安全风险，体现出全体施工人员的智慧和能力，获得了良好的经济效益和社会价值，可为同类跨海通航孔桥海域承台施工提供借鉴参考。

建设者掠影

我们在发展，我们在进步，我们在不断创新，我们在不断进取，我们不断采取科学有效的工艺工法，解决施工技术问题，相信在我们大量优秀的建设从业者的共同努力下，我们会成为矗立在交通强国中的一座靓丽的丰碑。

海中混凝土巨人

中交路桥建设有限公司

随着工程建设的不断发展,桥梁技术的不断成熟,海上桥梁建设越来越多,大体积混凝土承台在大型桥梁结构中越来越普遍。承台作为桥梁的主要承重结构,一般位于水下与水上施工的交界面处,受潮水、台风、季风、船舶撞击等外界环境影响较大,优质的承台施工就是海域桥梁施工的重中之重。

宁波舟山港主通道主通航孔桥起止桩号为K18+345~K19+975,路线长度1630m,桥跨布置为78m+187m+550m+550m+187m+78m,三塔整幅钢箱梁斜拉桥,边中跨比0.482,边跨设辅助墩。主通航孔桥共计7个墩(ZT1~ZT7)。其中ZT3号、ZT4号、ZT5号为主墩,ZT1号与ZT7号为过渡墩,ZT2号与ZT6号为辅助墩。

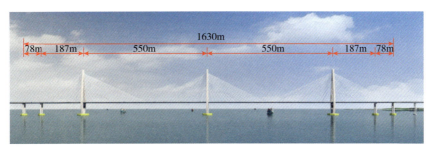

桥跨布置图(尺寸单位:m)

主通航孔桥共计7个承台,其中主墩索塔3个承台,辅助墩及过渡墩各2个承台,我们以主墩承台ZT4号为例,主墩承台均为同一规格,采用整体式六边形承台,外轮廓尺寸为51m×32m(横向×纵向)。索塔承台顶面设置高度为2.0m,形状为棱台形的塔座,塔座顶面设计高程为+8.0m,塔座尺寸为29m×20.5m。

本项目围堰承台采用双层有底防撞钢套箱进行施工,首先对钢套箱进行封底混凝土浇筑,分两层进行浇筑,第一次水下浇筑1.8m,待封底混凝土达到设计强度后,将套箱内部的水抽干,干环境下浇筑第二层封底混凝土,厚度为0.5m。单个承台封底混凝土用量2494.47m^3(C20海工混凝土)。封底完成后进行承台混凝土施工,承台分两次进行浇筑,第一次浇筑厚度2m,第二次浇筑厚度4.5m,单个承台混凝土浇筑用量8861.45m^3(C40海工混凝土),之后进行塔座的浇筑,混凝土用量1082m^3(C45海工混凝土)。单个主墩承台混凝土总方量为12438.57m^3。

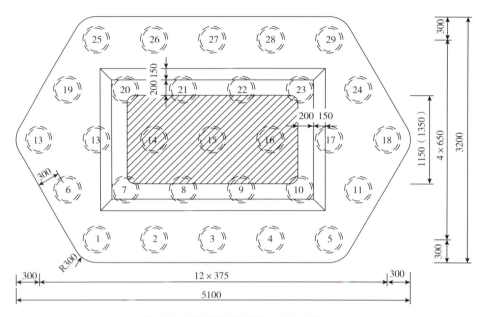

主墩承台结构平面示意图（尺寸单位：mm）

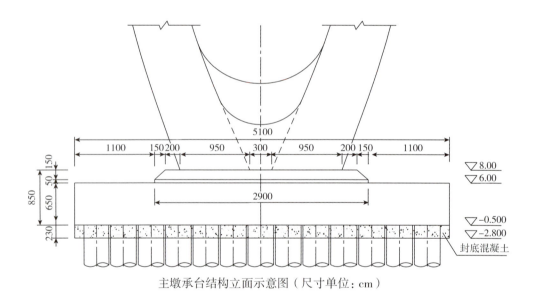

主墩承台结构立面示意图（尺寸单位：cm）

大体积混凝土承台裂缝难控制

桥址区为深水海域，海洋环境施工条件十分恶劣，如：台风频发、季风历时长、昼夜温差大、海水腐蚀性强（钢筋保护层厚度大、混凝土表面抗裂能力差）及材料转运困难等，极易导致大体积承台混凝土在施工过程中出现各种各样的裂缝。

根据形成原因，裂缝可分为干燥收缩裂缝和温度收缩裂缝。温度收缩裂缝主要是由混凝土表层拉应力和内部拉应力引起的。混凝土表层拉应力主要是由内表温差产生的自约束引起的，混凝土内部拉应力主要是由混凝土内部降温受到基础约束引起的。当产生表面裂缝和浅层裂缝后，外界的空气、酸碱等腐蚀介质就会腐蚀钢筋，造成钢筋生锈。钢筋生锈后，体积就会变大，把裂缝撑得更大，由此造成恶性循环，钢筋很快就会被腐蚀掉，严重降低混凝土耐久性。对于深层裂缝和贯穿裂缝，除降低混凝土耐久性外，还会影响混凝土整体受力，直接造成混凝土结构破坏。因此海洋环境下大体积混凝土裂缝控制极为重要，直接决定了工程质量优劣。

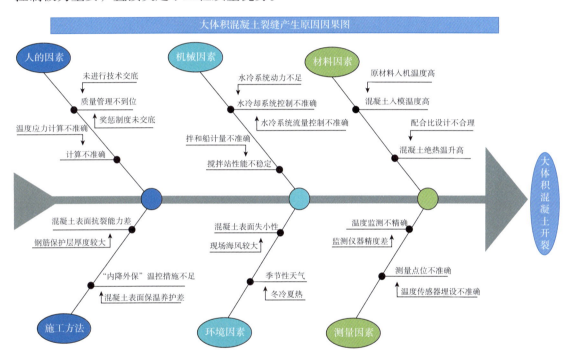

优化控制措施，齐力攻克难关

优选混凝土原材料

选用 P·Ⅱ 52.5 海螺水泥。水泥的化学成分及水化热指标满足有关规定，水泥细度合适，避免了水泥细度过小，早期发热过快等不利于温控的水泥。粗集料采用宁海县创利石材，级配为 5~25mm 级配且最大粒径小于 25mm，细集料采用中砂，细度模数为 2.8。所采用集料均没有碱活性并具有较低的热胀系数。粉煤灰采用中国国电 F 类 I 级粉煤灰。粉煤灰组分均匀，各项性能稳定，烧失量不大于 8%，需水量比小于 100%，能有效降低用水量。为提高混凝土耐久性和减小用水量，改善混凝土和易性，降低绝热温升，本工程混凝土掺入了适量的高效缓凝减水剂以及适当阻锈剂。减水剂采用江苏苏博特SBT®-ZX（Ⅴ）减水剂，减水剂的减水率大于20%。

优化混凝土配合比设计

工程通过不断调整粉煤灰掺量、水胶比等参数，进行大量的试验比选，最终以水化热峰值低、出现时间晚、混凝土抗拉性能好为指标进行配合比设计，以控制混凝土绝热温升值。其中承台混凝土粉料单位散热量仅为352kJ，C40混凝土7d绝热温升值仅37.8℃。

缩短层间间歇期

在大体积混凝土降温阶段，由于自身的收缩受到下面基础的约束，很容易使得混凝土在收缩过程中产生由下而上的贯穿裂缝，造成结构破坏。为防止此类裂缝，本工程通过增加机械和人员投入，优化施工工艺，采取劲性骨架后场预制，现场整体吊装，大大缩短了层间间歇期。第一层承台与第二层承台施工间歇期仅16d，远小于规范要求30d。通过缩减层与层之间的施工间歇期，使得上下层混凝之间弹性模量相差不至于太大，下层混凝土在一定程度上同上层混凝土一起收缩，减小上层混凝土收缩过程中产生的拉应力，从而减小混凝土开裂的风险。

劲性骨架整体吊装

承台现场浇筑

降低混凝土入模温度

在夏季高温环境施工，尽可能地降低入模温度是大体积混凝土温控的重要措施。混凝土配比中集料和拌和水占比较大，高达81.3%。因此降低集料和拌和水温度对降低混凝土出机温度最为有效，且经济可行。混凝土浇筑前，试验人员对集料及拌和水水温度进行了检查，浇筑过程中间隔4h抽查材料温度变化情况，确保混凝土入模温度。具体措施如下：

①粗集料和细集料：对砂、石等原材料采取了防晒储存措施，实行顶盖＋侧面遮挡防晒措施。同时，在白天气温较高时段对粗集料喷洒冰水进行降温。实测砂石材料温度基本在25℃以内，局部温度最高达26.4℃。

原材料洒水降温

拌合用水加冰

②拌合水：因本工程采用拌和船进行施工，拌和船水仓加冰较陆地拌和站困难，成本较高。且拌和船水仓加冰后，水仓周围机器散热较大，水温上升较快，降温效果不明显。所以本工程采取拌合水直接由冰水船供应，水温基本控制在5~15℃之间，当冰水船水温高于15℃时，则更换冰水船，从而将拌合水温度控制在15℃以下。

拌和船拌和水温度监测

入模混凝土温度监测

③水泥：本工程提前进行了原材料储备工作，水泥、粉煤灰等材料已经充分放置冷却，水泥实测温度38~41℃，远小于温控标准推荐值60℃。粉煤灰实测温度30~33℃，小于温控标准推荐值。

采取二次收面工艺

因施工现场风速大,混凝土表面失水较快。为防止混凝土表面出现干燥收缩裂缝,本工程在承台顶面采取二次收面施工工艺。即在混凝土浇筑完成后,初凝前进行二次抹面甚至三次抹面,消除初凝前表面的干燥收缩裂缝。收面完成后,及时覆盖塑料薄膜进行保湿养护。

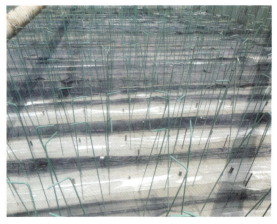
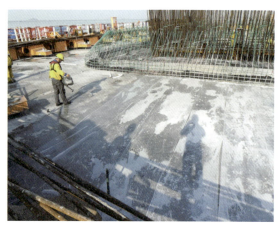

承台保湿养护

冷却水管设计

布置冷却水管后,混凝土内部最高温度较未埋设冷却水管能降低6~10℃,从而减小内表温差。本工程冷却水管采用直径42mm、壁厚2.5mm的黑铁管,按蛇形布置,单条冷却水管回路总长不超过200m。冷却水管上下层垂直交替布置,层间间距1m,水平间距1m。进水温度取25℃,流量取1.2m³/h。为充分利用混凝土水化热对混凝土表面进行保温,减小内表温差,冷却水管离混凝土顶面间距不小于1m。

承台冷却水管布设及压力流转系统

混凝土覆盖一层，通水一层。升温阶段冷却水流量为 $1.2m^3/h$，从而保证降温效果。降温阶段根据内部降温情况，及时调整冷却水流量。当降温速率小于 0.1℃/h 时，增大流量，降低冷却水温度；当降温速率大于 0.1℃/h 时，减小流量，从而控制混凝土内部降温速率。

聚苯板材料使用

因施工海域风速和昼夜温差大，混凝土表面散热快，若不能将混凝土表面温度保持至 45℃以上，内表温差会急剧增大，造成温度收缩裂缝。为防止混凝土表面温度过低，内表温差偏大，混凝土表面采用了聚苯板进行保温。首先，承台顶面铺设了一层塑料薄膜进行保湿，然后铺设一层土工布，最后覆盖一层聚苯板进行保温。经过以上保温保湿养护措施，混凝土表面最高温度达到了 46.2℃，保温效果较好，有效控制了内表温差。

科学监测温度数据，有效分析温控结果

承台浇筑前，混凝土内部埋设了温度监测系统，实时监测混凝土内部温度变化情况。温度监测系统由温度传感器、数据采集系统和数据传输系统组成。温度传感器布置在承台对称轴的半条轴线上，能有效反映混凝土内部降温速率和内表温差。监测结果如下：

第一层承台混凝土内部温度变化监测情况

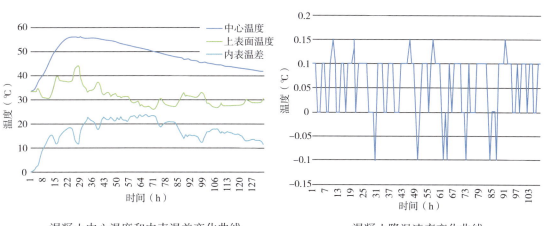

混凝土中心温度和内表温差变化曲线　　　　混凝土降温速率变化曲线

由上图可知，第一层承台混凝土中心温度在 25h（不含浇筑持续时间）达到温度峰值，峰值为 55.9℃，内表温差最大值为 23.9℃，降温速率基本控制在 0.1℃/h 内，满足温控标准。

第二层承台混凝土内部温度变化监测情况

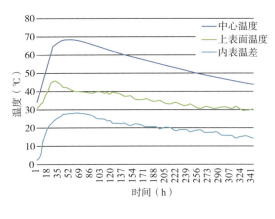
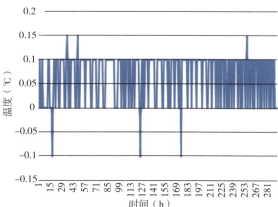

混凝土中心温度和内表温差变化曲线　　　　混凝土降温速率变化曲线

由上图可知,第二层承台混凝土中心温度在49h达到温度峰值,峰值为68.1℃,内表温差最大值为28℃,降温速率基本控制在0.1℃/h内,满足温控标准。

混凝土内部温度变化监测结果汇总表

序号	结构物名称	温峰出现时间（h）	温度峰值（℃）	最大内表温差（℃）	降温速率（℃/h）	备注
1	第一层承台	25	55.9	23.9	0.1	满足要求
2	第二层承台	49	68.1	28	0.1	满足要求

总结与思考

虽然一系列的不利条件给施工带来了极大的挑战,但本项目通过可行的施工方案、合理的施工组织、有效的管控措施来克服恶劣的自然环境,确保施工顺利完成,使得大体积混凝土承台裂缝得到了有效控制,在施工完成后均未发现有明显的裂缝,能保证成桥后的整体受力,增加全桥安全系数,减少后期裂缝修补成本。按照目前市场上裂缝修补600元/m来计算,至少节约间接成本投入30万元以上。若是考虑到后期表层裂缝发展对承台的处置措施,则间接经济效益将超百万元。

在大量优秀的建设企业共同努力下,我国现今大体积混凝土施工技术在不断创新,不断进步。相信大体积混凝土技术会在短期内获得更大的发展,从而促进我国基础设施的建设,为交通强国添砖加瓦。

大桥效果图

舟岱大桥 4 标

践行设计预制化、装配化理念
——宁波舟山港主通道节段梁设计纪实

中交第二航务工程局有限公司

宁波舟山港主通道项目海域主线全长约 16.4km，大桥连接三座岛屿、涉及三个航道，且受航空限高、海底管线、通航、工期等因素制约，大桥整体设计难度大。为此，设计院团队紧紧围绕"去产能、去库存、去杠杆、降成本、补短板"的国家经济指导方针、"安全、适用、美观、经济、环保"的公路建设方针，以及指挥部"预制化、标准化、工厂化、装配化"理念开展设计方案的深入比选研究。而在海域环境中，"三减少"理念更是降低工程施工风险的重要手段，本项目节段梁设计方案就是该理念完美体现案例之一。

项目共涉及 4 个工点节段梁，主要分布如下：

（1）北通航孔桥主跨 260m 节段预制悬拼钢—混凝土混合梁连续刚构桥；

（2）起终点非通航段 62.5m 跨节段预制 T 构悬拼（定海侧及岱山侧）；

（3）长白互通 F 匝道桥 50m 跨节段预制全悬挂拼装。

该设计方案有效解决了北通航孔桥通航净宽、限高制约以及三个岛屿登陆点浅水区大型浮式起重机无法进驻等难题。然而该设计方案的出炉，有着设计团队们多少个不眠夜和血汗……

北通航孔桥设计方案比选

钢—混凝土混合梁连续刚构的选取

北通航孔桥作为本项目第三座通航孔桥，通航净宽要求为单孔双向 215m，同时为降低船撞风险和水流对桥梁的影响，需预留一定的通航富余量，为此在满足各方面因素的前提下，确定了北通航孔桥主跨采取 260~280m 单跨布置形式。

然而对于主跨 260~280m 常用的桥型方案主要有：①连续刚构桥；②拱桥；③自锚式悬索桥；④斜拉桥。如何选取好北通航孔桥桥型方案的是省院王昌将面临的首要难题，为此他带领设计团队分别从限高、景观、施工难度、工期、成本及运营维护等方面进行深入的比选研究（详见下表），最终选取了主跨 260m 的钢—混凝土混合梁连续刚构设计方案。该桥型具有工期短、经济性优等特点，且有效规避了以往大跨径混凝土连续刚构桥跨中下挠及腹板易开裂等弊端。

北通航孔桥桥型方案比选一览表

桥型方案	方案一 钢—混凝土混合梁连续刚构	方案二 预应力混凝土连续刚构	方案三 下承式拱桥
桥跨布置	125m+260m+125m=510m	135m+260m+135m=530m	260m
结构体系	连续刚构体系，墩梁固结	连续刚构体系，墩梁固结	下承式系杆拱桥，拱梁固结，外部静定
受力特点	结构整体刚度大，主跨跨中89m钢箱梁结构，上部结构重量较轻，利于下部受力，结构抗震性能好	结构整体刚度大，上部结构较重，不利于下部受力，结构抗震性一般	上部结构较轻，利于下部受力，但为简支体系，抗震性能差
施工难度	上、下部结构均采用成熟施工方案，施工难度及施工风险小	上、下部结构均采用成熟施工方案，施工难度及施工风险小	上、下部结构均采用成熟施工方案，但拱肋风荷载较大，施工风险大，施工期间需在通航孔搭设水中支架，大临设施投入较大，且影响航道正常通航
结构耐久性	主梁采用节段预制箱梁，施工质量容易保证，结构耐久性好	主梁采用节段预制箱梁，施工质量容易保证，结构耐久性好	主梁采用节段预制钢箱梁，施工质量容易保证，钢结构后期管养工作量较大，结构耐久性较好
景观效果	主梁外形与非通航孔桥保持顺畅过渡，根据梁高较矮，上部结构轻盈，且主引桥下部结构风格一致，全桥景观一致性好	主梁采用直腹板，外形与非通航孔桥不一致，全桥景观一致性差，主墩顶梁高较大，墩高较矮，视觉通透性较差	结构轻巧大方，空间感较好，直梁、曲拱、斜吊杆的布局具有韵律和美感，且下部视觉通透性好
后期维护	上部主跨跨中为钢箱梁结构，主梁整体收缩徐变较小，可有效控制长期下挠量值，后期维护工作量小	主梁收缩徐变较大，主跨跨中后期下挠值较大，腹板易产生开裂，潜在维护、加固工作量较大	钢结构后期维护工作量较大，且拱桥吊杆在设计年限内需多次更换
施工工期	27个月	29个月	30个月
等长度建安费（510m）	2.99亿元	3.25亿元	3.75亿元
比较结论	推荐方案	比较方案	比较方案

节段预制悬拼钢—混凝土混合梁连续刚构桥的选取

对于260m跨钢—混凝土混合梁连续刚构桥在国内已有较多的成功应用：重庆石板坡大桥（主跨330m）、广东小榄大桥（主跨260m）及岱山鱼山大桥（主跨260m），然而针对海洋环境下，该桥型上部结构混凝土主梁施工方案的选择也是一个考验，为此，设计团队们对挂篮悬浇方案和节段预制悬拼方案进行详细比选分析。

1. 节段预制悬拼钢—混凝土混合梁连续刚构桥方案

（1）设计方案

节段预制悬拼钢—混凝土混合梁连续刚构桥跨径布置为125m+260m+125m=510m，在跨中设置85m长钢箱梁（重692t），两端通过设置5m长钢—混结合段与节段梁相接，主梁左右分幅设置，单幅梁宽12.55m，梁高4.0~13.3m（现浇0号块），预制节段长度划分为3m、3.5m、4m、4.5m四种类型，共计208榀节段预制箱梁。其中最大预制梁为2号块，梁高12.731m、梁重257.8t。主梁设置体内+体外预应力结构体系。

主墩的墩顶0号块采用支架现浇，0号块与2号块之间设置80cm长的1号后浇段。主墩附近2号块及过渡墩附近27号~31号块采用浮式起重机架设，其余梁段采用桥面吊机悬臂吊装。

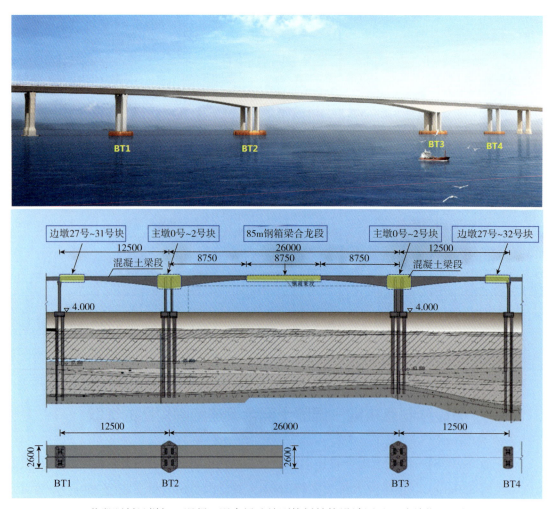

节段预制悬拼钢—混凝土混合梁连续刚构桥结构设计图（尺寸单位：cm）

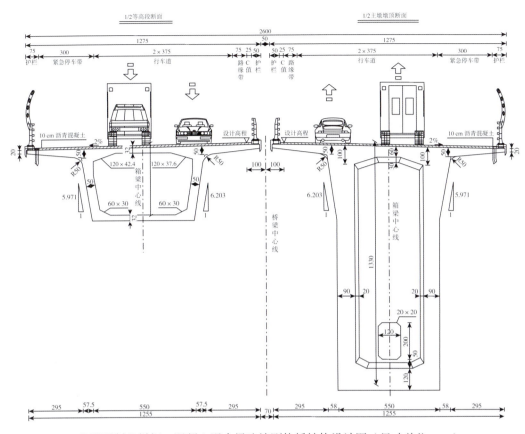

节段预制悬拼钢—混凝土混合梁连续刚构桥结构设计图（尺寸单位：cm）

（2）上部结构总体施工方案

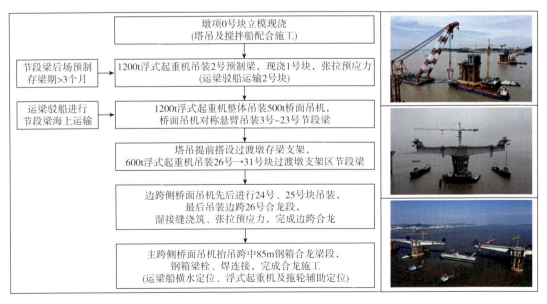

节段预制悬拼钢—混凝土混合梁连续刚构桥施工工艺流程图

2. 挂篮悬浇钢—混凝土混合梁连续刚构桥方案

（1）设计方案

在桥梁基础下构、桥跨布置以及预应力体系设计方面，挂篮悬浇与节段预制悬拼两个方案基本相同，主跨跨中同样设置85m钢箱梁，混凝土主梁采用现浇结构。零号块长18m，主跨梁段共划分23对悬臂浇筑梁段，长度分别为9m（1/2零号块）+4×2.75m+5×3.0m+7×3.5m+7×4.0m。最大悬臂浇筑方量86.55m³。

主梁钢—混凝土结合段长5.0m，采用填充混凝土后承压板式构造，钢—混凝土结合面混凝土侧设置2m长钢—混凝土结合段和6m长混凝土过渡段，结合面钢箱梁侧设置4m长钢箱梁刚度过渡段。

（2）上部结构总体施工方案

现浇0号块施工工艺与节段预制悬拼方案基本一致，但为满足后续主梁现浇混凝土的供应，需长期配置两艘搅拌船或两台海上搅拌站，详细工艺如下：

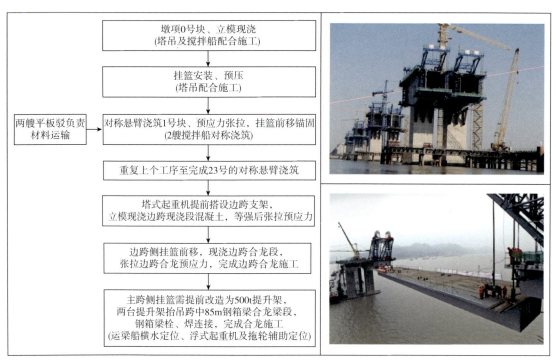

挂篮悬浇钢—混凝土混合梁连续刚构桥方案施工工艺流程图

比选结论

考虑海域现浇构件钢筋锈蚀、养护条件差、超高大挂篮抗台风性能差等不利因素，北通航孔桥主梁最终采用节段预制悬拼施工方案。

北通航孔主梁挂篮悬浇与节段预制悬拼方案比选一览表

桥型方案	方案一 节段预制悬拼钢—混凝土混合梁连续刚构桥	方案二 挂篮悬浇钢—混凝土混合梁连续刚构桥
桥跨布置	125m+260m+125m=510m	125m+260m+125m=510m
施工条件	工厂化节段预制，极大改善了工作条件和混凝土养护条件，工程质量较易保证。混凝土密实度增强，结构耐久性显著提高。现场施工工序少，施工安全易把控	海上现浇作业环境恶劣，气候条件影响大，同时受水上高空作业空间狭窄的影响，混凝土的浇筑养护质量较难保证，此外，超高大挂篮在海域条件下的施工安全风险较大
结构耐久性	工程总体可控性高，施工质量相对较好，但存在体内预应力束管道压浆易串孔隐患	受外界环境影响大，工程可控性稍差，结构物保护层控制较难控制，钢筋易锈蚀，施工质量较悬臂拼装稍差
收缩徐变影响	收缩徐变影响小，抗裂性能好	收缩徐变影响大
施工设备投入	500t桥面吊式起重机4台（功效高，左右幅可不同步）；配置3艘运梁驳船以满足节段梁运输；上部结构施工阶段基本不需要搅拌船；需新建或利用现有预制场	挂篮8台（功效低，左右幅需同步）；钢箱梁提升架2台，以满足钢结构吊装；水上拌和平台2个或搅拌船2艘；无须建设节段预制场地
施工工期	单节段理论拼装周期4d，共计26个悬式起重机节段，累计周期4个月	单节段现浇理论周期9d，共计23对现浇节段，累计周期7个月
通航孔桥建安费	2.99亿元	2.90亿元
比较结论	推荐方案	比较方案

长白互通F匝道等宽段桥方案比选

北通航孔桥节段预制悬拼钢—混凝土混合梁连续刚构桥方案的确定，为后续长白互通F匝道、起终点非通段上部结构的选取提供了很好的思路，同时为充分发挥节段预制梁厂的作用，减小梁厂建设费用的摊销，长白互通F匝道、起终点非通段上部结构也同样采用了节段梁的设计，而在此之前，设计团队也进行了深入的比选分析。

其中，长白互通F匝道桥总长度1900m，涉及深水区900m，浅水区1000m，设计团队结合桥梁高度、水深及地质情况，考虑采用50m跨径预应力混凝土连续箱梁方案。而在上部结构施工方案上，考虑了以下四个方案：

方案一：38跨50m节段预制拼装连续梁桥

（1）桥型方案

长白互通F匝道等宽段采用50m跨径，标准联分5跨一联和4跨一联两种。具体桥跨布置为：6×（5×50）m+2×（4×50）m=1900m。主梁采用节段预制结构，过渡墩的墩顶及中墩的墩顶采用"箱梁预制+横隔梁后浇"的施工方式。单跨主梁分为20个节段，全桥共计696榀节段梁，主梁全宽16.3m，单节段最大长度3.5m，最大吊重106.9t。采用体内、体外相结合的预应力体系。

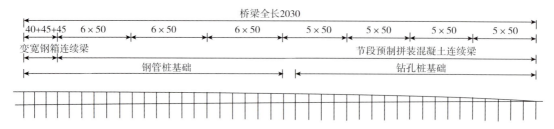

长白互通F匝道桥方案二桥型概略图（尺寸单位：m）

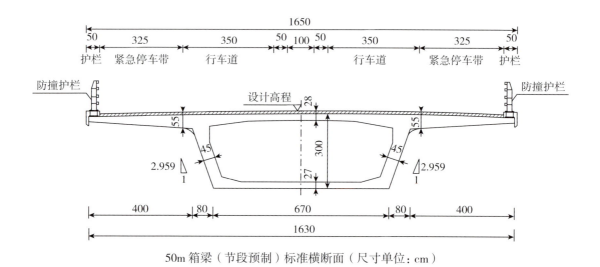

50m箱梁（节段预制）标准横断面（尺寸单位：cm）

（2）上部结构总体施工方案

节段梁在预制场进行预制，存梁周期不小于3个月，箱梁采用架桥机整跨全悬挂拼装，总体架设顺序是从深水区向岸侧依次推进。对于深水区，梁段采取"船舶水运+梁底喂梁"方式，浅水区则采取"船舶水运+120t提梁站+梁上运梁"的方式。

在起始墩的墩身施工完成后，利用300t全回转浮式起重机进行架桥机的安装，节段梁通过运梁船运抵桥位处，架桥机将整跨20榀节段梁逐榀起吊并悬挂在架桥机主梁上，通过节段间涂抹环氧树脂胶+张拉临时预应力→逐榀拼接成跨→张拉永久体内预应力→整跨落架等工序完成单跨节段梁的拼装施工。架桥机前移至下一跨，重复上个步骤完成下一跨的拼装。待架桥机中支腿移至简支梁墩顶时，架桥机吊装墩顶0号预制段，采用搅拌船拌和混凝土，现浇后浇缝及墩顶横隔梁；待一联主梁全部架设完毕后张拉整联箱梁体外预应力，拆除箱梁简支状态临时支座，完成一联主梁架设施工。

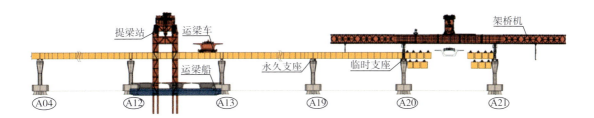

38 跨 50m 节段预制拼装连续梁桥施工典型照片

方案二：深水区 18 跨 50m 整孔预制 + 浅水区 20 跨 50m 移动模架逐跨现浇方案

（1）桥型方案

该方案在考虑 50m 同样跨径的同时，深水区 900m（18 跨）按 50m 跨整孔预制吊装方案，其中预制场利用主线 70m 跨整孔箱梁预制场，浅水区则依托栈桥，采用 50m 跨移动模架现浇方案。具体桥跨布置为：3×（6×50）m+4×（5×50）m=1900m。

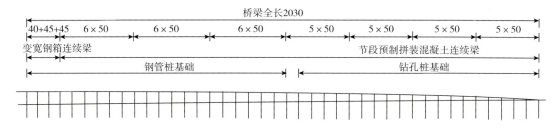

长白互通 F 匝道桥方案二桥型概略图（尺寸单位：m）

50m 跨整孔预制箱梁上部结构设计同样采用等截面单箱单室斜腹板断面形式。标准 50m 中跨整孔预制梁段重 1508t；边跨整孔预制梁段重 1548t。箱梁采用 C55 混凝土。箱梁采用纵、横桥向双向预应力体系，均采用体内预应力体系，不设体外预应力。

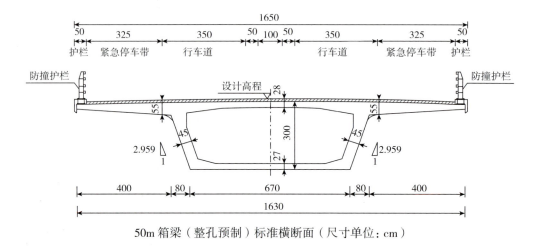

50m 箱梁（整孔预制）标准横断面（尺寸单位：cm）

50m 跨移动模架现浇上部结构箱梁断面形式、梁高及外轮廓尺寸同整孔预制吊装区段，仅板厚有所不同，跨中腹板厚 50cm，箱梁采用 C50 混凝土。

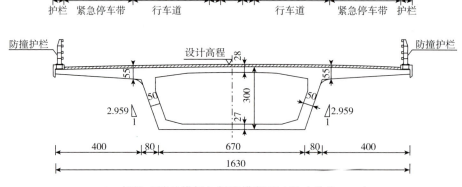

50m 箱梁（移动模架）标准横断面（尺寸单位：cm）

（2）总体施工方案

18 跨 50m 整孔预制箱梁在金塘预制场（利用主线 70m 整孔箱梁预制场）进行整体预制，运梁驳船运抵桥位处，利用 2500t 浮式起重机进行整体吊装，通过搅拌船拌和混凝土，现浇墩顶湿接头，张拉预应力，完成简支变连续的转换。

50m 整孔预制箱梁预制、安装施工典型照片（浮式起重机吊装）

20 跨 50m 移动模架现浇箱梁施工顺序由岸侧向海域侧方向逐跨推进，其中在长白岛设置钢筋加工厂及混凝土搅拌站，平板车进行半成品及措施材料的运输，现场配置 2 台 50t 汽车式起重机进行配合钢筋模板安装施工，利用长白岛搅拌站进行混凝土的浇筑施工、养护等强张拉预应力后移动模架前移至下一跨箱梁施工，重复以上步骤至全桥上部结构施工完成。

50m 移动模架现浇箱梁施工典型照片

方案三：38 跨 50m 整孔预制方案

38 跨 50m 主梁考虑全部采用整孔预制安装施工方案，预制梁场考虑利用项目 70m 整孔预制梁（金塘岛），整孔梁安装思路由海域侧向岸侧方向架设，其中深水区 18 跨考虑直接用大型浮式起重机整孔吊装，浅水区 20 跨通过浮式起重机提梁上梁，梁上配置轮胎式运梁机进行梁上运梁，配置步履式架桥机进行浅水区整孔梁的安装。

50m 整孔预制箱梁架桥机安装施工典型照片

方案四：38 跨移动模架逐跨现浇方案

38 跨 50m 主梁考虑全部移动模架逐跨现浇方案，施工顺序由岸侧向海域侧方向推进，相关设备配置同方案二浅水区 20 跨 50m 移动模架逐跨现浇方案。

四个比选方案中，方案三涉及的 20 跨浅水区整孔梁安装难度大，需投入提梁浮式起重机、梁上轮胎式运梁机、1500t 级步履式架桥机等大型设备，设备投入费用大，而工作量仅 20 跨整孔梁，设备摊销大，经济性差；方案四相对方案二而言，18 跨深水区梁段有效利用了项目 70m 整孔梁的既有条件，且有效发挥了海上作业预制装配化理念，减少了现场作业量。故设计团队对方案一《38 跨 50m 节段预制拼装连续梁桥》及方案二《深水区 18 跨 50m 整孔预制 + 浅水区 20 跨 50m 移动模架逐跨现浇连续梁》进行深入比选。

长白互通 F 匝道桥等宽段方案比较表

比较内容	方案	
	方案一：38 跨 50m 节段预制拼装连续梁桥	方案二：深水区 18 跨 50m 整孔预制 + 浅水区 20 跨 50m 移动模架逐跨现浇连续梁
桥跨布置	标准联长为 5 跨和 6 跨一联，总长 1900m	标准联长为 5 跨一联，局部 4 跨一联，总长 1900m
主梁施工工期	主梁安装理论周期为 10d/跨，共计 38 跨，施工速度相对较快	移动模架主梁施工理论周期为 18d/跨，共 20 跨，施工速度相对较慢
施工质量及施工风险	上部结构全部采用预制结构，施工方案成熟可靠，现场作业工序少，施工质量容易保证，施工风险小	有 20 跨采用移动模架逐跨现浇施工方案，现场施工工作量大、工序多，钢筋保护层等施工质量不易保证，施工风险相对较大
对预制场适应性分析	依托北通节段梁预制场，增加预制台座即可，且节段预制较整孔预制简单	对于 18 跨 50m 整孔预制梁，可利用主线 70m 整孔箱梁预制场，但需增设 1 套 50m 的预制台座及模板
主要施工设备	50m 跨架桥机一台；120t 提梁站一台；运梁驳船 2 艘；浅水区使用搅拌船 + 混凝土运输车 1 辆；依托北通节段预制场	50m 跨移动模架一套；搅拌站 1 台 + 汽车泵 2 台 + 混凝土输送车 6 辆；50t 汽车式起重机 2 台；（50m 整孔梁主要设备与主线 70m 预制场共用，故此处未列相应设备）

续上表

比较内容	方案	
	方案一：38跨50m节段预制拼装连续梁桥	方案二：深水区18跨50m整孔预制+浅水区20跨50m移动模架逐跨现浇连续梁
现场施工组织管理	上部结构施工方案统一，现场施工工作量少，工序少，现场施工组织管理简单，可减少海上现浇作业	上部结构施工需要采用两套不同的施工方案，现场施工工作量大、工序多，现场施工组织管理难度大
经济性	2.1829亿元	2.0414亿元
推荐意见	推荐	比较

经综合比选，方案一虽然造价稍高，但本项目整孔箱梁和节段梁均利用预制场增设台座进行施工，有利于摊销梁场的建设费用，且采用预制装配化理念，有效减少海上现浇作业，在施工工期、成本、安全风险及结构耐久性等方面都具有优势，故推荐采用方案一50m节段预制拼装方案。

非通航孔桥起点及终点桥型方案比选

宁波舟山港主通道项目海域主线起终点区共涉及1125m，其中定海侧非通航区560m，含140m浅水区以及420m范围超高变化段。岱山侧非通航区565m，均为浅水区。

针对这两处区域，同时结合登陆点跨既有道路及通航孔位置的影响，设计团队提出两个桥跨布置及上部结构方案进行比选分析：

第一种是结合北通航孔桥节段梁方案，考虑两处区域均采用62.5m跨节段预制悬拼连续梁桥。

第二种是在定海侧深水区采用6跨70m整孔预制箱梁+3跨47m支架现浇预应力混凝土连续梁桥；岱山侧采用12跨47m移动模架现浇预应力混凝土连续梁桥。

62.5m节段预制悬拼连续梁桥

1. 桥型方案

起终点区域均采用62.5m跨节段预制悬拼连续梁桥。其中起点定海侧桥跨布置为4×62.5m+5×62.5m=562.5m；终点岱山侧桥跨布置为5×62.5m+4×62.5m=562.5m。

箱梁采用预应力混凝土箱梁，上下行分幅布置。单幅主梁全宽12.55m，为单箱单室斜截面，中心梁高3.6m。箱梁跨中底板厚27cm，顶板厚28cm，腹板厚45cm；根部底板厚60cm，顶板厚28cm，腹板厚70cm。在墩顶设2.6m厚中横梁，梁端设端横梁，跨中则根据体外束布置设置横梁式转向块。箱梁采用C55混凝土。

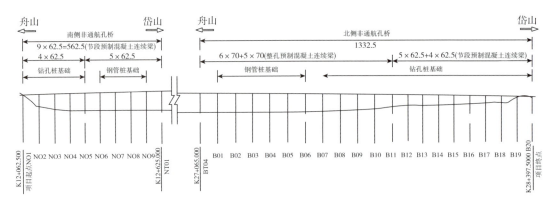

非通航孔桥起点及终点区域方案二桥型概略图（尺寸单位：m）

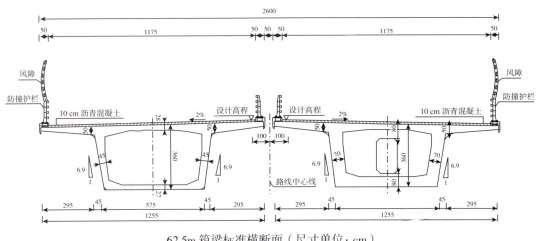

62.5m箱梁标准横断面（尺寸单位：cm）

主梁采用预制结构，过渡墩墩顶及中墩顶采用箱梁预制+横隔梁后浇的施工方式。单跨主梁分为20个节段，单节段最大长度3.5m，最大吊重93.4t。边跨墩顶、边跨跨中、中跨合龙段两侧留有15cm现浇缝。采用体内和体外相结合的预应力体系。

2.总体施工方案

节段梁在预制场进行预制，存梁周期不小于3个月，箱梁采用架桥机T构悬拼工艺，总体架设顺序是从深水区向岸侧依次推进。梁段采取"船舶水运+浮式起重机提梁上岸+陆域运输+梁底喂梁"方式。

在起始墩墩身施工完成后，利用浮吊进行墩顶0号块安装，汽车泵浇筑横隔梁，墩梁通过预应力进行临时固结；通过1200t浮式起重机进行架桥机的安装，预制梁段运抵桥位处采用架桥机直接起吊；利用架桥机对称拼装中墩顶箱梁至最大双悬臂，过程中逐对张拉相应悬拼预应力；安装至一联边跨段时，架桥机起吊边跨剩余梁段并悬挂于架桥机主梁上，安装边跨合龙临时定位装置，浇筑合龙段接缝；在进行中跨合龙段施工时，通过劲性骨架临时锁定,浇筑合龙段湿接缝混凝土,完成中跨合龙;待一联主梁全部架设完毕后张拉整联箱梁体外预应力,完成一联主梁架设施工;重复上述步骤,直至全部主梁架设完成。

62.5m 节段预制悬拼连续梁桥施工典型照片

深水区 70m 整孔预制 + 浅水区 47m 预应力混凝土连续梁桥方案

1. 桥型方案

定海侧深水区考虑 6 跨 70m 整孔预制箱梁,桥型与主线非通 70m 整孔箱梁一致,其中起点定海侧剩余 3 跨（3×47=141m）47m 支架现浇、终点岱山侧 12 跨［2×（6×47）m=564m］47m 移动模架现浇,预应力混凝土连续梁桥上部结构设计方案如下:

47m 跨箱梁采用预应力混凝土箱梁,上下行分幅布置,单箱单室斜截面。为了保证全桥景观效果,悬臂长度、腹板斜率同 70m 整孔预制箱梁。箱梁中心梁高 2.8m,单幅箱梁宽 12.55m。箱梁采用 C50 混凝土。采用纵、横桥向双向体内预应力体系，不设置体外预应力。

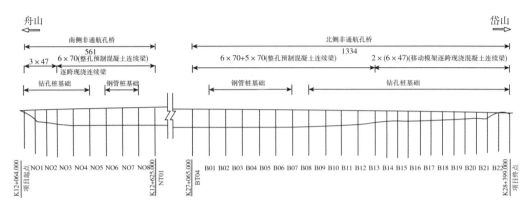

非通航孔桥起点及终点区域方案一桥型概略图（尺寸单位：m）

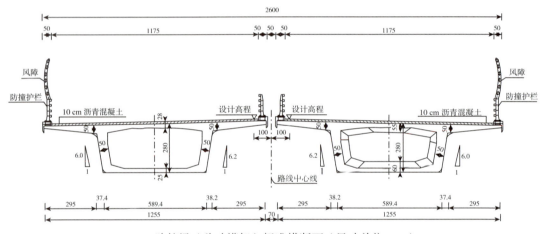

47m 跨箱梁（移动模架）标准横断面（尺寸单位：cm）

2. 总体施工方案

对于起点定海侧深水区 6 跨 70m 整孔预制箱梁，通过金塘预制场整孔预制、整孔吊装。剩下 3 跨浅水区 47m 预应力混凝土连续梁，则通过 100t 履带式起重机搭设少支点支架→沙袋预压消除非弹性变形→50t 汽车式起重机安装钢筋、预应力及模板→利用岸上搅拌站 + 汽车泵现浇箱梁混凝土→养护等强张拉预应力→重复以上步骤完成所有梁段施工。

对于终点岱山侧 12 跨 47m 移动模架现浇预应力混凝土连续梁，其施工方案同长白互通 F 匝道桥 50m 移动模架施工，此次不再赘述。

方案比选分析

方案一与方案二相比，虽然在造价上略高，但在结构受力、施工速度及质量、结构耐久性等方面均有一定的优势，经综合比选，推荐采用方案一 62.5m 节段预制悬拼方案。

非通航孔桥起终点区域方案比较一览表

方案	方案一：62.5m 分幅节段预制悬拼预应力混凝土连续梁桥	方案二：深水区 70m 整孔预制 + 浅水区 47m 预应力混凝土连续梁桥
桥跨布置	南侧起点：9×62.5m； 北侧终点：9×62.5m，标准联长为 5 跨、4 跨	南侧起点：3×47m+6×70m（整孔预制）； 北侧终点：12×47m，标准联长为 6 跨，局部 3 跨
主梁施工工期（以终点岱山侧做对比）	考虑一台架桥机，其中架桥机安装及横移 2 个月，架梁 15d/跨需 9 个月，共计 11 个月，施工速度较快	投入一套移动模架，移动模架安装及横移 2 个月，架梁 18d/跨需 14 个月，共计 16 个月，施工速度相对较慢
施工质量及施工风险	上部结构全部采用预制结构，施工方案成熟可靠，现场施工工作量小，施工工序少，施工质量容易保证，施工风险小	有 15 跨需要采用移动模架或少支点支架逐跨现浇施工，现场施工工作量大、工序多，钢筋保护层等施工质量不易保证，施工风险较大
预制场及施工设备的投入情况	62.5m 架桥机一台；200t 提梁浮式起重机 1 艘；运梁驳船 3 艘；利用北通节段梁预制场	北侧需要新购或改造一套移动模架；南侧 3×47m 需要采用少支点支架 4000t，平板运输车 4 辆；搅拌站 1 台、汽车泵 2 辆、50t 汽车式起重机 2 台
现场施工组织管理	上部结构施工方案统一，现场施工工作量少，现场施工组织管理简单	现场施工工作量大、工序多，现场施工组织管理难度大
对起点定海侧结构超高的适应性	采用节段预制拼装方案，可通过转梁来适应超高变化，对超高的适应性好	起点定海侧区段有超过 400m 位于超高段内，不论是支架现浇部分还是整孔预制部分箱梁内外模板调整较为复杂，对超高的适应性均较差
经济性	2.5929 亿元	2.2440 亿元
推荐意见	推荐	比较

钢铁巨龙托起海上长虹
——非通航孔桥大直径超长钢管桩工程纪实

中交第二航务工程局有限公司

巍巍扬子，滔滔钱塘，两江交汇，蔚为壮观。

北纬三十度，中国大陆架东端，长三角经济圈东南部，群岛巍峨，星罗密布；南海圣境舟山，素有海上花园的美称，这里是渔业天堂、度假胜地；这里有世界货物吞吐量最大的深水良港——宁波舟山港；这里是长江流域对外开放的海上门户。

长久以来，海岛居民天水相隔、望洋兴叹，长三角一体化国家战略正在逐步让这一切成为历史。2014年，李克强总理对舟山江海联运服务中心建设做出重要批示，明确指出这是长江经济带发展的战略支点，是国家战略。

站在历史交汇点，宁波舟山港主通道项目应运而生，千帆竞发的灰鳖洋海面上，项目施工悄然拉开帷幕。

本文从六个方面简要回顾大直径超长钢管桩基础建设历程中经验做法和思考感悟。

强基之路——非通航孔桥基础形式的选择；

固本之方——大直径超长钢管的制造与涂装；

增效之源——超长钢管桩振沉锤型的比选；

攻坚之道——基岩起伏段钢管桩沉放停锤标准的控制方法；

降本之法——桩长优化的基本思路；

助安之策——深水海域柔性长桩的加固策略及管线密集区域钢管桩打设施工方法。

强 基 之 路

桥梁基础受水文、地质、船撞、波浪等建桥环境及施工工法等影响，不同基础形式的环境适应性有所差异，需要结合建桥条件，选择综合性能最优的基础形式。对于海上非通航孔桥，适合的基础结构形式为打入桩（钢管桩）和钻孔灌注桩。钻孔灌注桩具有地层、水深适应力强等特点，施工工艺较成熟，检测手段齐全。但其施工周期较长，水上作业量较大，施工风险相对较高。其施工需逐墩设置临时工作平台，大临设施投入大；同时，对于软土地层深厚的海上桥梁，钻孔桩成桩需设置较长的钢护筒，其工程造价不菲。钢管桩基础具有施工速度快、对环境影响小的优点，同时也存在自身耐久性较差、造价偏高的不足。但通过防腐涂装、预留腐蚀量和阴极保护等综合措施可使得耐久性得以有效保障；且当基础规模达到一定数量时，钢管桩基础工程总造价与钻孔灌注桩接近。

征战东部海岸数十年的全国工程勘察设计大师王仁贵对这片海域异常熟悉，这里风急浪高、地质多变、软土深厚、基岩起伏、管线密布，这一切都让桥梁基础的选型显得异常艰难。

王仁贵对浙江沿海跨海桥梁群的建设理念了然于胸，特别是对梅敬松领衔的管理团队在全国公路水运品质工程项目"乐清湾大桥"建设过程中提出的"三减少"理念深表认同。王仁贵带领设计团队对施工海域地质条件作了深入研判，地质资料显示，该区域上部覆盖层为淤泥和淤泥质黏土，厚15~35m，中部为黏土及粉细砂，厚度40~80m，分区段以硬塑黏土及强风化凝灰为持力层。若采用钻孔灌注桩，钢护筒平均长度在40m以上。按70m跨径综合比选海域非通航孔桥钢管桩与钻孔灌注桩基础造价，若采用钻孔灌注桩基础形式，单个桥墩基础的建安费约1100万元，而钢管桩基础约1047万元，成本相当。在可施工性层面，对于80~110m的超长桩，对沉桩设备要求相对严苛，可整根沉放超100m桩长的打桩船资源相对较少，但仍具有可实施性。同时，大直径钢管的制造能力近年来有大幅提升，综合考虑钢管桩基础单桩稳定性、施工工效和工程品质等因素，最终选用了大直径超长钢管桩形式，极大地减少了海上作业工序、作业时间和作业人数。

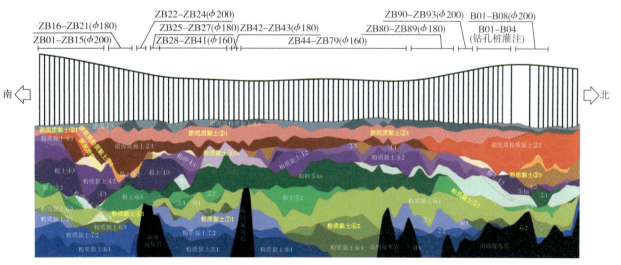

北侧非通航孔桥主线墩位布置及地质纵断面图

项目北侧深水区70m非通航孔桥分布在北通航孔桥南北两侧，北通航孔桥南侧93个墩（ZB01-ZB93）、北侧8个墩（B01-B08）基础采用钢管桩，线路长6.93km，单个桥墩需要根据墩身高度的不同，设置钢管桩 12~16 根，共计 1316 根钢管桩。桩径分 1.6m、1.8m、2.0m 三种，壁厚 20~24mm，桩身斜率 1/4.5、1/5、1/6，最大桩长 106m，最大吊重约 101.8t，是我国迄今为止最长的钢管桩。

看着色彩斑驳的地质纵断面图示，面对工程量如此巨大的钢管桩制造与打设，建设指挥部常务副总指挥吴波明深知这将是一项极具挑战的任务。"抛问题、给思路、重调研、求实效"是吴波明一贯遵循的管理方式，具有多年跨海桥梁建设和营运管理经验的他意识到大直径超长钢管桩基础的施工控制必须做到四个务必：一是务必保障基础结构的耐久性；二是务必保障沉桩设备的工效；三是务必严格制定的停锤标准；四是务必保障施工期间深水区钢管桩单桩稳定性。针对四个务必，他分别给出了三个解决思路：一是通过钢管自动化制造水平的提升和防腐涂装体系的优选来确保钢管桩自身的品质，同时，要彻底避免超长钢管桩海上接桩可能导致的原生缺陷问题，他提出钢管桩制造和打设必须做到整桩制造、整桩沉放；二是钢管桩要穿越粉细砂层、硬塑铁锰质黏土层、砾石含量 40%~70% 碎石层，在岩面起伏区段桩尖需进入强风化岩层，项目前期必须开展工艺试桩，深入分析锤型对沉桩工效的影响，并研究制定严格的停锤标准；三是必须对已沉放桩基实施高效的加固举措，杜绝因波流力导致钢管桩变形甚至断桩的情况出现。这一系列准确的研判为工程的顺利推进指明了方向。

固 本 之 方

为破解 28 万 t 钢管桩生产工业化水平提升难题，在推行"规模化、自动化、智能化"的基础上，浙江科鑫重工有限公司研制了国内最长螺旋钢管桩自动化生产线，推行整桩钢管一体式制造方案，整根钢管在自动化生产线上进行自动螺旋式卷制和自动埋弧焊接，完成整桩超长变壁厚钢管的制造，可一次性完成直径 2m、长度 120m 钢管桩制造，避免接桩。通过采用螺旋自动焊接设备、全位置自动焊接设备，加劲肋半自动小车焊接设备的研发与应用，实现钢管桩自动化焊接覆盖率达 100%。同时，为确保焊接质量稳定性，引进自动焊激光跟踪系统，实现螺旋合缝线激光扫描、数据智能分析处理、自动纠偏调节等功能，降低了工人的劳动强度，提高了焊接质量。

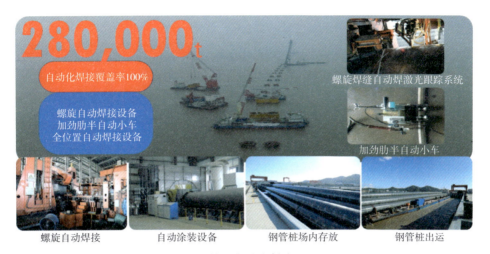

钢管桩自动化制造

增 效 之 源

百米长桩如何高精度、高效率沉放至设计位置和高程,是项目建设面临的又一大难题。解决问题的焦点集中在大型打桩设备的选型上,主要表现为"五个必须":打桩船在风浪流耦合作用下必须保持稳定;必须具有足够的起重能力可将大直径超长钢管桩平稳吊装至桩架;桩架必须能安全稳定抱桩并按照设计位置调整钢管桩空间角度;打桩锤必须有足够的锤击能量确保钢管桩顺利沉放;复杂地址条件下钢管桩贯入度必须严格控制。

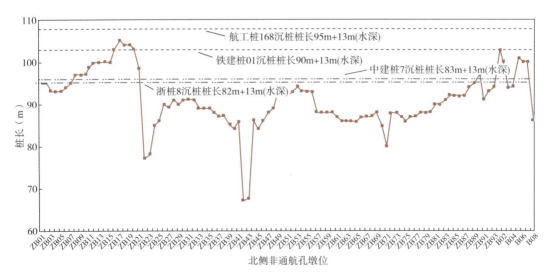

打桩船沉桩桩长覆盖率分析

源自超长的挑战

超长钢管桩的整根沉放带来的首要问题就是打桩船有效桩架高度加水深之和必须大于钢管桩自身长度。项目总工谢德宽对北侧非通航孔桥全部钢管桩长度做了统计分析，全线共 1316 根钢管桩，结合项目钢管桩参数及国内设备调研，桩架高度可以满足全部打桩要求的打桩船只有雄程 1、雄程 2、航工桩 168（改造后）三艘打桩船，且仅有 1 艘有档期可为本项目所用。其余打桩船仅能覆盖部分桩长范围：中铁建港航桩 01 覆盖率 96.8%、浙桩 8 覆盖率为 82.93%、中建桩 7 覆盖率为 86.13%。经综合考虑，项目部最终选用航工桩 168、浙桩 8 打桩船作为主要打桩设备，铁建桩 01 及中建桩 7 打桩船作为备选设备。

源自增效的抉择

如何在有限的打桩船资源限制条件下提升大直径超长钢管桩沉桩工效是工程面临的又一挑战。

为有效指导项目钢管桩桩锤选型，项目部选取三根不同直径（直径 1.6m、直径 1.8m、直径 2.0m）不同区域（一般区、基岩起伏区）的典型桩，分别对 D260 柴油锤、HHP-40、YC-50、IHCS-600 液压锤开展可打性分析，按照"两阶段"的思路进行分析比较："阶段一：按设计地勘参数对柴油锤（20%、30%、40%、50%）、液压锤（50%）进行可打性分析；阶段二：对选取的三根桩进行高应变跟踪动测，按照实际实施情况修正地质参数、测试桩锤的实际效能，然后根据修正后地质参数（桩侧土摩阻力）及桩锤效能（柴油锤 50%~60%、液压锤 65%~70%）进行可打性分析"。

通过可打性分析及典型区三根桩的跟踪动测，项目部对柴油锤及液压锤分别在实际有效作业效能差异及柴油锤锤击数对沉桩影响性两方面进行系统分析：

（1）在打桩锤实际有效作业效能方面，D260 柴油锤，锤芯重 26t，理论能量 865kJ，根据柴油锤使用性能情况的调研，其作业效能在 35%~40%，即实际最大有效能量为 302.75~346kJ；YC50 液压锤理论能量 750kJ，作业的效能最大 60%~80%，实际最大有效能量 450~600kJ；IHCS-600、HHP-40 液压锤理论能量 600kJ，实际最大有效能量 360~480kJ。而本项目停锤标准对应的液压锤能量要求不低于 490kJ（1.8m 及 2m 直径 540kJ、1.6m 直径 490kJ），按照液压锤 75% 计算，实际作业效能应不低于 490×0.75=405（kJ），而 D260 柴油锤实际最大作业效能仅 346kJ，其有效锤击能力难以满足停锤指标要求。

可达性分析统计表

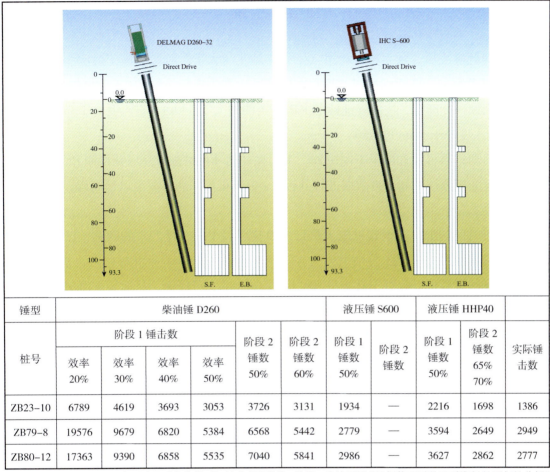

锤型	柴油锤 D260						液压锤 S600		液压锤 HHP40		实际锤击数
桩号	阶段 1 锤击数				阶段 2 锤数 50%	阶段 2 锤数 60%	阶段 1 锤数 50%	阶段 2 锤数	阶段 1 锤数 50%	阶段 2 锤数 65% 70%	
	效率 20%	效率 30%	效率 40%	效率 50%							
ZB23-10	6789	4619	3693	3053	3726	3131	1934	—	2216	1698	1386
ZB79-8	19576	9679	6820	5384	6568	5442	2779	—	3594	2649	2949
ZB80-12	17363	9390	6858	5535	7040	5841	2986	—	3627	2862	2777

注：阶段 1 为"按照施工图地质参数的可打性分析"阶段；阶段 2 为液压锤"根据修正后的地质资料的可打性分析"阶段；阶段 2 锤击数计算时，ZB23-10 液压锤锤击效率取值为 65%，ZB79-8 液压锤锤击效率取值为 70%，ZB80-12 液压锤锤击效率取值为 70%。

（2）在柴油锤锤击数对打桩影响方面，柴油锤由于热容积和效率等因素的影响，随着打击能量的上升高温现象不可避免，D260 柴油锤一般情况 1800~2000 锤时缸体就会达到 200℃左右（正常施工控制 180℃以内）的高温，2500 锤时缸体温度就会达到 300℃以上，就会自动停锤（要拔出活塞冷却，冷却至 180℃ 3~4h，完全冷却 8~10h）。而通过可打性分析可知，若采用 D260 柴油锤进行本项目钢管桩打设，将有近 98%的钢管桩锤击数预计大于 3500 锤，柴油锤因热容积现象将自动停锤，极大影响施工效率及钢管桩打设的连续性，施工进度及质量难以保障。

经综合考虑，指挥部决策项目钢管桩不宜采用柴油锤，应选用液压锤。结合钢管桩停锤标准及桩锤资源调研，项目部选用锤击能量不低于 600kJ 的液压锤进行钢管桩施工，即 HHP-40 液压锤、YC-50 液压锤、S600 液压锤、HHP-50 液压锤。

攻 坚 之 道

设备问题解决后,项目部开始进入钢管桩施工"大干"阶段,施工过程中严格按照设计图纸要求施工,停锤标准以"高程控制为主,贯入度校核"的控制原则。当钢管桩沉放未达到设计标高时,按照停锤标准上限锤击能量大于550kJ,贯入度≤1.5mm再复打150击,贯入度小于1mm可停锤。

施工前期,项目组选取了不同位置、不同桩径的9根桩进行高应变检测和复打试验,通过对高应变检测结果和复打数据进行分析,9根试桩均顺利沉放至设计高程,停锤指标满足设计要求。

但随着时间的推移,钢管桩施工负责人徐权反映了一个很严重的问题,已经施打的钢管桩经常出现高桩情况(前期沉放的338根钢管桩中出现86根高桩,占比达25.4%)。而高桩情况的钢管桩需复打150击贯入度小于1mm后方可停锤,从而导致沉桩设备经常出现替打开裂、油管爆裂等现象;同时,高桩的出现会对相邻桩位钢管桩的施沉造成干扰,极大地影响了施工进度。

高桩对沉桩施工的影响

经核查,发现高桩所在墩位大部分出现在基岩面起伏较大区,为此,指挥部立即召开会议研究对策,结合地质变化情况和施工情况进行分析,最终决定分桩径、分区域设定停锤标准:"基岩面起伏较大区域的钢管桩停锤标准'以贯入度控制为主,高程校核为辅';其他区域钢管桩仍'以高程控制为主,贯入度校核为辅'"。

新的停锤标准制定,有效减少了设备故障率,极大地提高了沉桩功效,具体停锤标准见下表。

钢管桩停锤标准

桩径(m)	输出锤击能量(kJ)	灌入度最大(mm)	高 程 控 制
2	480	15	达到高程
	530±10	3	高程相差1.5m以内
	530±10	2	高程相差1.5m以上
	530±10	1.5	基岩起伏段
1.8	420	15	达到高程
	530±10	3	高程相差1.5m以内
	530±10	2	高程相差1.5m以上
	530±10	1.5	基岩起伏段
1.6	380	15	达到高程
	500±10	3	高程相差1.5m以内
	500±10	2	高程相差1.5m以上
	500±10	1.5	基岩起伏段

高应变：新进打桩锤对不同桩径进行高应变动测（每种桩径1根），验证传递效率

降 本 之 法

目前，对大直径钢管桩的承载力特性研究还是相对薄弱，对应积累的超长大直径钢管桩（特别是1.5m以上桩径的钢管桩）的承载力试验及研究资料较少，设计和施工过程中参考较多的还是以前普通桩的计算理论和受力特性，使得钢管桩的设计参数偏于保守，易造成极大的浪费。因此，研究大直径超长钢管桩的承载力特性具有重要的理论和现实意义。港珠澳大桥建设前期，选取2根直径1.7m、桩长85m的钢管桩进行了钢锚桩反力架法承载力试验。

本项目最大桩径2.0m，最大桩长106m，为确保工程设计和施工的安全可靠，非常有必要在工程实施前在工程海域进行钢管桩施工工艺和承载力试验。通过工艺试桩，研究确定各类桩径、桩长钢管桩沉放施工的可行性，并分析各土层的沉桩阻力分布、桩锤的性能指标、沉桩过程中桩身应力情况及瞬间沉降特征；同时为确定打桩设备的性能指标

及停锤标准提供依据,并通过高应变动力检测验证钢管桩的竖向承载能力。通过竖向静载试桩,测定钢管桩桩侧各土层的分层摩阻力和桩尖端阻力,以便确定桩基合理的持力层;同时,分析钢管桩的桩端闭塞效应,并测定钢管桩在设计荷载范围内的桩顶轴向反力系数;通过水平静荷载试验,确定桩的水平极限承载力和桩身弯矩分布及桩侧土抗力分布。

为此,项目前期开展了3组钢管桩试桩,均为非工程桩。A组采用锚桩法静载试桩+自平衡法静载试桩,试桩桩径1.6m。B组采用自平衡法静载试桩,同时要求进行水平静荷载试验,试桩桩径1.8m。C组采用自平衡法静载试桩,试桩桩径2m。

根据试桩结果,实测摩阻力大于地勘推荐值,主要受力土层侧阻力平均增幅约20%。考虑到本项目超长钢管桩数量多,能满足整根沉放桩长超100m钢管桩的打桩船资源有限,为此,在项目实施工程前,设计院根据试桩结果对原设计桩长进行了优化,全线2700根钢管桩(含南侧非通航孔桥)共减少14041t钢材和84171.6m² 涂装工程量,节约工程造价约8805万元。下图显示了北侧非通航孔桥101个墩,1316根钢管桩桩长优化对比。

抗压侧摩阻力推荐值

土层编号	土 层 名 称	高程（m）	极限侧阻力标准值（压）（kPa）	实测最大侧阻力（压）（kPa）
①4	淤泥质粉质黏土	−16.15~−19.15	15	18
②2	淤泥质粉质黏土	−19.15~−26.15	20	22
②2	淤泥质粉质黏土	−26.15~−33.15	20	24
②2	淤泥质粉质黏土	−33.15~−41.15	20	29
③2	粉质黏土	−41.15~−51.15	25	36
④1	粉质黏土	−51.15~−53.75	50	68
④3	粉土	−53.75~−62.25	55	76
⑤1	粉质黏土	−62.25~−65.55	65	71
⑥1	粉质黏土	−65.55~−75.85	70	82
⑥3	粉土	−75.85~−79.15	65	71
⑧1	粉质黏土	−79.15~−82.40	80	106

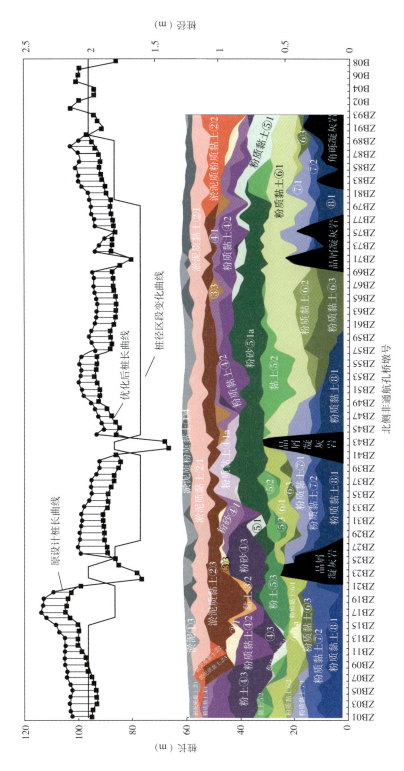

北侧非通航孔桥桩长及优化后桩长曲线对比

舟岱大桥4标

在施工层面，对于钢斜桩基础，由于打桩船进行单墩钢管桩沉桩驻位方向的单一性，当出现高桩大于80cm时，现场需等待高桩割除后才能进行下一根钢管桩沉放施工，高桩割除对施工进度影响极大，一般情况下单根钢管桩割除需花费4h，有时因潮水影响，需等待潮水退去时方可割除，这意味着当天沉桩功效仅1根，施工功效大大降低，严重影响施工进度；另外，钢管桩的割除会将钢管桩顶部的剪力环一同割除，对钢管桩质量有较大影响；同时，海上施工环境复杂，钢管桩割除危险性极大。

新停锤标准的制定，降低了设备故障率，加快了施工进度，钢管桩施工负责人徐权深受启发，他发现钢管桩在进入粉质黏土①（可硬塑，厚层状，渲染大量铁锰质）和粉质黏土②后（可硬塑，厚层状，局部混砾石、碎石、粒径0.2~0.8cm，渲染大量铁锰质），液压锤能量不断加大后钢管桩仍然无明显进尺，极易出现高桩。于是进一步建议将岩面起伏区域钢管桩桩长进行设计优化，并提出了钢管桩桩长优化总体思路：一是对已沉放的基岩起伏区典型钢管桩高桩进行分析，预测B01-B08区域将出现高桩情况；二是选取相邻墩位ZB93（其中2根桩ZB93-5、ZB93-11）进行高应变动测，验证高桩预测的准确度及承载力情况，确定最终的优化长度。

思路提出以后，项目团队立刻展开行动。经过详细分析后，预测ZB93墩将出现高桩，为此选取基岩起伏区ZB93墩中两根桩作为典型，建了CAD模型，结合地质情况分析，预测高桩高出设计高程1.1~5.1m。2018年8月8日完成了ZB93墩的两根桩的初打跟测，2018年8月29日完成复打测试，发现两根钢管桩分别高出设计高程0.8m和4.3m，根据两根钢管桩沉放高桩情况及高应变动测，基本验证了高桩的预测准确度，且高应变动测结果显示桩基承载力满足设计要求，为钢管桩桩长优化提供了可靠的理论依据。为此，技术团队对前期出现高桩的地质情况、沉桩数据进行汇总分析，并上报给设计单位审核。最终设计单位根据所提供的桩长优化资料，重新划定基岩起伏区域（新增11个墩共计132根钢管桩），同时对基岩起伏较大区域的钢管桩进行了桩长优化，进一步提升了施工效率。

助 安 之 策

由于施工海域软土地基深厚，水深较大（平均水深在13~18m），沉桩后单桩自由长度较大，且水流绕过桩群极易形成旋涡，受风浪流耦合作用，单桩极易产生变形甚至断桩，需采取临时夹桩保护措施。

同时，承台施工前需对钢管桩进行割桩处理，需要设置安装平台，为此，项目部在钢管桩施工过程中设计了一种"夹桩+割桩一体化装配式平台"，该装置是一种集安全、高效、经济于一体的新型结构平台。

 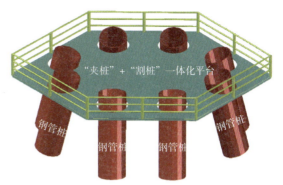

"夹桩+割桩"一体化装配式平台

  该结构具有以下优点：①纵横型钢将工程桩连接成整体，使其共同抵抗波浪力作用，避免由于涌浪、涡激振动等对钢管桩造成破坏；②根据现场情况灵活调整牛腿与型钢焊接位置；③减少钢管桩涂层的破坏，提高钢管桩的使用寿命；④经济性好，现场安装便捷，周转效率高；⑤为海上工人作业提供安全的平台。

  另外，施工海域存在已建的大陆饮水一期管线与海域桥梁主线斜交，本项目受管线影响主要为里程桩号K23位置，因管理单位无法提供准确的位置，且管线敷设时间过长，埋深较浅，位置极有可能变动。该给水管为岱山居民生活配套设施，不容破坏，为此项目聘请专业单位扫海确定管线位置。在管线附近钢管桩施工前进行了两次扫海，第一次为磁力探法，第二次为浅剖法，后对两次探测结果进行分析比较，磁力法探测由于受探头的坐标位置误差、磁异常测定和数据处理误差等影响，平面位置精度偏差较大，但是浅剖法探测精度误差可以控制在0.5m以内，因此按第一次浅剖法探测位置为主，磁力探法作为校核。根据第二次探测成果，项目部沿大陆一期海底输水管道现状，在管线上、下游各200m范围内设置了浮标区。在浮标设置完成后，再进行钢管桩基础施工。打桩船根据打桩船上GPS定位系统显示的数据，由拖轮拖到施工地点附近。测量人员先在CAD上模拟出锚位坐标，选取在平潮时，配合起锚艇抛锚，精确定位每个锚位，保证锚位距离海底输水管30m以上。

  同时，结合沉桩区域泥面高程，通过实时跟测钢管桩姿态及桩顶高程，反推钢管桩桩底所处位置及高程，确保钢管桩在起吊、立桩、报桩、粗定位到精定位这五个阶段，钢管桩桩底始终位于泥面以上5m，以避免钢管桩桩底触碰海底给水管，导致给水管的破坏。钢管桩在正式施打前，安排潜水员进行水下排查，确定钢管桩与给水管不冲突后，方可正式施打。

敬自然精准施策　重传承守正创新
——非通航孔桥承台施工创新实录

中交第二航务工程局有限公司

浩瀚东海，水何澹澹，山岛竦峙。

钱塘江口自古便有"怒涛卷霜雪，天堑无涯"的壮丽。

在中华民族伟大复兴的浪潮中，位于祖国东部黄金海岸的千岛之城舟山，正以勇立潮头、奋楫争先的态势砥砺前行。经一代代交通人艰苦卓绝的奋斗，岛屿间一条条跨越天堑的巨龙横空出世。

此刻，在广阔的灰鳖洋面上，依稀点缀着巨龙新的足迹，点燃了数十万蓬莱仙岛（岱山岛）居民陆岛连通的希望之光。

顺应自然　靶向发力

灰鳖洋，位于亚热带季风气候区，春冬多季风，夏秋多台风，常年多海雾。季风期平均风力≥6级达173d，≥8级达90d，在6~8级季风天气，最大波高能达到2~3m。量化的数据统计让我们对古人诗意的描绘有了更直观的感受。

随着数千根定海神针的打设施工逐步铺开，项目迎来了陆水交接部位承台结构施工的关键工序，由中交第二航务工程局有限公司承建的北侧非通航孔桥长8.01km，海上承台数量共103个，设计采用整体式哑铃形及圆端形高桩承台，下部基础采用哑铃形及圆端形现浇承台，平面尺寸9.4×22.65m~11×24.25m，承台高度3m，采用环氧钢筋。每个承台根据墩身高度不同设12~16根钢管桩基础，桩径分为1.6m、1.8m、2.0m三种，斜率分为1/4.5、1/5、1/6、1/8四种。

时间倒回丁酉年初冬，建设指挥部常务副指挥长吴波明在为项目建设谋篇布局的过程中，谈及跨海长桥建设经验时说："面临复杂的建设环境，我们工程人务必要敬天爱人，尊重自然；务必认清规律，尊重规律，掌握规律；方能精准施策，顺势而为。对于线路长度占比大的非通航孔桥建设，工程难度往往不大，但海上施工点多面广，工程质量和施工安全管理重担时刻压在心头，一刻也不能松懈，贯彻'三减少'理念是首要任务。对于本项目海上非通承台施工来讲，务必抓好五项原则性工作：一是海域平均流速达 2.49m/s，最大潮差达 4.07m，且属于不规则半日潮型，长落潮频繁，围堰结构的稳定性必须可靠；二是钢吊箱结构的安装与拆除必须尽量避免水下作业，确保施工作业安全；三是海域盐度大，承台结构位于水变区，受干湿循环影响，结构耐久性要求是不可逾越的红线；四是承台施工精度要为下部结构预制构件的安装打好基础；五是海上年有效作业时间仅 200d，将'三减少'理念应用到极致，是提质增效的根本出路。"

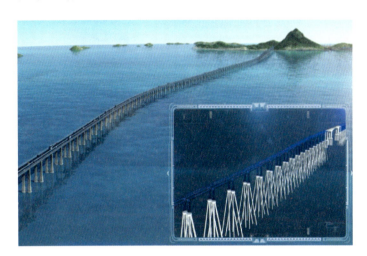

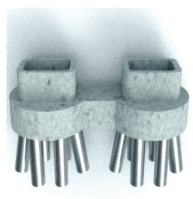

钢管桩打设现场（大场景图） 　　　　　　 承台三维模型图

　　五项基本原则的制定为承台分部工程施工指明了方向，为技术人员靶向发力、开展技术攻关提供了目标。

钢躯混凝土履　驭浪前行

中交第二航务工程局有限公司项目部常务副经理彭琳琳充分认识到，面临如此复杂的海况条件，做好海上承台吊箱的选型是前提。为此，他领衔项目团队开展技术攻关，调研对比了东海大桥（预制混凝土吊箱）、杭州湾大桥、金塘大桥（全钢结构吊箱）等类似跨海桥梁承台吊箱施工经验（见下表），对比不同类型吊箱的使用效果，从成本、功效等方面进行了综合分析。在调研报告的基础上，项目经理章文彬结合项目实际，组织召开了多次研讨会议，认识到钢吊箱具有施工工序少、重量轻、加工容易、壁体可周转、成本低等优点，钢吊箱总体优于混凝土吊箱，随即制定了选用钢吊箱的总体思路。

钢吊箱和混凝土吊箱主要性能比较表

序号		钢吊箱（杭州湾、金塘、南澳大桥）		混凝土吊箱（东海大桥）
1	优点	①质量轻，60t左右； ②吊装不需大型浮式起重机； ③壁体可周转，成本较低	缺点	①重量大，为钢吊箱的3倍（约180t）； ②安装需大型浮式起重机； ③不能周转，成本高
		上马快，不需建造大型预制场		上马慢，需建造大型预制场
		无须增加防浪钢壁体		①吊箱顶需做增加防浪钢壁体，增加安拆工序； ②混凝土外壳防撞性能较差
		承台1次浇筑，无施工缝		①除封底外，分3层浇筑，浇筑工序增加，施工缝增加； ②浇筑承台混凝土约3d后，吊箱悬臂中部出现了不同程度的水平裂缝，吊箱顶部出现"人"形裂缝
2	缺点	重力小，抗浮能力较差	优点	重力大，抗浮能力较好
		①钢底板若考虑拆除，增加了作业工序，安全风险高； ②钢底板若不考虑拆除，一次性成本投入大，且存在于钢管桩电导通隐患； ③钢壁体需要拆除，增加了一道工序		不拆除，减少了一道工序

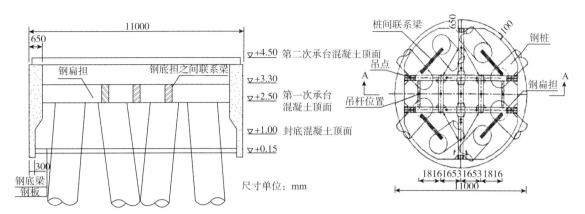

钢扁担布置图（尺寸单位：mm，高程单位：m）

东海大桥承台吊箱设计及施工照片

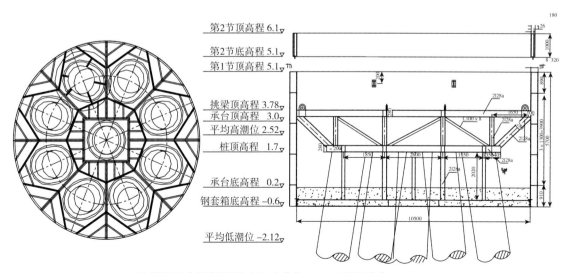

杭州湾承台吊箱设计（尺寸单位：mm，高程单位：m）

杭州湾承台吊箱施工照片

但要全部实现五项基本原则，常规全钢结构吊箱显得捉襟见肘，在综合考虑工序转换和成本投入的基础上，钢吊箱往往需多次周转使用，钢吊箱壁板拆除较为容易，但其底板的拆除则是一件极其劳神费力的工序，若选择在低潮位时拆除，潮位窗口期极短，难以完成；若采用水下拆除，则施工安全风险倍增；若不考虑底板拆除，又将带来一次性成本投入过大的问题，而且存在钢底板与钢管桩电导通隐患，对结构耐久性极为不利。

固守成规难如愿，守正创新方有为。

项目部总工谢德宽及公司技术中心迎难而上，一边大量查阅技术文献资料，一边向经验丰富的专家虚心求教，针对传统全钢结构吊箱底板拆除困难、耐久性存在隐患的顽疾，经反复验算论证，提出了两种解决方案：方案一是沿袭以往工程经验，对钢吊箱结构设计进行优化改进，采用分块可回收钢底板方案。该方案钢结构底板分块制作，块与块之间采用螺栓连接成整体，放置在次梁上。而次梁也同样分块制作放置在主梁上，主梁通过螺纹钢与挑梁连接，承台浇筑完成后分块拆除。方案二则是大胆创新、立破并举。吊箱壁体沿用钢结构形式，可实现快速拆卸周转；底板则首创性选择无须拆卸的预制混凝土底板，组成"钢躯混凝土履"的组合式新型吊箱结构。

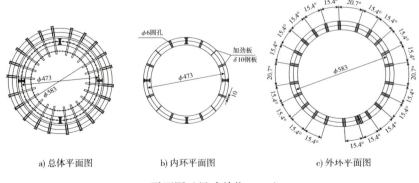

平面图（尺寸单位：mm）

两种方案技术可行性得到论证后，项目团队紧接着将精力投入到两种方案的工效和经济性对比上来。经分析比选，在工效层面，预制混凝土底板方案单个承台可减少工期2d；在经济性层面，"预制混凝土底板"较"钢底板"更优，若按本标段103个桥墩计算，该项工艺革新将产生的经济效益总额估算将达304万元。

最终决定采用"可周转钢壁体"+"预制混凝土底板"的新型组合吊箱结构形式。

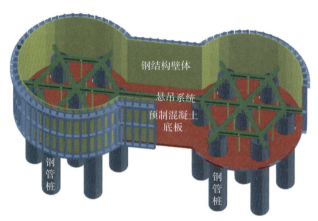

"钢躯混凝土履"底板结构

单墩"预制混凝土底板"与"钢底板"吊箱经济指标比较

序号	底板类型	用钢量（t）	不可周转用钢量(t)	钢材费用（万元）	用混凝土量（m³）	混凝土费用（万元）	拆除费（万元）	合计（万元）
1	预制混凝土底板	7.1	7.1	5.33	23	0.46	—	5.81
2	钢底板	36.6	8.4	6.27	0	0	2.5	8.77
单墩"预制混凝土底板"与"钢底板"吊箱成本差额								2.96

"装配式预制混凝土底板钢吊箱"主要由预制混凝土底板、悬吊系统及钢结构壁体三部分组成，"装配式预制混凝土底板钢吊箱"在后场拼装成整体，采用300t全回转浮式起重机整体起吊、运输、安装就位。

装配式预制混凝土底板钢吊箱

为解决"预制混凝土底板"的强度及刚度问题，混凝土底板采用"梁板组合式"结构、"多点悬吊式"系统，混凝土底板的强度等级为C40，混凝土底板板厚为12cm，混凝土主梁高30cm，宽20~25cm，底板内侧设置拉压杆和挑梁连接到钢管桩上，外侧通过对拉钢筋将壁体与底板拉紧。为解决预制混凝土底板桩位预留孔的精准对位问题，一方面，混凝土底板预制时，桩位预留孔位由现场桩位实测数据进行放样；另一方面，混凝土底板桩位预留孔的孔径较钢管桩投影面大约20cm。

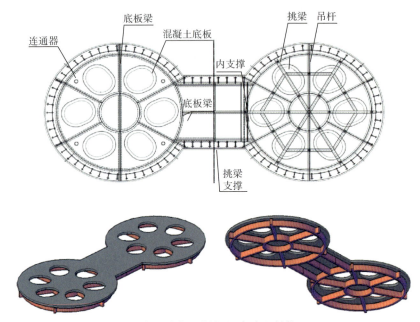

混凝土底板"梁板组合式"结构

创新性提出"可周转钢壁体"+"无需拆卸混凝土底板"的新型组合吊箱结构，有效解决了常规"钢结构底板+壁体"钢吊箱底板拆除时间长、施工风险高、资源消耗大、与钢管桩电导通隐患等系列问题；有效规避了"预制混凝土吊箱"自重大、吊装风险高，混凝土壁体一次性投入且不可周转造成成本高昂等问题，经济效益显著。

在组合式吊箱的加工层面，项目部从可靠性、适用性、经济性出发，为了减少分散作业、劳动强度高、时间长、危险性大等不利因素，钢吊箱在加工厂分块加工、利用螺栓及拉压杆拼装成整体，根据承台的形状及尺寸不同，制作不同的钢吊箱。在设计、加工拼装的过程中，考虑钢吊箱的每一处细节，包括壁体及底板制作、壁体连接、底板预埋件安装、挑梁安装、内支撑安装、封孔板连通器安装，充分考虑各工序各部位的不利因素，将问题集中在加工厂内解决。

其中在预制混凝土底板实施过程中，项目团队进一步优化混凝土底板的预制工艺，研发了混凝土底板高效预制方法，采用混凝土底模作为预制模具，过程中无须重新拆支模，有效减少了作业工序，大大提高了混凝土底板预制效率，降低了拼装平台及吊箱数量的投入。

前期木模预制即吊装拆模照片

混凝土底模现场施工照片

预制混凝土底板施工优化过程

极致探索　化零为整

解决了承台临时吊箱结构的设计问题，迎面而来的是承台主体结构的施工任务。数千吨的海上承台钢筋现场绑扎工作量巨大，海上作业持续时间长，作为结构骨架的钢筋绑扎，特别是环氧钢筋绑扎点多量大，其质量管控是一项必须慎之又慎的事情；加之海上作业持续时间长，施工作业人员安全问题不容忽视。这一系列的难题，一直是萦绕在时任建设指挥部总指挥长梅敬松心头的巨大心结。

哑铃形承台环氧钢筋工程量统计

序　号	承台类型	承台数量	尺寸（m）	单个承台工程量 环氧钢筋（t）
1	哑铃形	50	22.65×9.4×3.0	61.56
2		13	23.25×10.0×3.0	60.56
3		24	23.75×10.5×3.0	54.68
环氧钢筋用量总计（t）			5177.6	

在了解了承台钢吊箱设计方案之后，他发现哑铃形承台钢吊箱内支撑较少，忽然间找到了打开心结有效途径，随即召集技术人员探索承台钢筋模块化技术应用，化零为整，承台钢筋整体绑扎，整体吊装，这样既可以减少海上作业时间和人员，又可以在集中管理钢筋绑扎工序，确保钢筋绑扎质量。

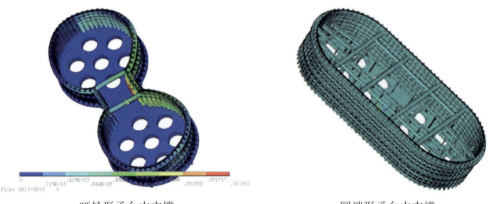

哑铃形承台内支撑　　　　　　　　　圆端形承台内支撑

谢德宽再次领衔技术团队冲锋陷阵，带领技术人员利用计算机进行了3D建模。从骨架加工制作、钢筋安装、桩基深入承台钢筋接长、墩身钢筋预埋等工序分部进行建模拟合，模拟了钢筋现场绑扎流程。

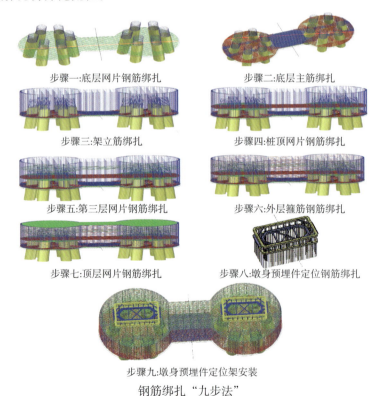

钢筋绑扎"九步法"

在完成钢筋建模的基础上，同时考虑施工期间吊箱的安全，为实现钢筋骨架"化零为整"的目标，提出将承台钢筋分两个模块化整体吊装安装，即横向钢筋在系梁处断开60cm，现场采用套筒连接方式恢复思路，同时对局部钢筋干扰位置进行优化调整。

步骤一：单幅模块吊装

步骤二：另一幅模块吊装

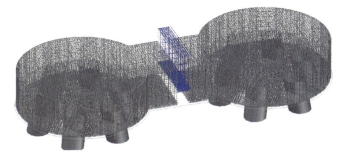
步骤三：中部系梁处钢筋恢复

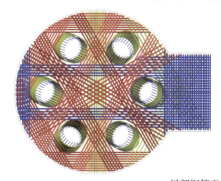
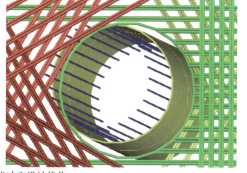

局部钢筋干扰冲突设计优化

承台钢筋笼分幅模块化

在理想即将变为现实的关口，困扰技术人员的问题再次出现，由于预制墩身与承台的连接构造设计要求，墩身预埋钢筋的安装定位精度要求极高，墩身预埋件定位钢筋绑扎整体安装时，墩身预埋钢筋与承台顶层平面钢筋冲突率高达80%，要保证墩身预埋钢筋的定位精度，需大量二次调整承台顶层钢筋，这项工作量是巨大的。技术人员的创新热情又一次受到了无情的打击，但技术团队始终没有放弃，继而开展工效和成本的量化指标论证。

经综合分析比选，在工效层面：传统现场绑扎单墩工期约为 13.5d；而钢筋模块化绑扎单墩工期承台约为 13d，现场作业时间仅缩短 0.5d。在经济性层面：因承台结构尺寸庞大，模块化钢筋笼在进行整体绑扎时，需另行设置钢筋加工场，经核算，87 个哑铃型承台钢筋若全部采用模块化施工，其总费用约增加了 2049.9 万元，这是工程概算中未能涵盖的。建设团队最终决策沿用现场绑扎钢筋的工艺方法。

先进的理念未能付诸实践，是让人扼腕叹息的。但要坚信，创新之路是靠人走出来的，革新的道路上，没有做不到，只有想不到，充满智慧的工程人最终会将梦想照进现实。

差之毫厘　谬以千里

非通航孔桥墩身采用工厂化预制、装配式施工的设计方案，墩身与承台连接设计采用新型连接构造，即底节墩身连接段采用"金钟罩"预制壳体，预制墩身吊装到位后，承台预留钢筋与墩身钢筋采用套筒连接，在空心墩内腔浇筑混凝土，实现墩身与承台之间的连接。

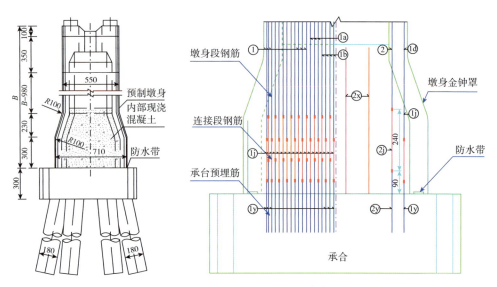

预制墩身-承台连接构造（尺寸单位：cm）

"反复推演，预见问题"是工程人长久以来练就的职业技能，项目总工谢德宽对吴波明制定的五项原则记忆犹新，他意识到问题的严峻性，为给桥梁预制墩身的高精度安装打好基础，承台施工过程中墩身预埋钢筋的精度控制容不得丝毫马虎，若不能保证纵向主筋直螺纹套筒连接质量，对于位于墩身受力最不利位置的墩底区域来讲，在风荷载和温度引起的水平荷载作用下，一旦墩身应力储备不足，将会导致不可估量的后果。

同时，由于预埋在承台中的墩身钢筋数量多，如采用常规的现场绑扎预埋钢筋工艺，精度很难保证，且钢筋测量定位的效率极低。另外，结合以往施工经验，承台混凝土浇筑过程中极有可能会对预埋钢筋造成干扰，导致移位，最终致使预制墩身安装过程中纵向主筋机械连接困难，质量无法保障。

谢德宽深知预埋钢筋定位的问题不能解决，不仅会拖慢施工进度，而且会为后续施工工序带来困难，更有甚者，会给桥梁结构安全带来隐患。为此，在广泛查阅相关文献基础上，结合本项目结构设计特点，提出了采用半丝套筒+钢筋定位骨架的构想，经多番讨论，技术团队一致认为此方法可行。构想得到认可之后，立即着手结构图的绘制，经过多次优化，历时一周，第一代"预制墩身预埋钢筋高精度匹配定位装置"加工完成并运至现场。

"预制墩身预埋钢筋高精度匹配定位装置"由墩壁内外侧双层钢筋定位骨架组成，墩壁外侧钢筋定位骨架分上下两层，可以有效解决钢筋接头不在同一断面的问题。

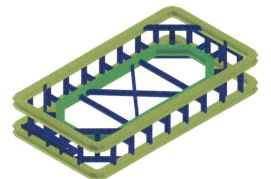 

预制墩身预埋钢筋高精度匹配定位装置

在大海的另一侧，金塘岛墩身预制场内，墩身"金钟罩"内部伸出的纵向主筋定位采用了相同精度指标的"预制墩身预埋钢筋高精度匹配定位装置"进行预制墩身纵向主筋定位，为实现预制墩身和承台的隔空对接奠定了基础。

该工艺大大地提升了预埋钢筋安装进度，且预埋钢筋满足平面精度±5mm、高程±2mm的要求，有效解决了承台预埋钢筋与预制墩身钢筋的高精度对接问题。

亦余心之所善兮　虽九死其犹未悔

回望承台施工走过的创新之路，借用习总书记在中国科学院第十九次院士大会上的讲话亦不为过，"创新从来都是九死一生，但我们必须要有'亦余心之所善兮，虽九死其犹未悔'的豪情"。

跨海通道，百年大计，关乎国家经济建设和人民对美好生活的向往，工程品质绝非小事。作为工程人务必要秉持"质量是生产出来的，不是检验出来的"的质量理念；务必要在一开始就把质量安全造进工程；务必要用创新之手段攻克影响品质之顽疾，最终打造百年品质工程。

看似常规的小小桥梁承台施工，从未曾想过会经历过如此多的欢笑和沮丧，在此总结三点个人感悟与同行共勉：

一是敬畏自然，尊重规律是工程人应恪守的基本原则；

二是靶向发力，精准施策是解决工程问题的基本方法；

三是需求引导，多方联动是推动行业进步的发展方向。

后　记

基于钢斜桩基础的海上承台施工成套关键技术，节约了施工工期近 3 个月，最终核算降低施工成本约 622.23 万元，同时大幅降低了海上施工风险，达到了"安全、优质、高效、创新"的工程目标。其中项目研发的"可周转钢壁体"+"预制混凝土底板"的新型组合吊箱结构，获业主及同行好评，已被本项目相邻标段及新建福厦铁路借鉴使用。

承台钢筋模块化虽未能在本项目得以推广应用，但其仍值得持续研究，或许可通过优化预制墩身与承台的连接方式（浪溅区以下墩身甚至可以按现浇考虑），简化连接部位复杂的钢筋布置型式等措施可为承台钢筋模块化铺平道路。

随着我国跨海桥梁建设的不断发展，在工业化、装配化、快速化的理念下，该套研究成果可为后续类似桥梁的施工提供经验及参考，同时具有显著的经济效益和社会效益。

身如飞燕 势若游龙
——北通钢—混凝土混合梁连续刚构桥的轻量化设计与施工关键技术

中交第二航务工程局有限公司

驻足双合石壁眺望大桥，北通航孔桥首先映入眼帘，优美的造型设计，给人一种飞燕当空舞、游龙卧碧波的直观感受。然而，它的由来有着些许故事。

桥型设计方案选取

北通航孔桥作为项目第三座通航孔桥，通航净宽要求为单孔双向215m，同时为降低船舶撞击风险和水流对桥梁的影响，需预留一定的通航富余量，为此在满足各方面因素的前提下，确定了北通航孔桥主跨采取260~280m单跨布置形式。

然而，对于主跨260~280m常用的桥型方案较多：连续刚构桥、拱桥、自锚式悬索桥、斜拉桥，那如何做好北通航孔桥桥型方案的选取是省院王昌将面临的首要难题，为此他带领设计团队分别从限高、景观、施工难度、工期、成本及运营维护等方面进行深入比选研究，最终选取了主跨260m的钢—混凝土混合梁连续刚构设计方案。该桥型具有工期短、经济性优等特点，且有效规避了以往大跨径混凝土连续刚构桥跨中下挠和腹板易开裂等问题。

此外，在海域环境中，"装配化""工厂化""三减少"理念是降低工程施工风险的有效手段，为贯彻该理念，同时考虑海域现浇构件钢筋易锈蚀、养护条件差、超高挂篮抗台风险高等因素，北通航孔桥主梁最终采用节段预制、对称悬拼的设计思路。

桥型设计概述

北通航孔桥采用主跨260m的节段预制悬拼钢—混凝土混合梁连续刚构桥，跨中设置的85m钢箱梁重达692t，预制节段箱梁共计208榀，最大预制梁高达12.731m，重达257.8t，刷新了国内节段预制梁之最。节段梁与钢—混结合段间采用无湿接缝干拼工艺，更为国内首次。

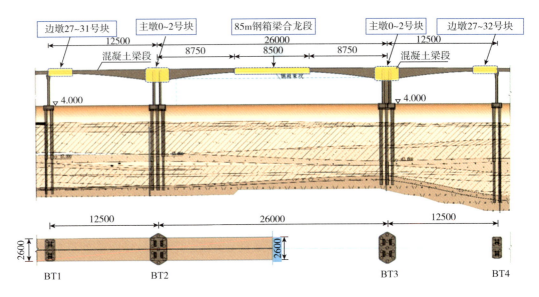

桥型布置图（尺寸单位：cm）

  随着桥型方案的确定，跨中无湿接缝干拼、超高窄节段预制运输及安装、海洋恶劣环境下85m大型钢箱梁的安装等难题也随之而来，这对项目总工谢德宽和技术团队也是一项巨大的考验。施工前期，依托二航局技术中心，通过调研类似工程施工工艺，多次召开内部讨论会，邀请内业专家开展专题研讨等形式，对各施工难题逐项剖析解决，制定了详细的专项施工方案及应对措施；施工过程中，时刻关注各关键工序的实施效果，开展首件总结，优化施工工艺，做到精益求精；最后，一座"身如飞燕、势若游龙"的北通航孔桥顺利建成。然而，期间可是煞费苦心……

预制场选址规划

  本项目作为交通运输部"桥梁预制构件质量提升攻关行动"及中国交建"PC构件质

量提升攻关行动"的试点工程,为打造节段梁预制构件品质工程,项目团队充分调研国内外节段预制场经验,以短线匹配法工艺为依托,建立"工厂化生产、机械智能化加工、超市化存储、信息化指导、班组标准化管理"等理念,努力打造国内领先水平的节段梁预制场。

预制场选址方面,首先要解决的就是重达260t节段梁的出运问题。为此,项目经理章文彬分别对定海本岛、富翅岛、岱山岛、长白岛进行实地调研考察,从指挥部管理要求、出运条件、运输距离、场地尺寸、环保管控等方面进行比选分析,最终决定在长白岛太平洋船厂新建节段梁预制场。该场地为160m×520m的规则长方形,现状900t港池式码头满足节段梁的出运,场区面积与本项目整体规划吻合,现状设施满足生产需求。

机械化钢筋加工车间

钢筋自动剪切机器人

钢筋自动弯曲机

生产线门式起重机

全液压式台车模板

自开合式养护棚

钢筋原材料分类堆放

钢筋半成品货柜堆放

钢筋半成品货架堆放

材料仓库分类堆存

砂石料仓分类堆放

节段梁存储分布图

为做好节段梁工厂化流水线生产，预制场划分为六个分区：钢筋加工区、钢筋绑扎区、预制区、混凝土供应区、存梁区、出运区。其中钢筋加工区引入数控设备、焊接机器人等智能设备，提高加工精度及焊接质量，生产线配全液压台车模板、大型龙门吊、自开合式养护棚、自起升液压运梁车等设备，提高机械化作业水平及生产效率；各工点实行超市化存储、工序作业指导书上墙、标牌标准化等管理理念，提升项目标准化水平；运用 BIM 动态管理平台，连接智能视频监控，对节段梁生产、仓储、出厂、运输、安装进行全过程信息化、智能化管理。

节段梁预制构件品质攻关

依托交通运输部"桥梁预制构件质量提升攻关行动"，中交二航局成立"桥梁预制构件质量提升攻关行动工作小组"，专项提升节段梁预制品质。预制场总工杨康重点从施工工艺、质量控制要点、现场精细化管理等方面着手，重点对混凝土标准差、钢筋保护层合格率、预制构件精度、混凝土外观质量以及预留预埋精度五方面进行严格把关，制定攻关目标如下："混凝土标准差小于2.0，钢筋保护层整体合格率达到98%，构件尺寸误差0~5mm，混凝土外观无明显色差、斑点麻面、裂纹及错台，预留预埋精度控制 ±10mm"。详细控制举措如下：

1. 混凝土标准差控制举措

原材产地抽样检测→见证装船及跟踪→原材进场前抽样检测→石料进场再清洗→粉料进场测温→粉料进场检测对比→拌和站称量系统校核→浇筑状态、强度实时上传→入模温度检测→混凝土性能检测→试块样板展示→振捣棒与高频配合振捣→自动喷淋系统十三方面进行严格把关。

2. 钢筋保护层合格率控制举措

数控设备、焊接机器人→钢筋模块化生产→大样实时对比→定型绑扎胎架→固定箍圈尺寸→钢筋肋牙朝外＋统一环形垫块→受力区垫块加密→多点吊具、减小变型→入模后垫块检查调整→浇筑导向、避免碰触→及时检测、问题反馈→检测仪器校核十二方面进行严格把关。

3. 预制构件尺寸精度控制举措

台座、测量塔沉降观测（≤2mm）→测量数据自校核，减少人为误差→全自动液压模板，保证结构尺寸→调节块精加工，减少错台四方面进行严格把关。

4. 混凝土外观质量控制举措

双掺混凝土多比例调配试验，保证混凝土性能及外观→不同种类脱模剂试配试验，实体试验块多次浇筑总结→护栏钢筋一次性定位，减少入模后施焊污染→内倒角模板布应用，减少气泡产生→不锈钢复合面板应用，保证外观光滑→精下料保护罩，减少腹板挂浆六方面进行严格把关。

5. 预留预埋精度控制举措

专用预留预埋图纸图集，避免遗漏→3D打印模型交底，可视性强→激光定位系统，提高预埋精度→高精度1∶1配置绑扎胎架，提高预埋精度及效率→台座定位工装，保证预埋精度及效率五方面进行严格把关。

超高窄"基准块"运输吊装及精确定位

2号块是北通航孔桥首节安装的节段梁，也是项目最大的节段梁（重257.8t，高12.731m）。该2号块的安装精度直接决定了北通航孔桥上部结构的安装线形，故也称"基准块"。为确保桥梁线形，监控单位王文洋积极与项目部对接，根据合龙线形要求，结合节段梁预制线形、施工工况、荷载及边界条件等因素进行分析计算，提出该"基准块"的高精度定位标准要求：轴线偏差≤2mm，四角高差≤2mm。

针对超高窄、超重"基准块"的高精度定位要求，项目团队积极开展专项技术攻关，从梁段的运输到现场驻位吊装，从精确定位到加固锁定等工序进行超前模拟、提前预演、过程优化、及时总结，确保了高精度要求"基准块"的成功安装。

该"基准块"属于超高窄、超重变截面节段梁,高宽比达 4.2,在运输过程中对运输加速度、转弯半径、纵横坡等因素极为敏感,各环节把握不当将极易发生倾覆,造成无法挽救的后果。为此,项目总工谢德宽带领技术骨及运梁车/船驾驶员多次提前调研运输路线工况并采集相关路况参数,针对性的研发了"一种超高窄箱梁运输固定工装",并制定了详细的运输过程安全控制措施。其中,在首片基准块装车运输过程,他带领技术骨干及作业班组从上午 8 点连续奋战至凌晨 3 点,从运输固定架的装车固定→节段梁的落车→手拉葫芦的设置及固定→钢丝绳系固顺序及角度控制→限位装置的施加→运梁车启动控制→转弯半径及速度控制等工序进行手把手交底,确保了整个运输的安全。

"基准块"吊装前期,项目副经理陈跃云组织全体人员进行模拟演练,制定各工点岗位职责,落实到人。对浮式起重机及运梁船的抛锚就位、梁段吊点位置及吊具性能、钢管支架限位装置、临时支座及三向千斤顶布置位置等工序进行全面排查,做到万无一失。"基准块"梁重 257.8t,采用 1200t 浮式起重机进行吊装,整个吊装过程按计划有条不紊地进行着,历经 6h 的全员努力,成功地将该庞然大物平稳安全地落放至支架上方。

超高窄变截面节段梁在海域恶劣条件下满足 2mm 的高精度控制标准要求,这将是一个前所未有的挑战。为确保高精度定位要求,还需进一步考虑支架沉降、测量误差、温度及日照影响、后续 1 号块浇筑及桥面起重机荷载等影响因素,为此,项目总工谢德宽对测量部提出了更高的标准要求:在各环节加固措施落实的前提下,定位精度控制在 1mm。

为确保该梁段的定位精度,现场工段从支架搭设阶段就已开始严格把控:通过对原材料进场验收、支架模块化吊装设计、焊缝跟踪检测、构件连接质量跟踪检查、钢绞线反拉预压跟测等措施，以消除支架的非弹性变形。在梁段精确调位方面，通过临时支座精加工、4台100t三向千斤顶反复微调、0号块中心布设强制归心观测墩+徕卡NA2水准仪和徕卡TS15高精度全站仪+48h连续观测等措施，确保定位精度在±1mm误差范围。梁段的顺利调位完成，紧接着就是如何做好加固锁定措施以避免后续工序施工导致梁段的精度的变动，为此，项目提出了"限、拉、撑、锁"控制原则，利用支架焊接侧纵向限位型钢+腹板侧临时钢齿坎对拉+节段间型钢支撑+顶部型钢焊接锁定等措施，确保了该梁段的定位精度不受后续工序的影响。

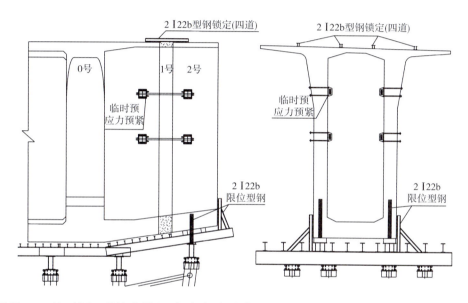

历经12d的时间，"基准块"成功完成吊装、定位，给项目全体人员带来了动力，但是他们并没有沉浸在喜悦中，因为他们知道现在高兴还早，后面还有很多困难需要去攻克解决。

3号块悬拼梁段吊装

3号块是北通第一对桥面起重机悬臂拼装梁段，高12.15m，宽3m，重250.3t。受防撞钢套箱的影响，运梁驳船驻位无法满足桥面起重机垂直起吊，类似项目常规做法是紧邻防撞钢套箱搭设临时存梁平台，采用浮式起重机将梁段提前起吊搁置在平台上，桥面起重机垂直起吊梁段，待梁段起吊完成后需及时拆除该临时平台以满足后续运梁驳船的驻位。该做法工序繁杂、耗时长，为解决该难题，项目总工谢德宽对3号块驻位吊装进行了深入模拟分析，从桥面吊机站位、纵移行程选取、钢绞线最大允许斜吊角度、运输驳船船型的选择、运输船上3号块的搁置位置及平衡配载设置、起吊过程的分级控制、斜吊过程反拉措施等方面进行全方面布局考虑，避免了临时平台的搭设，有效减少了海上作业工序，缩短施工工期20d。详细举措如下：

（1）桥面起重机靠前站位，吊装钢绞线倾斜角度控制在2°以内；

（2）选取深仓运梁驳船，3号块横向偏位装载，通过对侧配载＋船舶压仓水＋8根交叉系固揽风绳等措施，解决超高窄梁段运输过程的整体稳定性；

（3）起吊过程中采取4级分级起吊＋配载同步卸荷，确保船体的横向稳定；

（4）侧向设置4个10t的手拉葫芦，起吊过程中逐步松动手拉葫芦，直至钢绞线处于垂直位置，方可解除手拉葫芦，避免了起吊过程3号块的纵荡移，撞击永久防撞钢套箱。

在指挥部领导、监理全力配合下，历经8h，项目部顺利完成了3号块的起吊、匹配、预应力施加及松钩等工序，标志着项目部成功地完成了国内最大预制节段悬拼梁段的安装。

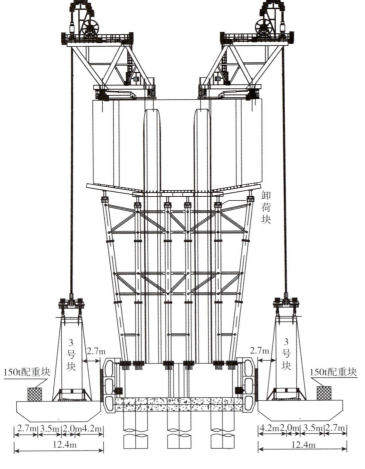

跨中钢箱梁合龙

跨中处的钢箱梁安装是北通航孔桥节点工程，安装完成就标志着北通航孔桥的胜利合龙，然而这个庞然巨物长达 85m，重达 692t，无论是箱梁运输、定位，还是抬吊过程的稳定性控制，都面临着一项项巨大的考验。

为此，项目经理章文彬召集项目部全体人员、钢箱梁运输班组、吊装班组多次召开专题研讨会议，结合具体施工工况，考虑一切不利因素，制定了详细的控制措施，确保了钢箱梁的顺利吊装。

为确保运梁船舶横水驻位安全，必须选择当月最小潮水中的低平潮时段进行作业。横水驻位方面通过 1 艘自稳性能强的 1200t 大型浮式起重机靠泊以及两艘 3000 匹大动力拖轮辅助顶推协同配合的方式解决，同时，严格控制整个定位到起吊周期在 4h 以内（低平潮周期）。起吊阶段，采取四级分级起吊，过程中通过桥面吊机称重/行程数显装置、四角跟踪测绳、桥下全站仪器观测三项举措，采取每 5min 一校核的原则，严格控制钢箱梁吊装提升过程的稳定性，详细控制指标为：四角允许起升高差 20cm，各吊点吊重变化量 20t 以内。

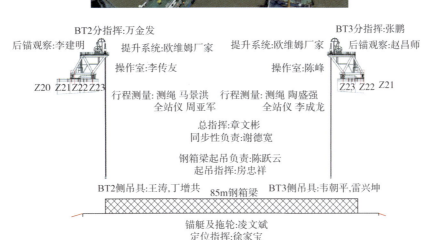

虽然方案已制定，但小潮汛每半个月才有一次，错过一次就要再等半个月。为了保证钢箱梁按照原计划吊装，吊装前1天，项目副经理陈跃云组织全体人员对吊具进行试匹配，对桥面吊机驻位、前支点支垫、后锚固螺栓紧固、桥面吊机各项性能等进行逐一检查，确保万无一失。吊装当天，全体工作人员在章经理的带领下，早上5点便到达施工现场，由项目总工谢德宽对全体人员进行再次现场安全技术交底，强调人员布置及岗位职责。

起吊时，由一级起重工房忠祥作为起吊总指挥，韦朝平和王涛作为起吊副指挥各负责一台桥机的起吊，随着起吊总指挥一声令下，钢箱梁四阶段起吊程序正式启动：初级加载（20%）→二级加载（50%）→三级加载（80%）→四级加载（100%）。在初加载时，先调整每个提升千斤顶的受力，使两千斤顶受力基本相同。当加载至80%荷载时，千斤顶回程匀调钢绞线受力松紧状态。同时再次检查千斤顶、锚固系统及吊具与预制梁的连接情况。继续加载并在一个千斤顶提升行程内将梁段迅速提离驳船10cm，然后静止持荷10min，确保安全后，通知运梁驳船离开。

起吊过程中，四个技术员通过测绳及全站仪观察吊装高差情况，综合桥面吊机称重/行程显示盘数据，每5min通过对讲机汇报至同步性控制总指挥，保证每一个行程过程正常稳定。历经3h，累计135个提升行程，该庞然巨物顺利提升至合龙口下方。此时，在起吊总指挥的指挥下，操作人员通过调整桥机油顶，细微地调整了钢箱梁的平面位置及高程，

最终将钢箱梁调整至设计位置，钢箱梁作业班组及时跟进，将钢箱梁与钢混结合段进行栓、焊固定，同时也标志着北通钢箱梁合龙段施工完美结束。

四新技术与创新

北通航孔桥的顺利合龙，离不开大家的艰辛付出，同时过程中不忘践行二航"争科技领先、创管理一流"的企业精神，项目科技工作者时刻围绕着"科技兴安、创新强企"理念，形成了多项技术创新成果。

护栏钢筋、预埋件胎架上一次成型

护栏钢筋及横向束锚盒，以往做法是钢筋骨架入模后在预制模板上进行定位绑扎或焊接，该方法耽误节段预制周期，定位精度不高且模板上施焊影响翼缘板外观质量。为此，项目研发了一种护栏钢筋、预埋件胎架上一次成型技术，即护栏钢筋、横向束在胎架上一次性整体定位绑扎定位，整体吊装入模。该技术有效缩短了节段预制周期，提升了定位精度及梁体外观质量。

节段箱梁陆地快速转运系统

项目共计1772榀节段梁（含非通航孔桥），涉及三个岛、五个安装工点，同时三台架桥机4台桥面吊机同时架设，节段梁供应的及时性直接制约着现场安装进度，为此项目部研发一种节段箱梁陆地快速转运系统，该系统充分利用龙门吊空余时间，依托门式托架提前进行梁段的整理待运准备，通过自起升液压运梁车直接顶升运输，同时利用多点自平衡吊具实现梁段的快速起吊装船。该运梁工艺体系在施工工效方面是以往工艺的3倍，有效提高了门吊的利用率及运梁工效，成功解决了项目节段梁的供应难题。

自旋转自起升运梁车　　托架待出梁　　运梁　　多点平衡吊具快速起吊

1 配 3+2 模板配置及双层自开合养护棚

每套节段梁预制模板通常配置 2 个底模:"现浇梁底模 + 匹配梁底模",根据混凝土强度曲线图,节段梁起吊要求的混凝土强度通常制约着梁段的预制周期。项目部在模板体系上通过增加一个等强底模,即采取 3 底模配置方式:"现浇梁底模 + 匹配梁底模 + 等强梁底模",将起吊工序延后一个浇筑循环周期,有效提高预制进度。

预制台座采用双层封闭式养护棚全封闭施工,自启开合,能有效起到保温、保湿、减少风吹与日晒的作用,有效确保了节段梁的 14d 养护周期,保证了梁体质量。

单塔无线测量匹配技术

在节段梁测量匹配方面,引入了单塔无线测量匹配技术,利用单个测量塔、无线网及 App 连接全站仪技术,实现单人双向操作,手机操控全站仪测量,数据自动导入。对比传统双塔短线匹配测量方法,具有三项优势:一是由原来 2~3 人/组测量操作减少为 1 人操作;二是改双塔坐标系为单塔与模板中点建立坐标系,减少多工序操作造成的误差,提高了精度；三是改数据采集完后全站仪内数据人工导入电脑操作分析，为无线网连接App自动对比分析，提高了工作效率。

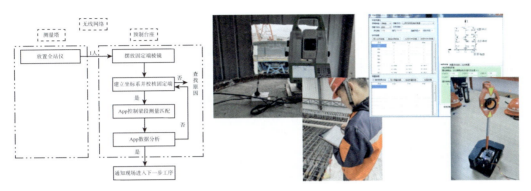

一种恶劣海况条件下的吊具快速安装工装

节段梁与吊具通常采用精轧螺纹钢进行硬连接，然而在海域环境下，风高浪大天气频繁，受风浪的影响，精轧螺纹钢吊杆对位困难且吊杆极易受损。为有效解决该难题，项目部开发了一种适应恶劣海况条件下的吊具快速安装工装：将传统精轧螺纹钢硬连接调整为钢丝绳+吊耳软连接结构，大大提高了节段梁吊具安装工效，规避了常规精轧螺纹吊杆的结构安全隐患。

小　　结

北通航孔桥的顺利完工，这一切离不开指挥部领导及各方人员的支持与努力。整个过程中，项目始终坚持超前谋划、稳中求进、精益求精的原则，从整体布局到每一处细节的把控，都反复考虑、多次模拟，将可能出现的问题扼杀在萌芽状态。施工过程中，项目部积极开展技术攻关，在解决多项技术难题的同时，形成了多项创新成果，可为后续同类桥型提供参考借鉴。

舟岱大桥5标

多点优化　少些弯路
——海上大型预制构件的品质创建
中铁大桥局集团有限公司

本项目主线全长 27.969km，由中铁大桥局集团有限公司承建的宁波舟山港主通道第 DSSG05 标段负责海域 70m 跨非通航孔桥预制墩身和箱梁的制运架，战线全长 12.32km。墩身和箱梁均采用预制装配式结构，共计 368 座（694 节）墩身，370 榀箱梁。

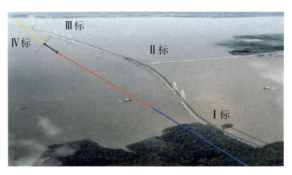

海域桥梁整体布置图

高标准建设面临多重难点

宁波舟山港主通道（鱼山石化疏港公路）公路工程是以打造品质工程"浙江样本"、全国"品质工程"建设示范项目为目标，实现"公路交通优质工程奖"、力争"国家优质工程奖"，实现省部级"平安工地"示范工程、实现全国公路水运建设项目"平安工程"冠名。因此，需要以高标准、高质量完成各项工作。

同时，本标段合同工期为 42 个月，包含施工场地建设、构件预制、构件海上安装及桥面附属结构施工。考虑台风、大风、雷暴、大雨、雾等不利天气影响，实际有效施工工期不足 29 个月，建设工期紧。

此外，本项目结构复杂，工序多。其中，预制墩身底部是一个 5.8m 高度的向外扩大的"金钟罩"结构，墩底与承台通过防水带、墩底座浆及防水带压浆三道工序满足连接处的防水要求；墩身内部与承台之间通过预埋的竖向主筋一一对应连接，并分两次现浇墩内填芯混凝土实现墩身与承台的连接；墩身节段间连接采用"墩内齿块+墩底 PT 锚竖向预应力体系"，墩内齿块是上小下大的异形结构，齿块钢筋数量多、间距小，振捣质量难以控制；海上预应力穿束采用单根穿束的方法，穿索时间长；墩内下排齿块距离混凝土面只有 0.7m，预应力施工操作空间狭小，预应力施工质量控制难度大。项目全线大型构件数量多、吊装作业频繁。其中，墩身在预制场内吊装 1652 次，箱梁场内吊运超过 740 次，临时爬梯、临时安装平台装拆约 3000 次，再加上预制过程中各类绑扎平台、整节段钢筋笼、模板吊装等，日均吊装作业百余次，安全管理难度大。并且，本项目墩身及箱梁制运架作业分属 2 个工区，3 个大规模作业点，共 5 个作业队伍参建，参建人数达 1300 人。

综合安全、质量、工期考虑，墩身、箱梁匹配预制及架设协调组织难度大。

强化管理理念　指引品质创建

项目协助主通道建设指挥部全力推动"质安文化进工地""中国智造、智慧工地"，打造一条安全耐久、舒适环保、服务优质、美丽山水的绿色高速通道。项目质量管理全面推行"三化（工厂化、标准化、信息化）、三集中（构件集中预制、混凝土集中拌和、钢筋集中加工）、四控制（方案控制、材料控制、设备控制、工艺控制）"等管理措施，实行标准化管理，采取班组"6S"管理、集中生产、从严控制、落实责任，做到全过程、全员、全面的管理。安全管理树立本质安全理念，实行制度化、标准化、科技化管理，借助专业化服务提高安全管理水平。运用信息化管理，提高项目管理效率，提高项目集约化、机械化、智能化、信息化施工控制水平。

项目深入贯彻交通运输部"创新、协调、绿色、开放、共享"五大发展理念，推动"四个交通"发展要求，运用"五化"（人本化、专业化、标准化、信息化、精细化）管理举措，坚持工艺技术创新，深化现代工程管理，推行精细化和标准化管理。

项目部实行扁平化项目管理，组建以项目经理为核心的管理团队。项目部组织机构设置管理层和作业层，管理层为六部两室；作业层采用"工区＋班组"方式进行管理。预制场按照工区管理模式组织生产，设置工区经理、调度、各区域负责人、作业队长、技术员、安全员、试验员、测量员等组成管理团队，将作业队伍编排成若干班组，实现项目部—工区—班组的"横向到边、纵向到底"管理体系。制定班组作业标准化实施方案和考核办法，通过运用"6S"、六步走、网格化管理提高班组作业标准化水平。

现场科学布局　贯彻品质理念

海域 70m 跨非通航孔桥的所有墩身、箱梁均在陆地预制，采用海运方式抵达桥址区进行架设安装，故预制场的规划建设是项目管理的重要环节，须贯彻预制构件品质工程要求和桥梁工业化理念。

预制场规划满足《浙江省高速公路标准化管理实施细则》要求，总体布局合理、作业分区明确、施工组织有序,遵循"三化、三集中、四控制",设置一个预制厂、一个钢筋加工厂、一个拌和站;实现构件集中预制、混凝土集中拌和、钢筋集中加工。生产设施按照"三化"原则,充分体现自动化、智能化、信息化。工人生活区能充分体现人文关怀,采用庭院式砖混结构房屋。结合本项目特点布置预制场,设置五大功能区,即办公生活区、生产保障区、墩身生产区、箱梁生产区、出海码头。

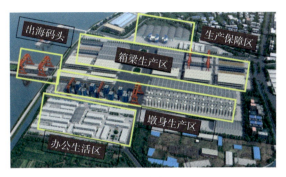

预制场总体布置图

按照总体工期安排及墩身、箱梁月度生产能力,合理设置预制和存放台座。墩身台座18个,墩身生产线按东西方向布置。为减少对周围居民的干扰,墩身预制区在西边海堤侧,东侧为墩身存放区。箱梁预制区设两条生产线,共6个预制台座,设置4个单层存梁台座,15个双层存梁台座。

2017年9月6日,宁波舟山港主通道建设指挥部现场协调310亩(1亩≈666.7m²)预制场交地事宜。2017年10月,项目组织人员、机械设备进场,对原金塘大桥梁场的地坪及桩头进行破除和整平处理,从此拉开了预制场建设的序幕。2018年3月,混凝土拌和站具备生产条件,开始供应混凝土。2018年9月,预制场各配套设施落地,标志着预制场建设全面完成。

严抓工艺试验 确保首件质量

根据本项目质量管理办法,预制墩身和预制箱梁需要先开展工艺试验,通过工艺试验验证施工方案的可行性,并对施工方案进行优化,为后续施工总结经验,确定最优的施工工艺和施工组织。工艺试验项目包括:施工方法及工艺、技术参数、质量检测等。根据首件制管理要求,工艺试验发现的质量通病须解决后方可进行首件施工。

根据墩身、箱梁结构及类型,墩身选取了墩帽、金钟罩、标准节段、剪力键及剪力槽匹配面作为工艺试验对象。箱梁选取了以主线桥等宽段中跨箱梁的端头、中部(上下带齿块)、内箱变截面三个位置,通过对钢筋、模板、混凝土浇筑和养护等工序进行试验。

2018年3月1日,开始墩身工艺试验,2018年10月8日完成首件预制墩身总结批复,耗时7.2个月(2018年3月1日至2018年10月8日,222d),先后进行了17次墩身预制工艺试验。

墩身工艺试验效果图　　　　　　　　　箱梁工艺试验效果图

2018年4月16日，开始箱梁工艺试验，2018年11月3日完成首件预制箱梁总结批复，耗时6.57个月（2018年4月16日至2018年11月3日，203d），先后进行了14次箱梁预制工艺试验。

工艺试验期间发现并解决墩身钢筋施工问题13项，钢筋问题2项，模板安装问题3项，混凝土问题4项，保护层问题控制措施有4项；解决箱梁钢筋问题12项，混凝土问题5项；保护层问题控制措施有4项。详细问题及解决措施见下表。

墩身工艺试验问题及采取措施汇总表

序号	项目	主要问题	解决措施
1	钢筋问题	（1）钢筋冲突有11项，主要包含钢筋与钢筋间的冲突，钢筋与预应力管道、钢筋与墩身吊装预埋管之间的冲突； （2）钢筋笼内侧及外侧圆形水泥垫块因钢筋净间距不足，保护层厚度控制困难	（1）通过设计变更，调整钢筋位置或长度解决钢筋冲突问题； （2）垫块采用满足净保护层并在此基础加大2mm，在中间穿φ10mm圆钢斜向绑扎在箍筋上
2	模板问题	（1）顶模具对剪力键压制时，顶模具自重对高性能混凝土压模效果不理想； （2）墩身底模具底板下面缝隙过大，模板不平整； （3）底模具与外模接触面橡胶条处有缝隙，浇筑混凝土时存在漏浆现象	（1）通过在顶模具与外模之间设置Π形钢构件，用于连接顶模具与外模，然后用钢构件内放置千斤顶对剪力键进行压模； （2）通过测量复测将底模平整度控制在2mm以内，再进行焊接加固，底模具与底座间缝隙采用压浆填塞密实永久固定； （3）通过在底模具四周贴双面胶及模板安装后填塞玻璃胶解决漏浆问题
3	混凝土问题	（1）混凝土浇筑时泵车有泵送困难的现象； （2）拆模后混凝土外观有色差； （3）混凝土砂浆施工时溅到外模面板，影响墩身外观质量； （4）墩身倒角出现蜂窝、麻面	（1）调整混凝土发车的时间，加大混凝土坍落度在200mm左右； （2）混凝土色差在包裹养护数天便消失，不影响外观质量； （3）调整振捣点与外模距离，安排专人清理； （4）通过增加附着振捣器解决倒角处混凝土出现蜂窝、麻面的问题

续上表

序号	项 目	主 要 问 题	解 决 措 施
4	保护层问题	（1）保护层合格率低； （2）圆形垫块斜向安装移动问题，影响保护层合格率； （3）钢筋纵横肋对保护层检测结果有影响； （4）钢筋扎丝头对保护层检测结果有影响	（1）通过钢筋模块化施工，胎架精确定位，控制钢筋龙骨尺寸，进而保证保护层合格率； （2）通过在圆形垫块中间穿入的圆钢两侧增加两根钢筋固定垫块； （3）在钢筋制作与绑扎过程中，确保横肋或纵肋统一正对混凝土构件，减少纵、横肋不同朝向对钢筋保护层检测结果的影响； （4）钢筋绑扎过程中统一要求扎丝丝头朝向钢筋骨架内侧，避免丝头伸入保护层区域

箱梁工艺试验问题及采取措施汇总表

序号	项 目	主 要 问 题	解 决 措 施
1	钢筋问题	（1）钢筋冲突有12项，主要包含钢筋与钢筋间的冲突，钢筋与预应力管道的冲突； （2）钢筋绑扎顺序问题导致预应力波纹管不顺直； （3）梁端预埋钢筋不整齐，外露长度不统一	（1）通过设计变更，调整钢筋位置或长度解决钢筋冲突问题； （2）顶板底层钢筋网片绑扎后，带线安装预应力管道，再绑扎顶层钢筋网片； （3）钢筋带线绑扎，通过在钢筋上划线确保外露尺寸统一
2	混凝土问题	（1）底板倒角处、底板锯齿块顶面出现大量气泡； （2）腹板局部出现气泡； （3）箱梁外观存在色差； （4）混凝土出现气泡、印痕、模板布黏附在混凝土上； （5）顶板出现蜂窝、麻面	（1）在底板倒角处、底板锯齿块顶面模板上粘贴模板布； （2）先浇筑两侧底板倒角位置，确保两侧倒角混凝土密实无空鼓，再通过内模下灰孔补底板混凝土； （3）通过优化配合比、加强对模板脱模剂质量的控制解决色差问题； （4）模板表面涂刷水泥浆，用磨光机打磨，清理表面灰尘，喷专用胶，贴模板布，毛面面向模板； （5）布料机泵管在两侧腹板之间来回摆动的时候，在布料机泵管下口套接混凝土口袋
3	保护层问题	（1）保护层合格率低； （2）保护层垫块存在压碎现象； （3）钢筋纵横肋对保护层检测结果有影响； （4）钢筋扎丝头对保护层检测结果有影响	（1）通过钢筋模块化施工，胎架精确定位，控制钢筋笼尺寸，进而对保护层合格率提升有很大帮助； （2）通过现场预制保护层垫块代替购买，保证垫块强度； （3）在钢筋制作与绑扎过程中，确保横肋或纵肋统一正对混凝土构件，减少纵、横肋不同朝向对钢筋保护层检测结果的影响； （4）钢筋绑扎过程中统一要求扎丝丝头朝向钢筋骨架内侧，避免丝头伸入保护层区域

优化工艺流程　技术推陈出新

项目部结合本项目结构特点，广泛借鉴同类工程先进的经验，在施工生产中不断探索，对工艺、技术等进行了优化与创新，保证预制构件质量，提高生产效率，优化资源配置，助力品质建设。

预埋钢筋定位架为预制墩身与承台连接保驾护航

本项目墩身与承台采用预埋钢筋对接连接，墩身内腔现浇混凝土，所以墩身预制时对预埋钢筋的定位精度要求非常高。为了解决墩身预埋钢筋精确定位问题，项目工程部部长通过研究墩身结构，利用现有条件，设计出一种预埋钢筋精确定位架。预埋钢筋定位架根据每种类型墩身截面尺寸和钢筋接头间距设计，定位架采用螺栓连接固定于模板顶口（与模板法兰对接），保证整体稳固。预埋钢筋定位架结构简单、安拆方便、定位精度高。

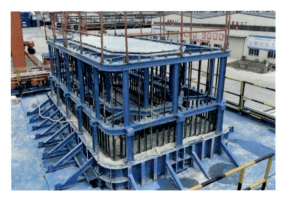

墩身预埋钢筋定位架布置图

自动开合模板助力墩身预制精确化、快速化

结合高品质、快速化施工的理念，考虑金钟罩结构的复杂性，项目经理组织项目部与模板厂共同研究设计金钟罩变截面模板，将金钟罩模板设计为无拉杆的整体外模，外模的安、拆均采用轨道式滑移技术，液压油缸驱动实现模板的开启、闭合及纵横向移动。根据现场台座布置，设置 5 套金钟罩自动开合模板，相邻两个台座通过纵横移轨道共用一套模板，服务 10 个 A 类底节预制台座。

墩身模板自动开合示意图　　　　　　　　底节金钟罩分节浇筑示意图

化整为零流水作业，保证金钟罩预制

底节金钟罩变截面结构在混凝土布料和振捣方面存在较大困难，针对这个难题项目部开会讨论决定，对于带有金钟罩的底节均分两次浇筑，先在预制台座上浇筑底部6m段，待强度满足要求后在存墩区接高剩余部分。一方面能够缩短墩身占用预制台座时间，提高预制效率；另一方面能够提高墩身预制质量。

改现浇为预制，提升垫石质量

Ⅰ类墩身位于低墩区段，全部采用整体式预制，全桥共104座。为减少海上作业时间、降低海上高空作业风险、降低海上施工投入、提升垫石浇筑质量，项目部与设计单位沟通，确定垫石在预制场预制，通过调整垫石和支座之间的灌浆料厚度确保梁面高程符合设计要求。

70m整孔预制箱梁首次采用自动液压箱梁内模助大箱梁预制化繁为简

目前已建成的70m跨海域预制箱梁有东海大桥、杭州湾大桥。随着吊装技术的发展，本项目70m梁钢筋与模板施工工艺也得到了很大提升。项目部在东海大桥、杭州湾大桥基础上进行技术优化，将以往"底腹板钢筋、顶板钢筋"吊装技术分别优化为"底腹板钢筋+顶板钢筋"整体吊装技术，减少了一倍的吊装次数，进而降低吊装风险，质量也可控。结合东海大桥、杭州湾大桥预制箱梁的模板经验，箱梁内模采用全自动液压结构，即采用液压油缸调整内模缩、张，内模安拆利用10t卷扬机牵引内模沿轨道整体滑移实现。

 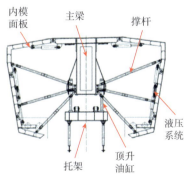

箱梁内模整体滑移示意图　　　　内模中节段横断面构造图

混凝土布料机实现专业浇筑

70m预制箱梁混凝土布料及振捣工艺，采用平臂式布料机进行混凝土布料，并合理布置振捣点，箱梁实体质量高。混凝土布料考虑防雨棚设置，选用平臂式布料机，在制梁台座两侧各设置两台，充分考虑布料机作业半径覆盖整个桥面；相邻两台布料机高度间设有1m的高低差，确保布料机交叉作业不受影响。混凝土按照"先底板与腹板接触部位→

布料机浇筑箱梁混凝土示意图

腹板→底板布料→顶板"的顺序进行浇筑。

提浆滚槽拉毛机保证箱梁顶面平整度

梁面提浆、整平及拉毛是混凝土浇筑后的关键工序,关系到桥面质量。本项目采用的提浆整平机为三辊轴设备。提浆整平机在箱梁横桥向两侧设置走形轨道,走形轨道利用现有的翼缘板端模,减少了工装的投入;轨道高程按照设计横坡等数据来设置。施工时,提浆整平机采用往复运动的方式,反复碾压混凝土,从而压实、提浆、整平桥面混凝土。桥面收浆采用座式抹光机,避免人员踩踏。由于海工混凝土黏稠性较大,采用常规的毛刷拉毛,过早极易拉翻浆,稍晚易拉不出痕迹。为此,该工序将拉毛工艺优化改进为自动滚槽拉毛,线条直顺,线条间距均匀。

蒸汽发生器 + 封闭式帆布篷冬季养护新工艺

由于冬季气温较低,混凝土内外温差较大,养护过程中强度发展较慢,因此,浇筑成型的箱梁采用蒸汽养护工艺。大型箱梁养护主要涉及顶板、底腹板、内腔三部分,顶板采用"封闭式帆布篷 + 蒸汽发生器";腹板采用"保温板封闭 + 蒸汽发生器";底板采用"两端封闭 + 锅炉蒸汽管路";内腔采用"梁端封闭 + 蒸汽发生器"。

箱梁梁面提浆、整平示意图

双层存梁,空间的完美利用

箱梁在台座养护至设计要求后,完成一期预应力施工,随后进行移梁作业,从预制台座移运至存梁台座。70m 大型箱梁首次采用双层存梁,在二层存梁时,设置存梁支座,存梁支座利用钢箱梁加工而成。存梁结构及存梁相关技术设计经过严格的验算,达到满足箱梁四点支承不平度限值的要求,保证箱梁不受扭。为了确保箱梁能够正常预制,预制场的存梁能力应满足制梁高峰期 3~4 个月预制数量的存放要求。

箱梁蒸汽养护示意图

箱梁双层存放示意图

创纪录起重机实现 1850t 大箱梁"拎着走"

项目部针对本项目的预制构件，联合厂家打造了三台搬运机，为构件的移运保驾护航。墩身场内运输通过一台 650t 搬运机实现；箱梁在预制场内预制完成并张拉一期预应力后，通过两台 1200t 通用门式起重机抬吊移运至存梁台座简支存放。搬运机均设置定点转向功能，满足各存放区域和出海装船要求，两台 1200t 具有网络连接同步行走系统，吊具采用自平衡设计，实现"四点起吊、三点平衡"，并将吊具的吊杆优化为软吊索连接，保证移运安全。2020 年 5 月 29 日，由中铁大桥局投资建造的、服务于宁波舟山港主通道项目的"TLMEL 型 1200t"轮胎式起重机被上海大世界基尼斯总部评为"最大的轮胎式起重机"。

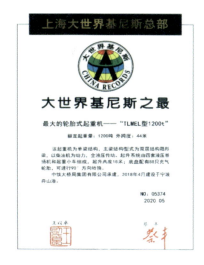

箱梁搬运机荣获大世界基尼斯认证

查找过程不足　思考总结提升

历时两年零五个月，本工程海中 70m 跨非通航孔桥 368 座（694 节）预制安装墩身和 370 片整孔预制架设箱梁圆满完成。施工过程中遇到了不少的问题，走了一些弯路，同时也有一些好的做法，给后续类似施工提供借鉴。

品质工程创建过程中的不足

（1）预制场选址的不足：第一，预制场选址距离居民生活区较近。首先，施工期间存在扰民问题，其次，环保要求也高。第二，预制场选址距离海上施工区域较远，构件运输时间长、风险大、架设效率低。第三，预制场选址处地质条件差，由于本项目单节墩身最大重量有 560t，单片箱梁最大吊重有 1854t，构件重量大，对地基承载力要求高，现场地基处理时间长，投入成本较大。

（2）工艺试验耗时长：一是墩身及箱梁结构复杂，工艺试验过程中解决了大量的设计冲突问题；二是保护层指标要求高，要求保护层偏差控制在 0~5mm 且保护层合格率要求达到 98% 以上，对大型预制构件来说极其困难，造成工艺试验用时长。

（3）BIM 信息化应用不理想：由于本项目 BIM 建模单位进场较晚，导致工艺试验阶段建立的模型不够细致，失去了通过 BIM 模型进行碰撞检查的最佳时机。另外，BIM 软件在机械、物资、安全管理等方面未起到实质性的作用。

品质工程创建过程中的提升

（1）先进化的管理理念和措施：一是管理践行"三真三抓"理念；质量推行"三化、三集中、四控制"措施，实行标准化管理；班组推行"6S""六步走"管理；安全推行"三化、四助力""三个标准化""工点工厂化"等。二是大临工程施工按照主体施工要求控制；墩身箱梁首件前进行工艺试验。三是班组作业标准化管理，通过开展"质安文化进工地""最美班组""示范标杆"等创建和宣传活动，结合立功竞赛、信用评价、目标考核等激励机制，全面提高项目管理水平。

（2）成套指南及标准化文件的形成：项目在品质工程创建过程中，在指挥部的领导之下，编制完成了《品质工程攻关指南》《主通道项目管理总结》《主通道项目科技示范》《海上施工安全标准化指南》等规范与方案，对后续项目的品质创建具有重要的借鉴价值。

（3）技术创新：一是新设备，项目部通过两台 1200t 大型搬运设备进行预制场箱梁搬运，通过高精度三向千斤顶进行墩身精度调整；二是新工艺，墩身节段采用干接缝施工技术，墩身钢筋骨架、模板采用整体施工技术；三是新结构，墩身与承台通过预埋钢筋进行连接，节段之间通过剪力槽、剪力键及预应力体系进行连接；四是新材料，采用自锁式预应力体系这种新材料进行节段间的连接。在 2020 年湖北省 QC 活动比赛中，本项目的墩身钢筋模块化施工成果荣获二等奖。通过技术创新，本项目荣获十余项实用新型及发明专利。

（4）大型预制场的发展思考：一是预制场建设趋于大规模、高质量发展。本项目占地 310 亩，通过两台 1200t 搬运机及 1 台 650 搬运机等大型机械实现预制构件的搬运工作。二是生产设施趋于全自动化、智能化发展。本项目引进意大利 Schnell 设备实现钢筋自动化弯曲成型，通过焊接机器人实现钢筋自动化焊接。三是作业环境、居住环境趋于人性化发展。本项目采用庭院式砖混结构房屋，通过设置花坛，房屋周边种植草皮等措施优化居住环境。四是生产、生活设施趋于环保绿色发展。通过在预制场设置混凝土尾料回收系统，生活区设置分类垃圾箱实现生产、生活区的绿色发展。

钢筋施工的模块化创新

中铁大桥局集团有限公司

由中铁大桥局集团有限公司承建的宁波舟山港主通道第 DSSG05 标段，墩身预制数量为 368 座 /694 节，墩高 11.157~49.672m，最高节段高 18.7m。

底节墩身包括底部变截面的金钟罩和等截面的标准段；中节是标准段；顶节由墩帽和标准段组成。金钟罩使用环氧钢筋，标准段钢筋包括竖向钢筋（内外侧主筋）和水平向钢筋（顶底层钢筋网片、环形箍筋、纵横向长拉钩、内外侧主筋拉钩筋、倒角拉钩筋）。其中，水平向钢筋的长拉钩与环形箍筋一一对应，竖向间距 15cm；每层短拉钩竖向间距 30cm。墩帽变截面钢筋较为密集、复杂，总体分为内腔等截面段、内腔斜截面段、进人孔段三个部分。

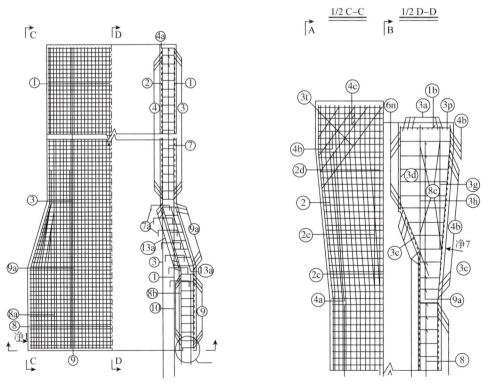

墩身结构示意图

本项目在墩身施工过程中积极响应建设指挥部常务副指挥长吴波明提出的"预制化、工厂化和智能化"的建设理念。墩身钢筋采用机器人焊接、工厂化绑扎、整体吊装技术，钢筋精度控制高，钢筋施工质量有保证。

研究工艺　创新方法

主通道指挥部推行标准化、模块化、工厂化施工，提高桥梁装配化施工水平。如果墩身钢筋采用常规的立式绑扎方式，人工消耗多、效率低、安全风险高、质量难以控制；传统的钢筋工程施工周期长，无法满足现代桥梁工业化的理念和发展，所以迫切需要一种施工速度快、质量高、安全风险低的钢筋施工方法，提高墩身预制水平。项目部成立了QC攻关小组，研究钢筋施工工艺和配套设施。

在项目主体施工之前，项目部就着手钢筋工艺的探究，多次组织开会讨论墩身钢筋施工方案，制定钢筋施工的整体思路。经过多种方案的比选，最终决定采用钢筋水平绑扎和竖向翻转的施工方法。由于墩身底部金钟罩的截面变化大，开展模块化绑扎施工钢筋难以实现，项目部决定将6m的金钟罩钢筋在台座进行散绑，剩余的标准截面和墩帽截面均采用模块化施工方式。同时，设立一座钢筋施工车间，将钢筋放在车间内作业，使钢筋施工成为一种工厂化流水作业模式。

本项目结合钢筋的要求，为了提高保护层的合格率，重点控制钢筋骨架截面尺寸。项目部通过调研，引入焊接机器人，通过设定焊接机器人程序，完成钢筋焊缝操作，不仅钢筋尺寸能够得到控制，钢筋焊缝的长度和饱满度也都能满足要求。

工艺优化　提升品质

在工艺、措施、机械设备配套完善后，墩身钢筋模块化施工即可大显身手，推动墩身预制生产，为墩身的施工质量保驾护航。墩身模块化施工主要包含机器人焊接钢筋骨架和钢筋笼整体施工两个方面。

机器人焊接钢筋骨架：机器人焊接箍筋网片模块化是将外侧环形箍筋、横向拉钩筋、纵向拉钩筋、倒角拉钩筋分三层焊接为整体。首先在机器人焊接平台上将环形箍筋放在定位卡具内焊接为整体，定位卡具可根据不同类型的墩身进行调节，再按顺序将拉钩筋和倒角筋放在环形箍筋上进行点焊，形成钢筋网片。

采用机器人焊接技术相比常规使用的人工焊接具有以下几个优点：

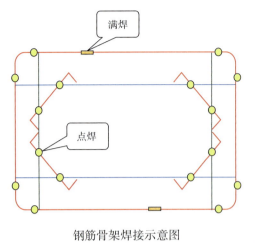

钢筋骨架焊接示意图

第一,焊接质量有保证。采用机器人焊接,焊缝均匀饱满、外观质量缺陷少、焊缝长度可控。

第二,焊接效率高。采用机器人焊接,卡具一次调整好即可将钢筋放入进行批量生产,可实现24h连续施工。

第三,焊接安全风险低。采用机器人焊接,省去了采用现场人工焊接方法沿墩身高度方向上下,减少了高空作业风险,人身安全得到了更好的保障。

第四,焊接成本低。采用机器人焊接,较人工焊接方法节省人工4470个,节约成本约200万元,节省时间100d。

机器人焊接钢筋

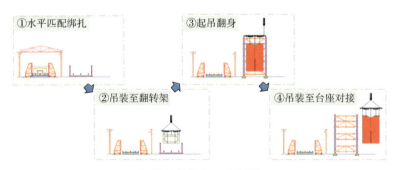

钢筋笼整体施工流程图

钢筋笼整体施工:钢筋骨架焊接完成后,通过钢筋存放架整体运至钢筋绑扎车间,进行钢筋笼的整体绑扎施工,钢筋笼整体施工主要包含以下4个控制要点。

第一，钢筋笼水平整体绑扎。墩身水平放置后的截面为箱型截面，结合箱梁钢筋绑扎施工工艺，分别在墩身钢筋绑扎胎架的侧边和底边三面布置定位卡槽，在钢筋骨架内腔设置支撑内胎架，通过墩身钢筋躺绑胎架提高钢筋绑扎质量。

第二，钢筋笼水平整体吊装。钢筋笼在钢筋绑扎胎架上水平匹配绑扎完成后，使用吊具将钢筋笼水平吊入钢筋翻转架，吊装的关键是如何减小钢筋笼承受竖向剪力产生的变形。后来通过在内外侧钢筋网间增加斜向的辅助支撑钢筋进行加强，增加钢筋笼的整体刚度，解决了钢筋笼变形的问题。

钢筋笼水平整体绑扎

钢筋笼水平整体吊装

钢筋笼竖向翻转

第三，钢筋笼竖向翻转。将水平钢筋笼转为竖向状态是整个施工过程中的一个难题。

钢筋笼竖向对接

传统的方法是利用起重机与钢筋笼连接拎起翻转,这种方法吊装安全风险高,钢筋笼变形大,操作要求高。通过调研和研究,项目部决定通过翻转架实现钢筋笼的竖向翻转。翻转架采用两面开放的框架结构,利用 MIDAS 有限元软件验算分析翻转架结构,考虑翻转架的使用次数超过 1000 次,加强了转铰结构和牵引吊点结构,保证了作业安全。

第四,钢筋笼竖向整体对接。钢筋笼翻转完成后通过竖向吊具将钢筋笼吊装至墩身台座上,进行与在台座上绑扎钢筋的对接工作。

钢筋模块化施工的经验

随着工程行业逐渐向高质量、高品质、高标准的方向发展,钢筋模块化施工在本项目得到成功应用,有效地促进了品质工程的创建。其有四大优势:一是变"人员"为设备,将人工焊接变为机器人焊接,既保证了焊接的精度,又保证了焊接的质量。二是变"露天作业"为"厂房作业",大大降低了施工的风险。三是变散装为整装,通过在钢筋绑扎车间将钢筋加工成钢筋骨架,实现钢筋骨架整体吊装入模。四是变高空为低空,如竖向绑扎改为水平胎架式绑扎。本项目的钢筋模块化施工为高大空心薄壁墩身施工奠定了基础,提供了很好的经验,对类似工程具有很好的指导意义和借鉴价值。

变截面墩身裂纹的控制实践

中铁大桥局集团有限公司

宁波舟山港主通道舟岱大桥 70m 跨径非通航孔桥墩身设计采用预制薄壁空心墩，墩高 15.157~49.672m，壁厚 70cm，根据墩高不同，分别采用整体或分节预制安装。墩身底面为尺寸扩大的变截面"金钟罩"，高度为 5.3m；中部为矩形空心截面，高度为变化值；顶部为变宽墩帽，高度为 4.5m，墩帽中部留有进人孔。

非通航孔桥预制墩身构造

本项目 70m 跨径非通航孔桥薄壁空心墩身结构形式新颖且多变，墩帽内腔截面过渡不够理想，墩身与承台连接增加了墩内底部现浇混凝土的构造，对墩壁结构强度加大了考验。墩身在工艺试验预制和安装过程中，个别墩身表面出现裂纹，经过项目不断探索和工程试验，最终查明裂纹产生的原因，并终止了裂纹的产生，实现质量从严管理目标。项目建设过程中一致秉持"浙江省标准化示范项目"和争创"国家级品质工程"的目标，在变截面高大薄壁墩身预制和安装实践中，总结出一套切实可行的裂纹防治措施，可为同类型混凝土构件防裂提供借鉴。

墩身抗裂试验

墩身顶部的墩帽和底部的金钟罩均为变截面结构，在施工过程中存在较大困难。

项目组在墩身工艺试验阶段，选取变截面墩身中具有代表性的部位进行等比例构件试制试验。其中，在开展墩帽试制试验中，预制成型的混凝土构件分别在进人孔、斜面以及倒角位置发现大量裂纹。

2018年5月17日，首个墩帽工艺试验段浇筑完成。5月19日拆除内模，内模拆除后发现进人孔四周边角部位有裂纹。5月20日拆除外模，外模拆除后在2~5m高范围内发现多处裂纹，裂纹普查统计表见下表。

首个墩帽裂纹普查统计表

项目	墩帽西侧	墩帽南侧	墩帽东侧	墩帽北侧	墩帽内腔	汇总
裂纹数量（条）	15	8	26	10	16	75
裂纹宽度（mm）	0.02~0.14	0.01~0.12	0.04~0.12	0.02~0.1	0.01~0.13	0.01~0.14
裂纹深度（mm）	2.2~53.4	7.5~48.9	4.6~67.8	3.2~51.6	4.8~64.5	2.2~67.8

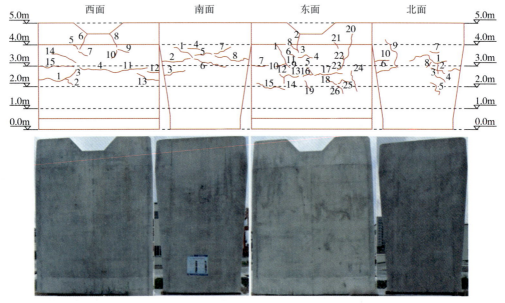

首个墩帽裂纹分布图

鉴于以上情况项目部召开会议，项目管理人员和技术人员参与讨论，认为导致裂纹的原因有以下几点：墩身C45混凝土配合比水化热较高，拆模过早以及养护工艺不到位引起裂纹；吊点处内模受力不均，模板变形产生裂纹。

由于裂纹的出现可能具有偶然性，为此在细微处调整施工工艺措施后，进行了第二个墩帽试制试验。并针对首个墩帽试验段裂纹产生的可能原因，项目部在第二次墩帽工艺试验段浇筑前采取了以下几点措施：通过向混合料中加入冰块降低入模温度，墩身浇筑5d后进行模板拆除，并采取水桶滴灌的方式进行养护；在墩帽吊点底部模板位置使用

8号槽钢额外增设两道横撑,加强模板结构受力。

2018年6月24日早上,第二个墩帽工艺试验段如期浇筑。浇筑过程中吴波明指挥就裂纹问题专程来到现场询问裂纹控制措施的布置情况,并对下一步裂纹预防控制工作做出指示。6月29日早上,拆除内模(拆模时同条件试块强度41.3MPa)。内模拆除后,在进人孔部位发现有裂纹。当天下午拆除外模,墩帽仍有裂纹出现。裂纹普查统计下见表。

第二个墩帽裂纹普查统计表

项目	墩帽西侧	墩帽南侧	墩帽东侧	墩帽北侧	墩帽内腔	汇总
裂纹数量(条)	13	19	6	8	6	52
裂纹宽度(mm)	0.03~0.13	0.01~0.12	0.02~0.14	0.05~0.1	0.03~0.12	0.01~0.14
裂纹深度(mm)	2.5~46.7	4.3~58.9	4.4~57.8	3.5~52.4	4.6~52.4	2.5~58.9

通过两次墩帽裂纹普查结果,发现外侧裂纹多产生在墩帽2~4m高度,墩帽内侧裂纹多发生在墩帽进人孔部分。裂纹宽度主要集中在0~0.15mm之间,裂纹深度集中在0~70mm(保护层范围内)。通过两次墩帽裂纹普查结果对比发现,第二次试验段采用措施后能明显减少裂纹的数量,为后续试验段浇筑提供参考和方向。

2018年7月18日,项目部召开DSSG05标第一次墩帽施工专题会。会上吴波明指挥就裂纹问题从降低混凝土入模温度、优化混合料水泥用量和养护措施等多个方面分析裂纹的解决措施。经讨论决定,第三次墩帽裂纹防控布置措施如下:

(1)降低混合料水泥用量,水泥用量由230kg/m³调整为200kg/m³;
(2)墩帽内腔进人孔顺桥向侧面调整为竖直面;
(3)调整延长混凝土初凝时间大于或等于10h;
(4)墩帽应力集中位置增加剪力筋;
(5)墩帽内布设冷却水管;
(6)加冰降低混合料入模温度小于28℃;
(7)墩帽外侧模粘贴保温材料。

墩帽裂纹防控布置图

2018年8月15日18:40，第三次墩帽工艺试验段混凝土浇筑开始，16日0:05结束，用时5.5h，浇筑混凝土85m³，混凝土搅拌时间每盘200s。在混凝土浇筑前，实验室主任李健刚带队对两种配合比的混凝土进行了"混凝土抗裂性能试验——平板试验"，通过对比确定了第三次墩帽试验混凝土的配合比。

第三次墩帽试验及原试验配合比

材料名称	水泥	粉煤灰	5~16mm碎石	16~25mm碎石	中砂	矿粉	水	外加剂
原配合比（kg/m³）	230	46	409	612	739	174	149	4.05
现配合比（kg/m³）	200	89	1027		734	155	151	4.44

2018年8月21日（浇筑6d后）开始拆除模板。首先拆除的是内模（拆模时同条件试块强度59.8MPa），内模拆除后未发现裂纹。2018年8月23日（浇筑8d后）拆除外侧模版。经观察，此次试验段的外侧面也未发现裂纹。

第三次墩帽试验采取了会议讨论的措施，并进行了对比试验。采取的措施以及对应效果如下：

（1）混合料水泥用量由230kg/m³调整为200kg/m³，裂纹数量减少，可以采用；

（2）墩帽内腔进人孔顺桥向侧面调整为竖直面，裂纹明显减少，可以采用；

（3）混凝土初凝时间调整为10h以上，能够减少裂纹的出现，可以采用；

（4）墩顶应力集中处增设剪力钢筋，对应力集中点的斜向裂纹起到一定约束，可以采用；

（5）墩帽西侧设置了冷却水管，芯部温度峰值达到81.1℃，效果不显著，不建议采用；

（6）加冰降低混合料入模温度小于28℃，能够减少裂纹的出现，可以采用；

（7）模板桁架外包棉布与未采用外包棉布的养护效果相同，不建议采用。

经过三次的墩帽工艺试验，项目部找出了裂纹发生的原因和防控的措施，为后续墩身预制混凝土施工奠定了基础，起到了指导性作用。

墩壁裂纹控制

随着项目的推进，海上墩身架设工作的也逐步开展。2019年1月28日，首节墩身架设施工开始；2019年3月底，首节墩身填芯混凝土施工紧跟其后。

然而，在首批填芯混凝土浇筑完成后，金钟罩外表面产生了大量纵向裂缝。金钟罩裂纹产生后，项目部将情况上报至监理办和主通道指挥部。主通道指挥部常务副指挥长吴波明带队到现场查看裂纹问题，明确要求项目部必须解决墩身结构的裂纹问题，问题未解决不得进行下一步的施工。项目随即委托浙江大学建立数模分析，同时委托专业检测单位对墩壁裂纹进行检测，查找原因。

经过分析，根据 MIDAS 软件计算得出，预制金钟罩混凝土拉应力允许值为 3.88MPa，若采取目前的浇筑方法，混凝土拉应力均超出了允许范围。检测报告明确指出，造成墩壁开裂的主要原因是填芯混凝土的热膨胀。为了降低热膨胀，项目部提出以下四条措施：

第一，优化配合比，降低水化热。通过减少水泥用量，降低水化热。报告中提出两种方案，分别是将填芯混凝土配合比中水泥用量减少到 160kg/m³ 和 140kg/m³。

第二，分多层浇筑填芯混凝土。将 5.8m 的填芯混凝土分 6 层进行浇筑，前 5 层每层浇筑 1m，最后一层浇筑 0.8m。

第三，设置应力消散孔。在填芯混凝土中设置 3 个相切的半径为 0.5m 的圆柱形或设置半径为 0.8m 的圆形消散孔。

第四，预制部分填芯混凝土。通过预制填芯尺寸为 4.7m×2.4m×2.5m，预留现浇带宽 0.5m 或预制填芯尺寸为 4.1m×1.8m×2.5m，预留现浇带宽 0.8m。

采取以上措施后，效果如下：

第一，混合料水泥用量调整为 140kg/m³，裂纹数量明显减少，可以采用。

第二，分 6 层浇筑填芯混凝土，裂纹数量有减少，但工序复杂，施工时间长，不建议采用。

第三，设置应力消散孔，裂纹数量有减少，但现场需要设置芯模，操作复杂，施工时间长，不建议采用。

第四，预制部分填芯混凝土，裂纹数量有减少，但工序复杂，吊装作业安全风险大，不建议采用。

填芯混凝土混合料配合比

材料名称	碎石（5~25mm）	中砂	水泥	粉煤灰（F类Ⅰ级）	矿粉（S95）	水	外加剂（减水剂标准型）
原配合比（kg/m³）	1048	759	186	83	145	145	4.14
现配合比（kg/m³）	1027	775	122	121	162	141	4.05

2019 年 8 月 8 日召开专家咨询会，经专家论证：墩身"金钟罩"裂纹主要由填芯混凝土水化热引起，墩壁裂纹均为表面裂纹，可采用表面封闭处理，采取降低水泥用量优化配合比措施即可。项目部随后按照专家意见再次调整配合比进行填芯验证试验，直至 8 月底，填芯混凝土墩身表面裂纹基本得到了控制。

控制裂纹的探索与经验

针对墩身结构裂纹的研究和探索,项目部付出了巨大努力,最终得以解决。这一过程对项目的经营管理造成了重大影响。本项目墩身裂纹产生的原因都是混凝土结构常见的问题,一是混凝土水化热,二是异形结构,三是结构应力集中,四是混凝土浇筑养护工艺。在解决问题的过程中,各方通力合作,从结构、工艺上分析原因,逐一解决,先后采取了多种措施,选择最优的方法,避免裂纹的产生,保证墩身施工顺利进行,为同类项目提供了宝贵的经验,提升了墩身混凝土结构质量管理水平。此外,在今后桥梁建设中,参建人员还需全面做好方案设计,提前制定应急预案,尽量避免同类问题的出现。

高大墩身的运输和安装难题怎么破

中铁大桥局集团有限公司

由中铁大桥局股份有限公司承建的宁波舟山港主通道项目第 DSSG05 标,共需墩身架设 368 座 /694 节,所有墩身均采用在预制场集中预制、分批架设的方式。本标段预制场位于舟山市定海区沥港镇和建村西侧,原金塘预制梁场用地,占地 310 亩。从预制场出海码头到海上施工区域平均运距 15nm,单次运输平均用时 3.5h。

根据墩高不同将墩身分为 4 类,分节段预制拼装。其中Ⅰ类墩身为整体架设,Ⅱ、Ⅲ类墩身分两节架设,Ⅳ类墩身分三节架设。墩身整体高度在 11.2~49.7m,节段最大高度 18.7m,节段最大吊重 560t。

墩身连接分为两个部分:一是承台与墩身通过预埋钢筋、墩底座浆、浇筑填芯混凝土等连接方式固定;二是墩身节段间通过剪力键(槽)、环氧树脂及预应力体系方式连接。

专家护航高大墩身远距离运输攻关

一次性长距离运输四节高大且重的预制墩身在国内实属少见,此运输方式有三个难题需要解决:一是高大墩身运输过程中稳定性问题,二是墩身长远运输拖带方式的问题,三是运输路线选择的问题。

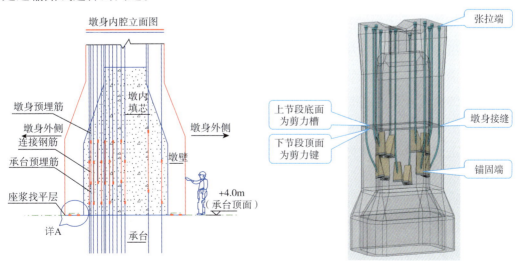

墩身与承台及节段间连接示意图

运输稳定性措施

首先根据墩身重量和稳定性计算综合考虑运输驳的选择。其次是船舶的加固。由于船舶运输的墩身重量大、底面尺寸小，船体的局部受力大，需要对船体龙骨进行加固。最后是预制构件稳定锁定。墩身装船后通过在横向设置的防倾覆架和精轧螺纹筋对拉的方式，在竖向通过精轧螺纹筋对拉墩身侧壁的三向调节牛腿和垫梁的方式，使墩身和运输驳形成一个整体，墩身和船舶的摆幅一致，确保运输过程中的稳定性。

墩身运输稳定性措施

长远距离拖带方式比选

由于墩身拖带运输距离远、海上风力大，每年6级以上大风天气多达173d，桥位处水流和潮流速度都很大，百年一遇潮流速度达2.49m/s。经过调研，近几年类似项目的墩身拖带方式，能够满足在如此恶劣条件下的墩身拖带方式主要有以下三种。第一种是单舷侧傍拖拖带。单舷侧傍拖拖带是将拖船配备在一侧舷边，一般采用全旋回拖船。此种拖带一般适用于较小的无动力船舶在港内短距离拖带。第二种是双舷侧傍拖拖带。双舷侧傍拖拖带需配备全旋回拖船，两艘拖船分别系在左右两舷，为无动力船舶提供推进、制动和转向的动力。此种拖带主要适用于开阔水域，能提供较大的拖力，并便于控制船舶的航向。第三种是拎拖加单拖船傍拖。使用大功率拖船作为主拖船在船首拎拖，拎拖拖船一般配备钢丝缆，用以发挥拖船的拖力。而全旋回拖船作为副拖，带在无动力船一舷用来调整航向和提供制动。此种拖带方案适用于中长距离的海上拖带，副拖船可以帮助修正主拖船吊拖所产生的偏航。

通过对比，方案二和方案三均适用于本项目。相比方案一，方案三具有拖带动力更强、运输驳转向更灵活、拖带距离更远的优点；相比方案二，方案三更能发挥拖动总动力。因此，选择第三种拎拖加单拖船傍拖的方式进行墩身拖带运输。

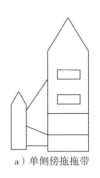 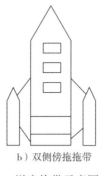 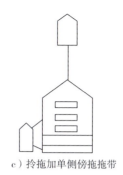

a）单侧傍拖拖带　　　b）双侧傍拖拖带　　　c）拎拖加单侧傍拖拖带

墩身拖带示意图

运输路线考量

本工程船舶航线共有两条，第一条是金塘大桥航线，第二条是西堠门大桥航线。其中，金塘大桥航线总长约15nm，单次运输用时约3.5h，西堠门大桥航线总长约32nm，单次运输用时约5h。相比之下，金塘大桥航线明显更省时。船舶运输过程中，金塘大桥航线转向角大于30°的转向点有2个，而西堠门航线则有5个。西堠门航线的操纵难度比金塘大桥航线要大得多。综合考虑选择金塘大桥航线。

船舶就位快速定位稳定攻关

墩身运输驳到达施工区域后，通过停靠定位驳，与定位驳系缆的方式达到定位效果。该种方式不仅减少了运输驳船单独抛锚走锚碰撞墩身、承台的风险，而且运输驳船系缆完成即满足墩身架设的条件，缩短了墩身架设的等待时间。

墩身运输船停靠定位驳

浮式起重机取墩方式有两种。第一种是运输驳停在待架墩位的正前方，待浮式起重机起吊墩身后运输驳绞锚后移，浮式起重机前移进行墩身架设；第二种是运输驳停在待架墩位的侧边，浮式起重机通过侧向绞锚的方式起吊墩身，然后反向绞锚进行墩身架设。方案一中，运输驳锚绳会影响浮式起重机正常工作，危险性高，且运输船连续起锚抛锚退进，功效极低。相比之下，方案二在墩身安装中功效更高，安全可控，更为合理。

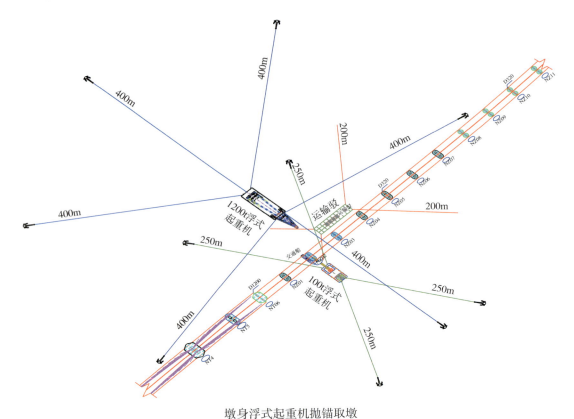

墩身浮式起重机抛锚取墩

高大墩身架设安装攻关

墩身架设首先要解决的问题是墩身四根吊杆受力的平衡。通过在吊具的上梁体和下梁体之间设置转动轴，可以解决墩身起吊过程中受力不平衡问题。其次，墩身吊具拆除的快慢直接影响墩身的架设效率。本项目在墩身架设完成后，通过转动连接销轴，解除吊具无接头绳圈的锁定，浮式起重机吊钩起吊、后退，开始吊装下一节墩身。转动销轴，解除线圈锁定工作全程仅需10min，大大提高了墩身的架设效率。

底节墩身的安装精度对整个墩身的垂直度和高程起到至关重要的作用，所以其精度控制是重中之重。本项目通过引进三向千斤顶装置实现底节墩身的精确调整，可实现墩身纵、横、竖三向位置的调整，其调节精度能够达到毫米级别，并且四台千斤顶可同步起升下落。

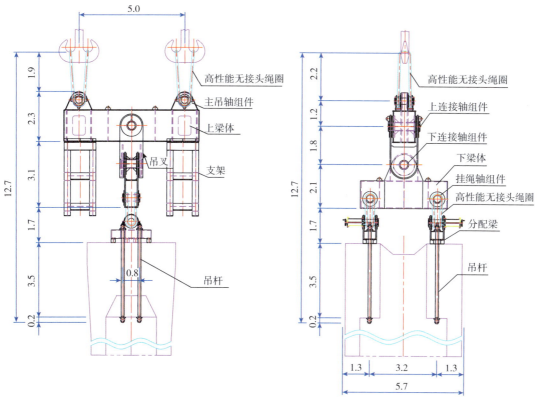

墩身吊杆示意图（尺寸单位：m）

墩身精确定位后进行墩底座浆、防水带压浆和墩内填芯工作。座浆的控制要点主要是承台打磨和防水带安装；防水带压浆主要控制压浆的密实度。墩内填芯主要控制钢筋接头的连接问题。

墩底座浆施工

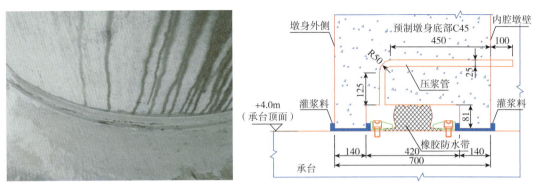

墩底防水带压浆示意图（尺寸单位：mm）

项目部通过采取以下两点措施确保施工的质量。第一，通过优化设计，设置调整连接钢筋；第二，采用锥套套筒的连接方式，该种方式连接质量有保证，施工效率高，但锥套成本较高。

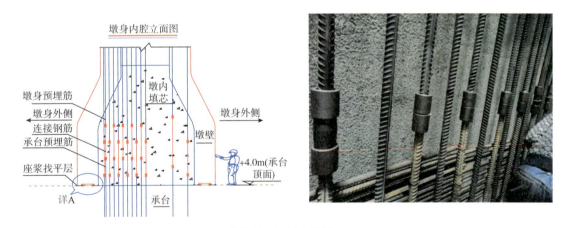

墩内填芯钢筋连接施工

填芯混凝土分两层进行浇筑，第一层强度达到2.5MPa后方可浇筑第二层，中间等待时间较长。

为了加快中节/顶节墩身的架设速度，确保墩身安装的精度，在待架节段顶部四周设置了6组导向装置，在墩身纵桥向设置2组，横桥向设置4组。该导向装置相比港珠澳大桥内置式导向架具有安拆方便、施工快捷的优点。

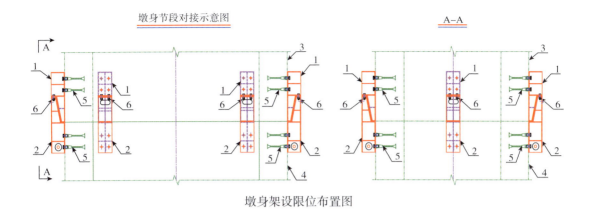

墩身架设限位布置图

施工总结与思考

自 2019 年 1 月开始首节墩身安装，历时 23 个月，墩身海上安装工作圆满完成，海上施工主要包括墩身运输和安装两个方面。

在墩身运输方面，通过对船舶进行加固，并采用防倾覆措施确保运输稳定性；通过选择拎拖加单拖船傍拖的运输方式确保运输安全性；通过采用穿越金塘大桥航线达到转弯半径大、运输时间短的目的。在墩身安装方面，通过选用运输舶停靠定位舶的方式防止走锚带来的风险，通过浮式起重机侧向绞锚取墩方式提升架设功效。

实践证明，通过采用以上方式确保了墩身施工的安全性，为后续类似桥梁的施工提供借鉴参考。

掌控墩身结构的灵魂
——记海域装配化预制墩身节段连接预应力技术新发展

中铁大桥局集团有限公司

墩身预应力施工是墩身节段连接的关键,是整个墩身结构的灵魂。本项目预制墩身368座,共分为4类墩身。其中,Ⅰ类墩身104座,采用整体预制方式,不涉及预应力的施工;Ⅱ类和Ⅲ类墩身共202座,采用两节拼装方式,墩身内部设置有12束15-15预应力钢束;Ⅳ类墩身共62座,采用三节拼装方式,墩身中下节内部设置20束15-15预应力钢束,在中节墩身顶部接缝处张拉锚固6根,其余14根在上节墩身墩顶张拉锚固。

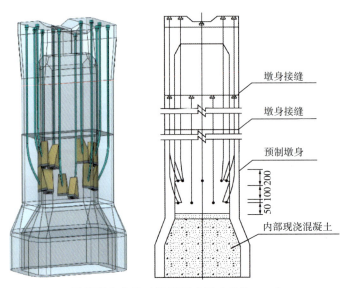

墩身预应力施工效果图(尺寸单位:cm)

在墩身预制和海上施工过程中遇到了以下三个主要问题,严重影响墩身的施工质量以及整个项目的施工进度,具体问题如下:

第一,质量控制难度大。由于墩身预应力固定端为空间异形齿块结构,附着于墩身内壁,齿块是向内侧突出的上小下大的结构,导致整体钢模板很难拆模。现场采用木模逐块拼装,安拆困难,且不利于混凝土振捣密实,质量控制难度大。

第二，施工工期时间紧。由于齿块钢筋与墩身主筋交错布置，钢筋密集，现场需逐根散绑，每个墩身齿块部位钢筋绑扎时间就占用了一周时间，极大程度影响了墩身预制工效。月均预制墩身 23 节，较原计划 45 节相差较远，总体工期无法保证。

第三，安全管控难度大。由于最低一层齿块距离墩底填芯混凝土面仅有 0.7m，施工人员操作空间狭小。每孔 15 根钢绞线都需要人工穿放，墩顶可操作空间有限，穿束安全风险高，极易在墩顶发生安全事故。

绝处逢生　寻找新的预应力施工方法

2019 年 4 月，墩身开累预制 105 节，相比原计划少预制 32 节；墩身预应力开累张拉 13 个墩身，比原计划少 10 个墩身。时任项目总工的郝文甫充分认识到，在如此紧迫的工期压力下，只有更方便、快捷、质量有保证的预应力连接方法，才是解决问题的根本。

为了找到更有效的施工方法，项目部组织人员广泛调研、咨询行业内专家、积极与设计单位沟通，参考类似项目预应力施工方法。通过查找发现，国内高墩身预制安装施工方法多采用普通竖向预应力钢绞线体系和竖向预应力钢棒体系两种方式。本项目采用的是第一种竖向预应力钢绞线体系，港珠澳大桥采用的是第二种预应力钢棒体系。第二种方式中，在安装墩身时，需在墩身上节段和底部节段间设置临时钢支撑，连接完上下钢棒后，才能去除临时抄垫再落放墩身就位，安装工序繁琐，安装周期长，同样不适用于本项目。

通过一段时间的调研，项目找到了一种新的预应力体系，称为"自锁式预应力体系"。自锁式预应力体系是在普通竖向预应力钢绞线体系基础上的创新和提升，保留了钢绞线受力的形式。不同的是，该种形式将钢绞线整束挤压成型，研发出自锁式的锚固端。但自锁式预应力体系在国内应用较少，目前只有一些市政工程曾少量使用，因此需要进行评估论证，根据评审后的结果才能确定是否在本项目投入使用。

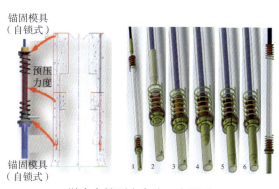

墩身自锁预应力施工流程图

拨开云雾　验证自锁预应力体系的可行性

在自锁预应力实施之前，按照工程质量管理要求，需要对自锁预应力体系做相关的工艺试验。工艺试验主要包含挤压索穿束试验和钢绞线束拉拔试验。

挤压索穿束试验是当试验墩混凝土强度达到设计强度后进行穿索试验。首先把挤压索体捆绑顺直，然后把约5m长的挤压索（含导向头、锚固套、钢绞线）由人工从一端推进试验墩孔道内，直至锚固套穿过锚固端的自锁式锚具，最后将索体往后拉，检验自锁式锚具的自锁性。验证合格后，通过取下保护罩的端盖，拉出索体。重复进行多次穿索试验。

自锁预应力挤压索穿束试验

自锁预应力钢绞线拉拔试验

钢绞线束拉拔试验是为了模拟现场自锁式预应力体系失效的工况，将分丝好的15根钢绞线束穿入孔道内，制作不同强度的高强砂浆（60MPa、80MPa、100MPa），分别进行孔道内灌浆锚固钢绞线束，待灌浆强度满足设计要求后进行张拉试验，测试不同强度的灌浆材料对钢绞线束的锚固性能，试验过程中通过观测钢绞线束上的标记判断钢绞线是否滑移。试验证明，60MPa高强砂浆即可满足钢绞线束的锚固要求，此方法可在自锁式固定端锚具失效情况下作为补救措施。

通过对自锁式预应力的工艺试验，验证了自锁式预应力体系锚固的可靠性，同时也做了当自锁式预应力锚固端失效的情况下的补救试验，该试验也满足预应力体系对张拉力的要求。

墩身自锁预应力体系工艺试验完成后，项目部组织召开了"海上预制墩身自锁式锚固体系应用技术"专家咨询会。根据本次试验的结果和检测报告，结合本项目海域装配式墩身预应力优化的必要性，响应项目"三减少"的管理理念，最后会议论证了预制墩身自锁式锚固体系的可行性。

另辟蹊径　自锁预应力施工引领新篇章

自锁式预应力墩身首件于2019年5月26日完成了底节混凝土浇筑，2019年6月29日完成上节混凝土浇筑。2019年7月28日，项目完成海上预应力张拉施工，次日完成预应力孔道压浆施工。

自锁预应力穿束

在墩身预制施工阶段，本项目取消了复杂的齿块结构，底节钢筋绑扎施工节省了6天时间，模板安拆一次性到位，预制效率大大提升；在海上预应力施工阶段，预应力整束穿束，自动锚固，避免了人员进入墩身内腔进行固定端P锚挤压和封锚作业，减少了一天的作业时间和作业人数，降低了安全风险。首件工程验证了墩身预应力优化的目的，达到了预期的效果，为剩余墩身施工奠定了基础。通过自锁式预应力和原设计预应力体系对比发现，自锁预应力体系具有明显的优点，详细对比分析见下表。

两种预应力施工对比分析表

序号	项目	原设计预应力施工方法	自锁预应力施工方法
1	工序工效	（1）底节墩身预制20d； （2）预应力穿束用时6.5h，用工4个； （3）预应力张拉用时6.5h，用工3个； （4）预应力压浆用时4h，用工4个	（1）底节墩身预制16d； （2）预应力穿束用时4h，用工4个； （3）预应力张拉用时4h，用工2个； （4）预应力压浆用时6h，用工4个
2	质量管控	墩身预制及齿块封端质量控制难度大	质量可控
3	安全管控	作业时间长，墩内施工安全风险大	作业时间短，安全风险小
4	资源成本	（1）墩内齿块模板全部是木模板，一次性使用，资源消耗大； （2）预应力穿束和张拉需要浮式起重机全程配合； （3）预应力压浆需要一艘运输船全程配合	（1）墩内无齿块，节省钢筋、模板和混凝土资源消耗少； （2）预应力穿束和张拉需浮吊全程配合； （3）预应力压浆需要一艘运输船全程配合
5	综合对比	自锁预应力施工方法在施工功效、质量控制、安全管理及资源投入方面都有优势	

首件工程完工后经过检测，各项指标均满足规范和设计要求，自锁式预应力施工在本项目得到了成功的应用。但是自锁式预应力作为一种新工艺，在实施过程中也存在一些不足，需采取相应的技术措施进行控制。

第一，固定锚具滑块弹出控制。锚具安装前，项目技术人员逐一对锚具进行穿束检查，检查滑块锚固性能，严禁使用不合格的锚具。

第二，孔道精度控制。波纹管安装时，检查定位钢筋布置间距，严控金属波纹管竖直度。

第三，孔道保护控制。墩身预制完成后检查预应力孔道，确保孔道内无杂物，并用盖板覆盖孔道。

通过本项目198个装配式墩身自锁式预应力实践，相比预应力钢棒体系及本项目原设计的墩内齿块P锚固定＋墩顶深埋锚预应力钢绞线体系，自锁式预应力体系在墩身的施工功效、质量控制、安全管理等方面具有一定的优势，对后续海域桥梁墩身装配化施工具有较大的借鉴价值。

70m 预制箱梁的海域架设行动

中铁大桥局集团有限公司

由中铁大桥局股份有限公司承建的宁波舟山港主通道项目第 DSSG05 标预制箱梁 370 片,所有箱梁均采用在预制场集中预制的方式。本标段预制场位于舟山市定海区沥港镇和建村西侧,原金塘预制梁场用地,占地 310 亩。从预制场出海码头到海上施工区域平均运距 15nm,单次运输平均用时 3h。

根据箱梁构造不同,将箱梁为三类,分别为等宽段预制梁、变宽段主线梁、变宽段拼宽梁。其中,等宽段预制梁 334 片,变宽段主线梁及变宽段拼宽梁各 18 片。箱梁最大吊重 1854t。

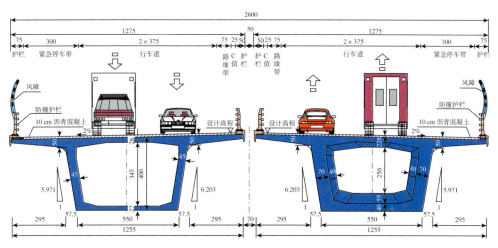

箱梁结构示意图(尺寸单位:cm)

远距离运输与快速定位稳定

70m 预制箱梁的长距离运输在中国是第一次。摆在项目部面前有 3 个问题迫切需要解决。一是 70m 箱梁运输过程中稳定性问题,二是箱梁长远运输拖带方式的问题,三是运输路线选择的问题。针对运输稳定性,项目根据箱梁重量和稳定性综合因素考虑运输驳的选择。其次,由于船舶运输的箱梁重量大,需对船体龙骨进行加固。最后,箱梁装船后通过在横向设置的防倾覆架确保运输过程中的稳定性。在拖带方式与运输路线选择上，与"高大墩身远距离运输"方案相同，均选择金塘大桥航线及拎拖加单拖船傍拖的方式，进行箱梁拖带运输。

在船舶就位与快速定位稳定方面，与"高大墩身运输、浮式起重机"方案相同。箱梁运输驳到达施工区域后通过停靠定位驳，与定位驳系缆的方式达到定位效果。在之后的浮式起重机取梁过程中，运输驳停在待架墩位的侧边，浮式起重机通过侧向绞锚的方式起吊箱梁，然后反向绞锚进行箱梁架设。

箱梁运输稳定性措施

箱梁运输船停靠定位驳

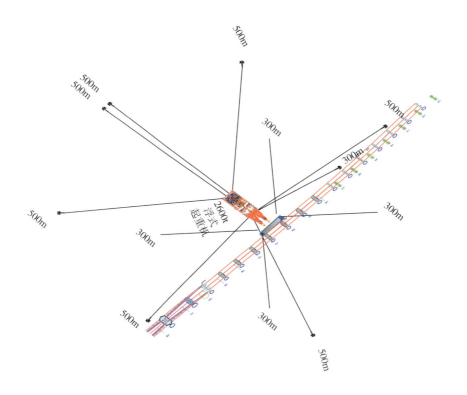
箱梁浮式起重机抛锚取梁

架设安装的关键控制

砂筒试验：箱梁安装前先在对应的墩顶安装临时支座。临时支座采用"混凝土抄垫块＋钢砂筒＋钢板抄垫＋橡胶支座板＋楔形钢板"组合结构。通过砂筒可实现三向微调，但高程不可调整，故砂筒的高程为本项目的关键控制。其高程与钢板间间隙以及橡胶支座板的压缩量有关，通过多次试验，确定橡胶支座板的压缩量，钢板使用前需保证其平整度，且仅计算钢板厚度，不可直接量测多块钢板总厚度，以排除间隙的影响。

临时支座布置

大型吊具设计及应用：大型吊具的设计及安装应考虑以下三个方面。一是"四点起吊、三点平衡"。箱梁架设首先要解决的问题是箱梁四根吊杆受力平衡问题。在箱梁一侧的吊具通过下梁及转轴与上方的平衡梁进行连接，当浮式起重机起升主钩时，这个转轴结构的转动效应实现下梁以下两组索具受力均衡，可视为一点；另外一侧的两个吊索，可视为两点。通过这一方案，箱梁海上吊具在设计上实现了"四点起吊、三点平衡"。二是快速安装。箱梁架设时，当四根软吊杆底端靠近托梁底面时，由现场操作人员将吊杆推入托梁预留吊孔内，将吊杆与托梁锁定，箱梁即可起吊。从吊杆靠近托梁底面到箱梁起吊仅需要30min，吊杆安装连接速度快。三是安全脱离。箱梁架设完成后，通过倒链将吊索锁头拉出下托梁锚槽，浮式起重机起升主钩，将4根吊索提出箱梁顶面，实现吊杆与箱梁快速安全脱离。

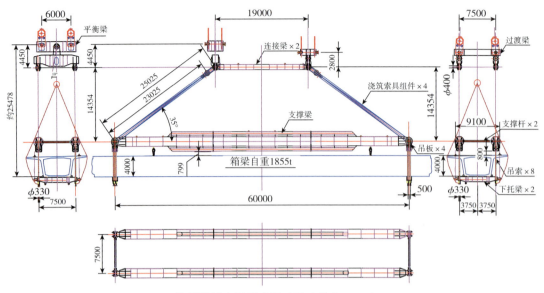

箱梁吊具布置示意图（尺寸单位：mm）

箱梁下托梁拆除

确保箱梁施工安全高效

本项目箱梁海上施工工作已圆满完成，海上施工主要包括箱梁运输和安装两个方面。

在箱梁运输方面，通过对船舶进行加固并采用防倾覆措施确保运输稳定性；通过选择拎拖加单拖船傍拖的运输方式确保运输安全性；通过采用穿越金塘大桥航线达到转弯半径大、运输时间短的目的。在箱梁架设方面，通过选用运输舶停靠定位舶的方式防止走锚带来的风险，通过浮式起重机侧向绞锚取梁方式提升架设功效。

实践证明，通过采用以上方式确保了箱梁施工的安全性，为后续类似桥梁的施工提供了借鉴参考。

墩身与承台连接的设计畅想
——海域桥梁高大空心薄壁墩身结构对比与思考

中铁大桥局集团有限公司

纵观国内海域桥梁预制构件，因地域性和箱梁类型，构件的结构形式均不同，暂未达到标准化、统一化，尤其是尚未有效探索出结构设计和施工的协调平衡。

本项目各方讨论研究，提出以下几种墩身与承台连接的设计倡想。

流水化生产的难题

本项目的高大空心薄壁墩身采用梁场集中预制，其结构设计在实现"工厂化、标准化、智能化"方面尚存在不少困难，尤其是难以实现类似于制造行业的流水化生产线，具体体现在：

（1）结构类型多。本项目墩身结构类型有四类，类型之间在截面上仅存在 20~40cm 的变化。变化虽不大，但给钢筋标准加工、模板组合投入、机械投入等方面带来了极大的难度。如：四种类型的墩身造成了四种墩帽类型，又属于变截面，类型之间的墩帽模板无法实现通用，造成较大资源投入。

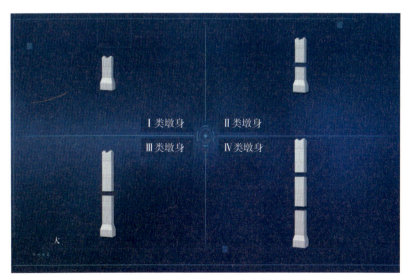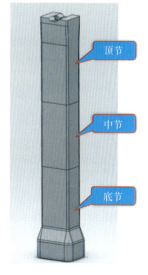

墩身结构示意图

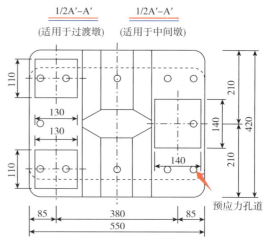

墩内齿块结构布置图　　　　墩顶预应力孔道位置示意图（尺寸单位：cm）

墩身与承台连接示意图

（2）异形结构多。本项目预制墩身异形结构主要体现在：墩底变截面"金钟罩"结构、内腔12组齿块结构、墩帽变截面结构。从墩身预制情况来看，单节墩身预制平均周期18d，与预想的7d相差甚远，造成机械、用工等资源投入极大。预制过程中，大部分时间耗费在异形结构实施，造成了极大的辅助资源耗费。如：底节金钟罩结构内腔设计有竖向、横向密密麻麻的预埋筋，无法采用钢模，全部采用木模，且无法拆除，均为一次性投入。

（3）垫石海上现浇。本项目墩顶垫石位置均有预应力孔道存在，造成垫石无法实现后场预制，均为海上现浇，工效极低，增加了浮式起重机、搅拌船等各项资源投入，海上人员上下施工的安全风险极大。

（4）构件之间连接复杂。墩身与承台的连接工作有：承台凿毛及打磨、防水带及止浆条安装、墩底座浆、墩底压浆、墩内填芯混凝土浇筑等多道工序，各工序耗时长，墩身装配化施工优势不明显。

关于墩身类型统一的思考

本项目墩身采用预制空心墩，共368座（694节）。根据墩高不同采用整体及分节预制，共分为4种类型，分别为Ⅰ类、Ⅱ类、Ⅲ类和Ⅳ类墩身。Ⅰ类墩身采取整体预制的方法，Ⅱ类和Ⅲ类墩身分两节预制，Ⅳ类墩身分三节预制。各类墩身类型尺寸见下表。

墩身尺寸及数量一览表

序号	墩身类型	桥面高程 H 范围	外部轮廓尺寸（由下往上，m）	壁厚（m）	预制分节	节段总数
1	Ⅰ类	$H \leq 25m$	$7.1 \times 4.6 \rightarrow 5.5 \times 3.0 \rightarrow 5.5 \times 4.2$	0.7	整体预制	104
2	Ⅱ类	$25m < H \leq 35m$	$7.1 \times 4.8 \rightarrow 5.5 \times 3.2 \rightarrow 5.5 \times 4.2$	0.7	2节	252
3	Ⅲ类	$35m < H \leq 45m$	$7.1 \times 5.0 \rightarrow 5.5 \times 3.4 \rightarrow 5.5 \times 4.2$	0.7	2节	152
4	Ⅳ类	$H > 45m$	$7.1 \times 5.4 \rightarrow 5.5 \times 3.8 \rightarrow 5.5 \times 4.2$	0.7	3节	186

从墩身尺寸及数量一览表中可以看出，每种类型的结构均不相同，但尺寸变化又不大，横桥向尺寸完全一样，仅在顺桥向加宽20cm或40cm，但给施工加大了难度。具体表现在以下几个方面：

第一，钢筋尺寸类型多。四种墩身箍筋的种类有180种，拉钩筋的种类接近300种。由于钢筋种类多，下料难度增大，余料多，流程化作业存在一定难度。

第二，模板类型多，通用性不强，投入大。由于墩身截面尺寸不一样，所以每个台座配置的模板只能按照最小截面设计，其余类型的墩身都是通过原台座模板加上调节块模板实现墩身的预制。全桥Ⅰ类墩身只有104节，其余590节墩身预制都需要使用调节模板，调节块模板投入量大。

第三，质量、安全管控难度大。调节块模板数量多，一方面会增加墩身表面的模板缝，影响墩身外观质量；另一方面增加了现场的吊装作业，安全管控难度大。

第四，功效耗时长。由于调节块模板的数量多，每次墩身调节块模板拼装需要消耗1d时间，若采用整块模板只需30min即可拼装完成。

因此，有必要对墩身结构进行统一。墩身结构统一后，无论是在资源投入方面，还是在工期成本方面，都具有明显的优点，详细对比分析见下表。

墩身原设计结构与统一类型对比分析表

序号	项目	名称	
1	结构类型	原设计结构、四种类型	结构统一、一种类型
2	图示	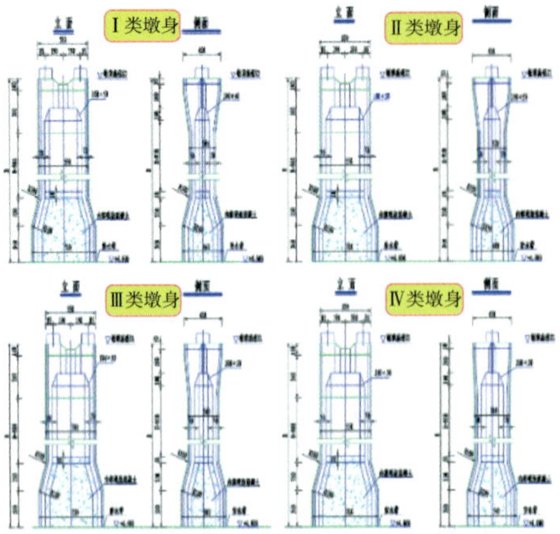 I类墩身、II类墩身、III类墩身、IV类墩身（尺寸单位：cm）	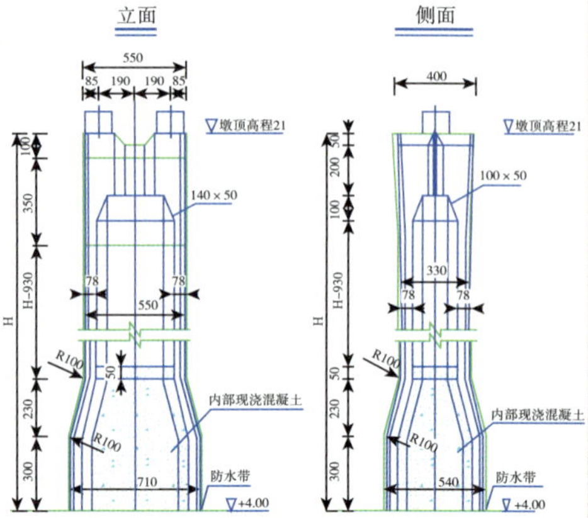 立面、侧面（尺寸单位：cm）
3	工序工效	模板不一，组拼耗时，18d/节	模板统一，大块自动安拆，15d/节
4	质量管控	模板横竖拼缝多，外观较难控制	大块模板拼缝少，外观较好控制
5	安全管控	模板安拆工序多，高空作业量大，风险高；墩顶平台类型多，调配安装工序隐患多	模板安拆工序少，风险相比降低很多；墩顶平台类型统一，安拆风险隐患少
6	工期	30个月	25个月
7	资源成本	（1）人员平均投入30人/节，694节墩身；（2）钢筋平均37.6t/节，混凝土平均169m³/节；（3）2台60t门式起重机，1台40t门式起重机，12台汽车起重机，3艘交通船，2艘小浮式起重机，1艘墩身架设浮式起重机，1艘箱梁架设浮式起重机；（4）模板投入1700t	（1）人员平均投入20人/节，694节墩身；（2）钢筋平均38.8t/节，混凝土平均177m³/节；（3）1台60t门式起重机，1台40t门式起重机，6台汽车起重机，3艘交通船，2艘小浮式起重机，1艘墩身架设浮式起重机，1艘箱梁架设浮式起重机；（4）模板投入1250t
8	意见	统一类型后较原设计节约成本3126.5万元、工期缩短150d	

墩身与承台连接设计的探索

纵观东海大桥、港珠澳大桥等海上项目，预制墩身和承台的连接方式各不相同。随着海域桥梁的发展，减少海上作业工序及风险，是必须重视的问题。经本项目各方讨论研究，提出以下几种连接设计形式，见下表。

墩台连接结构施工对比分析表

连接方式	墩底防水带、座浆+"填芯"	承台顶设置坑槽	现浇墩底短节	预埋精扎螺纹钢+体外预应力连接	预应力体系连接
代表项目	舟岱大桥	—	—	—	—
图示	 （图示）	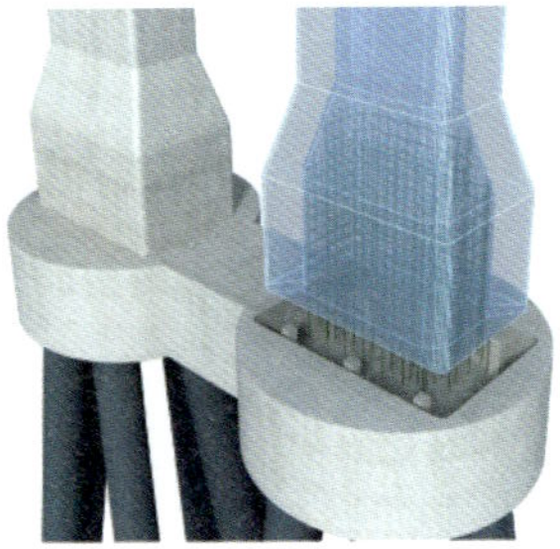 （图示）	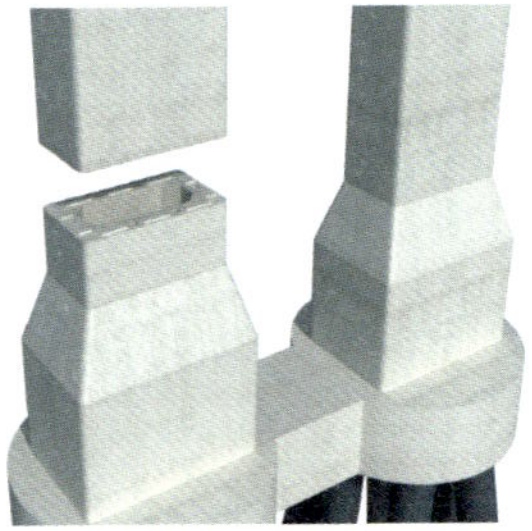 （图示）	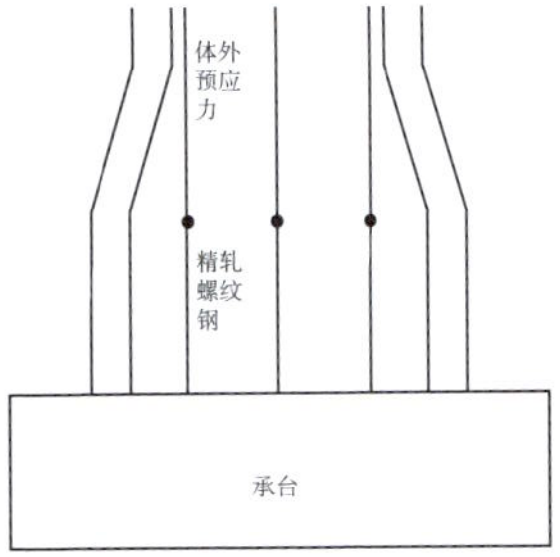 （图示）	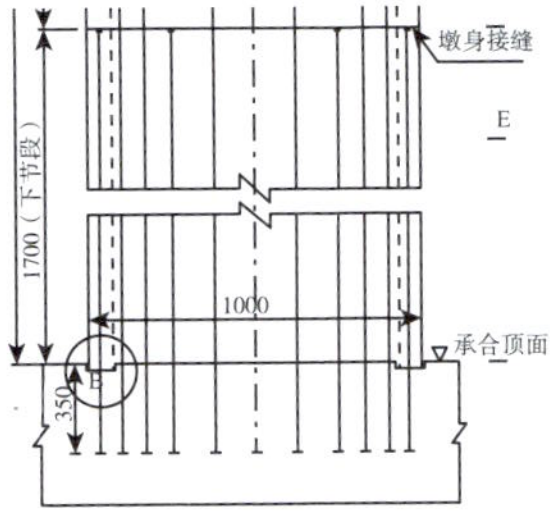 （图示）
结构特点	墩底与承台通过防水带、墩底座浆及防水带压浆方式进行连接。墩内通过预埋钢筋，浇筑填芯混凝土的方式连接	在承台顶设置坑槽，满足墩身锚固钢筋安装深度，通过连接墩身承台内锚固的钢筋，浇筑坑槽及墩身混凝土实现墩台连接	海上承台浇筑后，紧接着在上面浇筑小段墩身底节，并预埋预应力锚固端，顶节采用预制方式，通过预应力进行连接	承台浇筑时预埋精轧螺纹钢，底节预制墩身架设后通过体外预应力和精轧螺纹钢连接实现墩台的连接	承台浇筑过程中预埋预应力锚固端，待底节预制墩身架设完成后进行墩身和承台的预应力连接
优点	墩底防水效果好	对承台平整度要求低	墩底防水效果好，无墩内填芯施工，现场施工效率高	墩台连接工序简单，墩内无填芯混凝土施工，现场施工效率高	墩台连接工序简单，底节墩身截面尺寸统一，预制周期短，墩内无填芯混凝土施工，现场施工效率高
缺点	墩内填芯工序复杂，墩台连接钢筋精度要求高，现浇混凝土投入大，成本高	墩内填芯工序复杂，墩台连接钢筋精度要求以及预应力连接点质量要求高	墩内填芯工序复杂，对现浇段顶面平整度以及预应力锚固端安装质量要求高	精轧螺纹钢和体外预应力连接点质量要求高	对预应力锚固端质量要求严、安装精度要求高

271

钢结构单位

开启涂装新篇章
——记宁波舟山港主通道 DSSG03 标段钢箱梁智能涂装施工

上海振华重工（集团）股份有限公司
江苏中矿大正表面工程技术有限公司联合体

当站在历史的画卷前审视时，人们会发现没有哪一个国家的桥梁建造企业，会像中国企业一样，走过如此波澜壮阔的发展历程。无论这些企业是以什么样的方式，参与了何等规模的项目，都会毫无例外地融入遍及全国的三次交通基础设施建设的高潮，并在灵魂的深处留下自强、创新和现代化的时代强音。

桥梁，融合材料、设备、技术、科研甚至美学的因素，体现着一个国家的综合实力。随着中国桥梁被赋予国家名片的美誉，近年来，在跨海工程项目中具有代表性地位的宁波舟山港主通道项目，不可避免地承担着更高的期待，成为衡量中国现代化桥梁建设水准的标尺。

作为钢箱梁涂装环节的参建单位，上海振华重工和江苏中矿大正公司组建的联合体在项目指挥部推行的钢箱梁制造工业化实践与探索的理念下，调动深入企业灵魂的自强、创新和现代化的基因，利用智能制造方法，争取在较短的时间里，以更快的速度、更高的标准满足建设需求，并以此为起点推动钢箱梁智能化涂装行业的发展，成为该团队责无旁贷的时代责任。

宁波舟山港主通道 DSSG03 标段为主通航孔桥，标段钢箱梁（鱼山石化疏港公路）全长 1630m，分 10 种梁段，共 113 节梁段。其中，C 型梁段（长 36.2m、宽 16m）78 节，为标准梁段类型。主桥外表面涂装面积约 7 万 m^2，内表面涂装面积约 28 万 m^2。

在建造初期，宁波舟山港主通道指挥部就明确提出要结合国家提出的《智能制造发展规划（2016—2020）》的政策要求，力争实现宁波舟山港主通道项目在涂装技术的数字化、智能化方面的示范引领。以智能信息化工程为抓手，着力提升关键技术装备。近年来，随着工业制造业的技术革新与产业升级持续推进，在工业防护涂装领域，以中小型产品为代表的自动化涂装生产线快速发展，但面对大型或特大型结构件的防护涂装，自动化涂装设备的大规模应用较为罕见，而适用于大型桥梁钢结构的智能化涂装装备更是处于空白。

在此背景下，为了积极响应项目指挥部提出的要求，江苏中矿大正表面工程技术有限公司（以下简称中矿正大）携手上海振华重工（集团）股份有限公司（以下简称上海振华）明确研发钢箱梁外表面智能化涂装设备，前者作为拥有20多年涂装行业经验的桥梁涂装龙头企业，同时可以依托清华大学及中国矿业大学的科研技术团队提供强有力的技术支持与保障；后者则作为桥梁行业新锐，拥有完善的厂房条件、完备的动力设施以及雄厚的资金实力，能够提供全面的基础保障，两者的强强联合为智能化涂装顺利实施打下了坚实的基础。

面对零的突破

以往项目如港珠澳大桥、舟山连岛工程西堠门大桥、桃夭门大桥等大型桥梁钢结构涂装基本由技术工人完成，施工过程中主要存在下列五点不可控的因素：

（1）物料管控水平差。从物料进场到物料配比，对人工的依赖性较强。

（2）生产作业受制约。受施工人员技术修养、工艺执行力、工序安排合理性及现场设备拖拽对涂层的二次损坏等因素的制约，大型桥梁大面积一次性涂装质量难以得到保障。

（3）运行过程难控制。部分关键技术参数，易受作业环境的影响，且人工手持喷枪或部分机械化作业方式的智能化程度较低。

（4）劳动力短缺问题凸显。由于桥梁钢结构涂装施工的要求较为严格，对技术工种的专业性需求比较特殊，现阶段熟练的涂装技术工人工龄一般在25~35年之间，未来的5~10年，该类工种将会出现"用人荒"的现象。

（5）安全与环境问题日益增长。施工人员长时间置于粉尘浓度高、有机挥发物较多的环境内作业，且大部分涂装设备未能采取安全预警防护措施，其作业安全及职业健康均难以保障。

从长期涂装行业行情综合分析，施工的机器化和智能化是解决以上问题的最佳途径。

桥梁建设是交通网战略规划的重要工程，关乎国民大计，钢结构耐久性保障是桥隧整体寿命设计的重要考量因素。因此，钢结构的有效防护是实现特大钢桥设计寿命的关键技术之一，其防护施工方式对涂层质量、能源损耗和工作效率等方面举足轻重，是保障钢结构防护质量的重要环节。为确保宁波舟山港主通道项目钢箱梁智能涂装的顺利实施，项目指挥部强调，庞大的智能涂装工程需要一个清晰的指导思路，才能在分工明确的前提下，有条不紊地推进并完成。

宁波舟山港主通道对钢箱梁的自动化、智能化涂装提出的施工要求给中矿大正及上海振华带来了巨大的挑战。主通道指挥部常务副指挥吴波明在项目前期考察会上对参与项目的这两家公司提出明确的要求:"作为钢结构制造及防腐防护行业的一流企业,应该始终以坚持创新为发展理念,一直保持探索创新与变革突破。要如何实现钢箱梁这样的'庞然大物'的智能化涂装,要更多地从引领行业进步的角度通盘考虑整个项目的落地实施,务必要将舟山港主通道钢箱梁智能涂装项目打造成为行业内的引领标杆项目。"

因此,针对如何实现钢箱梁这样的"庞然大物"的智能涂装,从立项到实施一直备受关注。钢箱梁领域的智能涂装生产线在国内桥梁领域上属首次大规模应用,没有经验借鉴,其调试和投产工作及周期充满了未知数。

这将是中国桥梁钢结构领域零的突破,也关系到中国涂装行业现代化创新发展的成就。面对巨大挑战,中矿大正与上海振华迅速成立以公司高层+技术骨干为主智能涂装专项小组,并依托清华大学、中国矿业大学两所高等院校的资源成立特别攻关小组。为了保证项目的实施,项目的总协调人由中矿大正公司总经理直接担任,并邀请指挥部工程处朴泷处长参与项目运行监督管理。两家单位集中调配公司各类优秀资源攻坚克难,积极创新,同时为了尽可能地保证工作效率,缩短实施周期,智能涂装专项小组、特别攻关小组驻场联合办公。

两家单位调研团队和设计团队密切配合,迅速开展了前期调研工作,包括技术方案的论证、配套厂家的考察、项目小样的试制等。调研团队把技术难点和客户需求告知设计团队,包括如何确保智能涂装设备施工质量的稳定以及持续有效的运行等,后者则将生产部门反馈的生产现场信息,包括车间现场的环境条件、构件的复杂程度等进行收集并加以整合,再和技术部门协商沟通,最后形成采用喷砂全幅小车的喷砂方案、以及采用轨道+6轴机器人的喷漆方案。

在智能涂装设备的加工生产前期,小组成员多次召开讨论会,对拟参与的生产制造供应商进行严格的摸底和比选。最终选定喷砂除锈供应商为知名喷砂设备制造企业——Blastman,其已深耕于喷砂机器人领域30多年,其设备方案成熟,技术可靠,产品稳定。而喷漆供应商确定为深圳松崎,其在国内专注于涂装机器人的技术服务多年,技术经验丰富,定制设备合理可靠。

为了尽可能缩短调研及调试周期,技术人员取消了节假日的休息,加班加点全身心的投入项目的实施中,用短短6个月时间完成了计划一年的工作内容。6个月的攻坚克难,项目的建设者进行反复研究和调试攻关,先后完成了"智能喷漆技术参数协同优化技术""机器人喷涂轨迹优化设计与技术""喷漆雾化多相流分析技术""智能涂装远程通讯及控制技术"等关键技术研究,切实保证了智能涂装生产线能够全面顺利投产使用。2019年7月20日,钢箱梁智能喷砂设备顺利投产应用;同年8月1日,钢箱梁智能喷漆设备投产应用。

信念指引方向

对于智能制造而言,纸上谈兵容易,实施起来却如同要征服一座座高不可攀的山峰,其艰辛程度远远超出外行人的想象,没有经验借鉴,所有的技术参数均建立在无数次的调试、修改上。

秉承"打造宁波舟山港主通道精品工程,智能制造人民安全桥梁"的核心理念,为了更好、更全面地了解现场生产的实际状况,从而使各个技术参数能够得到很好的保障,项目团队率先提出数字化车间概念,并按照规划设想投资建设了用于智能涂装设备的专用控制室,同时在桥梁涂装生产监控管理软件定制开发方面取得突破。团队充分应用多系统协同集成技术,实现了全局生产信息化状态检测,可协调交叉工序作业,加强了涂装工艺组织管控。

 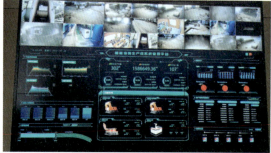

控制室照片　　　　　　　　　　管理软件界面

经过在软件定制开发方面的精心设计,数字化控制室包含了车间、设备的信息数据采集、视频监控和设备的运行控制等功能;同时,项目部对管理软件的使用也进行了统筹考虑,软件涉及设备运行状态查看、设备实时报警、涂装质量的统计、施工日志和梁段信息等多项内容。上述措施不仅能使项目人员了解各类生产数据,控制设备正常运转,并能追溯产品信息以及在线上查看产品质量,也为生产管理、安全生产监督、员工安全保障等方面提供便利。

宁波舟山港主通道项目对油漆涂层外观、厚度以及附着力的质量要求非常严苛,智能涂装调试难度也不断增加,主通道项目采用高固体含量及高黏度的油漆,无形中给智能设备调试带来更为严峻的挑战。

高固体含量意味着喷涂过程中更容易堵枪,高黏度则意味着油漆输送难度加大,需要更大的压力来进行驱动。然而油漆的喷涂原理是用合适的压力将需要喷涂的油漆进行雾化,然后喷涂在工件表面,形成均匀平整的油漆涂层。压力过大或过小都易造成如橘皮、流挂、针孔等涂层质量问题。此外，喷涂过程还受喷枪速度、喷枪距离、压力流量大小、喷嘴大小、温度和油漆性能等一系列因素影响，要一一通过各种试验来逐步排除各种因素的干扰，并从中确定油漆喷涂的最佳参数。调试是一个漫长且艰难的不断试错的过程，为了尽可能缩短调试时间，为项目投产预留充裕的时间，项目团队通过前期调研，在方案制定阶段，即同步开展相关试验，大幅缩短后续调试周期，最终设备上线后仅用一个月时间即完成全部调试工作。

试验件喷漆调试

试验件喷砂调试

喷漆设备前期通电调试

机械臂电气调试

机械臂调试

喷砂设备前期调试

智能化涂装设备的顺利运行，体现出中矿大正与上海振华高效的管理水平，延续宁波舟山港主通道工业化建造品质工程的思路，做出让业主满意、质量可靠的钢箱梁产品。

责任即为担当

在国内首次开展的钢箱梁智能涂装的征程上，项目部遇到重重困难。前期方案的攻关调研、后期海量的调试、修改工作，任务非常艰巨。困难是一道分水岭，胆怯的人会畏而不前，甚至推卸责任；而勇敢者则会坚持着迎难而上，直至站上新的高度。为了提高效率并攻克难关，公司加强了联系驻场办公的责任管理。项目要获得成功，就必须使参与者都化身强者，当其面对困难时，应勇于承担责任，并寻求解决问题的办法。

设备调试的关键阶段正是炎热的夏季，也是工作最忙碌的阶段，而此时多位项目技术管理人员纷纷打起了退堂鼓，要求调离。调试工作的不确定性，再加上需要全天待在油漆房里饱受"厂房桑拿"及有毒气体的侵蚀，种种原因磨蚀着他们的耐性。智能涂装因为没有先例可以借鉴，所有工作都是从零开始，全体参与者都在摸着石头过河，出现问题的数量以及所花费的人力、物力和财力都是其他项目的好几倍，甚至是数十倍。如此高的工作强度，早已令正常人的心态出现崩溃。

时间紧、任务重，技术难度大，这些是项目团队必须要面对的困难。匠心为初心，担当为使命。为了更好地激发员工的斗志，强化责任担当，项目公关小组全部管理人员以身作则，和一线人员同吃同住、同时上下班、呆在同样的环境坐着同样的工作。正是有这种担当的精神，上行下效；有这种坚持，上下齐心，最终智能涂装装备按照管原计划顺利投产。造就高质量工程不仅需要精益求精的匠心，更需要一如既往的耐心和恒心。

喷漆设备调试

解决喷砂设备故障（一）

喷砂设备喷漆枪嘴试喷

解决喷砂设备故障（二）

择长补短从头越

项目成功得益于主通道指挥部领导的先进思想和敏锐的目光，项目团队的高效管理和不懈的努力，以及公司严格的制度和实施措施，正所谓"一人走百步不如百人走一步"，最终在桥梁史实现了桥梁钢箱梁智能化涂装这一重要的突破，同时也为后期行业智能化应用及发展提供了宝贵的经验。

主通道项目大型钢箱梁智能化涂装的首次应用，为百年工程耐久性提供强有力的保证，使国内桥梁工程的智能涂装技术迈出了坚实的一步。同时，由于信息化程度的提升，使得在关键技术、生产管理上发生深刻变革，也为更好地持续推动钢结构智能涂装技术的发展奠定了基础。与行业传统涂装方式相比，智能化涂装的应用具有下列几项显著优点：

（1）智能涂装设备的投入使用，可使一线生产人员的数量大幅降低及施工效率提升。经过主通道项目测算，单个车间冲砂班组由原来到20人减少至7人，喷漆班组由原来的15人减少到5人，随着设备磨合的顺畅和工人技能的提升，降低的比例还会增加。另通过监控比对：传统喷砂效率20~25m^2/h，智能化外壁喷砂效率50~90m^2/h，手工喷漆综合效率为100m^2/h，智能化喷漆效率220m^2/h，施工效率显著提升。

（2）安全性能得到大幅提升。传统的涂装方式使施工人员长时间置于粉尘浓度高、有机挥发物多的环境内作业，其安全及健康难以得到较好的保障。而智能化涂装的应用中，自动化作业的成分比较大，有效地减少了人工接触不良工作环境的时间，工人在车间内的生产时间由原来的8h缩短到只需3h，平均接触时间降低63%。

（3）生产过程更加绿色环保。手工喷涂漆雾较大，从而易产生大量废气与废漆，对环境的污染较为严重，而智能化涂装能够通过科学的路径规划，避免不必要的施工作业，从而有效减少了漆雾和粉尘，进而降低对环境的污染。

（4）原材料利用率更高。与人工喷涂相比，通过智能化作业的控制，油漆使用率及一次涂层成型率得到提高，由于相关的参数是经过大量试验得到的最优解，同时参数可以相对固化，此举大大降低了试喷等原材料的过程损耗，从而减少原材料的浪费，目前材料损耗率可以由60%降至40%。

（5）涂装过程易于控制。智能化涂装采用数字化车间概念，通过数据采集，使得操作人员更能对施工过程中产生的偏差及时进行纠偏改正，且数字化车间的可视性、可追踪性、预警性、可变性均为涂装作业的施工质量及质量的追踪控制提供强有力的支撑。

智能化涂装代表未来涂装行业的主要发展趋势。随着科技发展与进步，增加关键装备的感应集成，让设备具备完整的感知能力，以感测器做链接，让设备控制系统可以进行自主识别、分析、推理、决策，实现关键设备的"系统监管全方位"功能，通过这种"大脑"的提升，从而实现大型复杂构件的涂装（钢箱梁内表面）。设备智能化程度的提高，也将降低人工的介入，最终逐步实现涂装空间的无人化。同时，发展智慧市场可视技术，在网络化、数字化基础上，结合过程信号传递、推理预测、多媒体技术，将虚拟仿真扩增展示实际涂装生产过程，实现整体涂装可预知、可视技术的实践。

功成还需放眼量，而今迈步从头越。舟山港主通道项目顺利完工之际，回首来路固然是苦尽甘来，可喜可贺，上海振华重工和江苏中矿大正公司也为项目取得的成就贡献了自己的力量。然而他们仍然冷静地认识到，成绩只是通往未来的起点，智能化涂装的发展道阻且长，我辈仍需秉持着自强、创新和现代化的精神，将在这里迈出的一小步，提升成为行业迈出的一大步。

钢结构单位

海与船的约定
——打破传统技术，建设品质工程

武船重型工程股份有限公司

在烟波浩渺的东海之滨——舟山，建设者们逢山开洞，遇水架桥，以愚公之力建东海"巨龙"连接舟山诸岛。宁波舟山港主通道项目主体桥梁钢结构10万t，募集了国内一批一流的钢结构桥梁建设单位，其中武船重型工程股份有限公司作为参建过杭州湾跨海大桥、港珠澳大桥等超级工程的钢桥制造单位，于2018年承接了三个标段总共3.2万t钢结构制造工作。

武船重型工程股份有限公司承接的三个标段可谓各有特点，其中钢箱梁标段为典型斜拉索钢箱梁和跨线桥钢箱梁组成。防撞钢套箱标段为世界首创的双层铰接式防撞钢套箱，行业内无相关制作经验。海上施工的大型钢套箱间，全部采用栓接和铰接，对钢结构制作的精度要求为毫米级。根据业主招标要求，防撞钢护栏标段必须采用机器人自动化焊接，以当时国内焊接设备和焊接工艺，无成熟机器人直接引入，亟待研发。

武船重型承接宁波舟山港主通道项目，树立了"以顾客为关注焦点，追求卓越品质，持续改进不断超越"的质量理念。结合业主对建设品质工程的管理定位要求和项目重难点，制定了防撞钢套箱制造技术国内领先；国内首创钢护栏自动化装配化制造两个管理目标。同时，依据目标层层分解，发扬武船军工精神，立足长期从事桥梁钢结构的技术积累和经验优势，围绕目标开拓创新。通过进入舟山区域首个大型钢结构项目，依靠品牌和质量，站稳脚跟，拓展浙江钢结构桥梁市场。

塔柱尽披"黄金甲"

近年来，为保证航道上桥基塔柱的安全、防止船舶撞击对桥梁产生危害，防撞钢套箱普遍用于航道上桥梁塔柱的防护。宁波舟山港主通道防撞钢套箱由内层防撞套箱与外层防撞套箱组合而成，用钢量达11000t，包括3个主墩、2个辅助墩和2个过渡墩的防撞箱。其中主墩承台共有3个10万吨级防撞钢套箱，采用内外双层钢套箱防撞设计，单个承台套箱尺寸为70m×48m，高10.4m，厚度9.5m，重达2600t，防撞等级满足10万吨级船舶通航要求，其双层结构设计属世界首例。

世界首例双层式防撞钢套箱

防撞钢套箱项目是武船进入舟山市场首个项目。项目承接后，武船结合防撞钢套箱用途和特点，进行风险分析和施工组织。防撞钢套箱是半入水工程，主要作用为防止船舶直接撞击桥墩，属于桥梁辅助工程，其设计寿命和控制要求均有别于钢桥梁。大多防撞钢套箱在生命周期中从未被"使用"过。因此，武船将焊接和防腐质量、套箱匹配孔群精度作为控制要点。

根据以往同类产品经验，原材料和焊接质量是能否实现设计防撞承载力的关键；防腐质量是在海水浸泡和侵蚀环境下能否使用60年的保障；套箱独立制造后，内外套箱模拟拼装是海上吊装精度控制实现一次到位的保证。有制造的方案、有对应重难点的措施，项目策划堪称"完美"。然而，未料想到的是，全部七种类型单元件首制件均报验不合格，监理责令停工整改，重新报验首制件后才能恢复生产。面对突如其来的停工令，武船项目部一头雾水，施工人员一脸问号。类似产品都是这样制造，焊缝外观质量和无损检测都是合格的，控制要素工序和关键点还没有到，怎么就停工了呢？其原因是七种板单元件平面度超差，导致首制件报检不合格，不得进入后续批量生产，需要停工整改。

首制件全部报验不合格而停工，在施工中是极其少有的。因为，在采用三检制的质量控制体系下，自检、互检、专检未检验合格是不会报监理检验的，特别是首制件已对于前道工序进行监理检验的情况下，单元件报检不合格更不符合常理。究其根源，并不是施工质量问题，而是验收标准问题。近 $40m^2$ 的薄板单元件，焊接后必然产生变形，经过矫正后达到平面度3mm以内已实属不易。而指挥部和监理办坚决要求按全平面3mm且每平方米小于1mm的验收标准执行。区区2mm，这是验收标准的差异，是整体到局部的差异，是"9.9环和10环"的差异，更是武船项目部和指挥部理念的差异。

钢结构单位

以党员为先锋队,做好带头作用

产品把控落实到每一个人

武船第一次"领教"了舟山港主通道业主"认真、较真、顶真"的"三味真经"理念。项目部更是深度剖析了管理思想上的桎梏:认为防撞钢套箱是临时辅助设施而非主桥,细节不需要追求,不影响主体结构,有点小问题也无所谓,监理、业主过于吹毛求疵等。但作为我国内地大型现代化建造综合企业,武船一直以顾客为关注焦点;以军工精神为持续经营的理念。当顾客的管理理念与公司的管理目标发生差异时,及时反思和纠偏,不畏艰难,坚决执行命令完成任务。

解开思想枷锁是一切工作的保障。由于防撞钢套箱薄板结构制造工艺与造船工艺相似,项目部发挥资源优势,邀请了具有造船经验的专家,重新规划制造流程,将防撞钢套箱制造工艺与钢箱梁桥工艺并轨,将无码装配、无损吊装、无切割余量与曲面整体胎架控制和辊压复合校正的方式相结合,最终取得了预期的效果。

通过创新工艺及严格遵守施工标准后,项目部第二次首制件报检均一次性报验合格,获得了指挥部和监理的高度认同。并在此基础上,利用钢桥生产线设备实现了钢套箱单元件的优质高效批量生产。

单元机器人焊接

| 世界上首条 U 肋内焊自动化生产线 | 桁梁杆件单电双细丝埋弧焊设备 |

此后,高品质的单元件制造,为国内首个双层铰接的防撞钢套箱总装打下了坚实基础。在拼装中,高达 10.4m,单体重达千吨的防撞钢套箱,实现了法兰盘孔群 1mm 以内精度,极大地提升海上吊装效率,创下海上单天吊装 4 节的佳绩,并最终克服台风等恶劣天气影响,历时 161d 完成钢套箱的安装工作,较安装计划提前 30d。

防撞钢套箱现场安装

金灿灿的防撞钢套箱,外表面平直、光顺,色泽均匀、亮丽,如同为宁波舟山港主通道墩柱披上了坚固的"黄金甲"。

飞夺何家桥

钢箱梁标段何家大桥横跨鸭东线公路,钢结构共 2600t,为提篮拱式跨线桥。该钢桥虽然吨位不大,但在项目中确有一定份量。何家大桥是舟山本岛陆域部分的重要连接工程,舟山主通道项目中架桥机、沙石等许多与建设工程相关的重要设备和物资均需要经此通过。因此,该桥也是项目工期中最关键的节点。

　　武船承接该标段后,制定了何家大桥160d完成架设的工期目标。并迅速启动工艺评定、图纸深化设计和原材料订购工作。依据常规造桥经验,按设计材质要求和深化设计后的提料清单定制采购原材料,其周期约为45d;内场制造时间为60d;从武汉到舟山水路运输10d;现场架设约45d。以上工期并行时间少,周期几乎再难有压缩空间,因此成败关键在时间。

　　树立目标后,武船项目部安排专人到钢厂催货,不到40d就将项目所需的1500多块定尺钢板全部提货回厂。此时的武汉正遭遇五十年一遇的寒冬,但项目部如火如荼的赶工氛围却给这个冬天带来了一分暖意。春节期间,武船项目部仅放假3d,很多外地工人都没有回家过年就又投入新一轮的赶工中。

　　正当生产顺风顺水时,突如其来的质量缺欠,给了项目部当头棒喝。

　　一次常规质量检测发现,总成中的何家大桥拱肋出现裂纹。警觉的项目部随即拉响警报,对所有单元件再次复查。因为在何家大桥前期制造风险评估中,拱肋等厚板高强钢的全熔透焊接为Ⅲ级制造风险,所以在施工中均进行了焊前预热和焊后保温等防范裂纹的措施。经过对所涉及单元件的全面检测,发现除拱肋上有多处同类型裂纹外,其他区域均检测合格。此后,武船项目部对人、机、料、法、环各环节进行排查,召开分析会,归集了材料化学性能偏下限可焊差、低温环境施工、焊接防护措施执行不到位三方面的原因。后面两项可以通过技术手段控制,但材料由于可焊性差,在返修中会因为反复预热,进一步加剧原材料金属组织发生改变,降低返修成功率。随后,在项目部组织的返修方案专家咨询会上,专家们也充分肯定了这一判断。

　　返修实施中,项目总工和项目技术人员几乎吃住在现场,严格实行返修监控,实时解决返修中的技术问题。但第二次返修检测和预测基本一致,返修后依然存在缺陷。如此一来，一个严峻而艰难的选择摆在项目部面前。如果继续返修将违反业主验收规则中返修不宜超过两次的要求，工期节点也无法保证，且母材性能会加剧恶化，给整个项目留下隐患。而重新定制材料需要45d周期，工期仍难以保障，并产生一定的经济损失。

如何决策？确实左右为难。产品制造中出现问题是难免的，但直面问题，泰然处之实属不易。武船内部针对拱肋处理方案的争论止于指挥部常务副指挥长吴波明的这样一句话："为了每晚大家能睡得安稳，质量隐患绝不能留。"朴实而意味深长的一句话，给出了答案。

业主的"认真、较真、顶真"是工作的态度，归根结底是业主对项目的初心，是追求品质工程容不得瑕疵的决心。对于武船，钢结构桥梁是百年工程，口碑和市场是依靠质量一层一层不断堆积起来的，容不得杂质和裂缝，其初心与业主是高度统一的。最终，经过共同研究决定，将合格钢梁先行吊装。同时由业主和武船共同组建联合工期保障组，确保新制拱肋满足吊装节点要求；组建技术科研组，开展缺欠拱肋的疲劳研究，为行业积累经验。

思想有多远，我们就能走多远。工期保障组由指挥部常务副指挥长吴波明亲自牵头，约见钢厂负责人，要求打通绿色通道优先轧制。仅用9d就完成了十多种板规材料供货。制造方面，有了前期返修的磨练，工人严格执行工艺纪律，"一次做对、一次做好"的意识空前强烈，实现了一次检测合格率99.5%，仅15d就完成了几乎不可能完成的计划。在运输方面，武船同步办理超大件运输手续，改水路运输为陆路运输，节约9d工期，与吊装节点完美契合。最终，项目部成功飞夺何家桥，为后续总包单位运输重要物资、设备提供了保障。

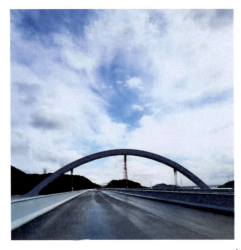

何家大桥完工现场

飞夺何家桥给业主和武船留下了深刻印象和启迪。科学化、常态化的管理，形成意识共同体，夯实组织基础，严格落实工艺纪律，才是品质工程的脊梁。

开拓创新补短板

宁波舟山港主通道公路工程全线海域部分全部采用组合式防撞护栏。武船承接了项目中12.3km的钢护栏制造工作。业主在钢护栏招标文件中明确了需采用自动化设备焊接的要求，这无疑为武船补齐桥梁附属件自动化制造的短板提供了一个机会。

钢护栏看似简单，但把一件简单的构件制造几十万次且要实现标准化，确也不易。武船这次树立的目标是建设国内领先的桥梁附属件自动化生产线。目前，国内对于防撞护栏制造、焊接、加工均以人工为主。参与制造的技术工人素质参差不齐，行业内各大加工厂管理模式也不尽相同，生产出来的产品质量良莠不均。少数厂家引入机器手，也仅为人工对位编程焊接。基于上述钢护栏制造传统方式的不足和国内自动化生产线设备现状，再结合本项目防撞护栏数量较多、结构形式统一且需要互换等方面特点，武船研发了一套桥梁钢护栏自动化生产线。该生产线是受汽车行业自动化组焊一体化的启发，尽可能减少人为因素对生产效率和产品质量的影响，并运用现有钢结构桥梁行业的成熟技术，提升个体零件加工精度，满足机器人识别和操作需要，减小各工序的累计误差，实现全过程可跟踪的钢护栏自动化生产。

项目部通过前期调研行业内各厂家防撞护栏的制造工艺，结合本项目防撞护栏结构特点，分析下料切割、加工、装配、焊接流程，制定合适的生产流程，对局部结构进行优化，并上报设计变更，形成最终批量生产的设计图，以提高生产线设备连续组焊能力，减少断弧和停弧，优化焊接顺序。

经过10个月的时间，业主和武船一同调研考察、研究试验，研制了国内首条集激光高精度下料，数控折弯控制制作线性，全自动识别、组装、焊接的工作站为主的生产线设备。采用钢护栏自动化制造先进技术，机械化、自动化投入率达90%，极大地降低了对人工的依赖，特别是对装配和焊接等人员的依赖。在产品质量方面，自动化生产线弥补人工技能参差不齐的短板，产品质量更加稳定。特别是护栏立柱单节焊缝短，在焊缝转换时，人工焊接必须重新启弧，无法做到光顺美观；而利用360°回转装置配合机器人电弧跟踪，智能工艺参数实时调整，焊接过度处无断弧，焊缝均匀，外观整齐一致。原钢护栏一次报检合格率仅为80%，现提升到99%。

伴随生产效率和质量的双提升，产品制造成本也随之大幅下降。据统计，采用钢护栏自动化制造先进技术后，制造成本较传统大幅下降。采用钢护栏自动化制造先进技术，对降低碳排放，节能环保有较大作用。生产线中每台设备均设有废气回收过滤装置，废气回收率可达到 80% 以上，极大提升了作业环境空气质量。据统计，生产线设备投入功率较传统方式降低 30%，减少了碳排放。

国内首台套钢护栏智能控制组装焊接一体机工作站

钢护栏自动化制造技术处于国内先进水平，目前国内暂无钢护栏自动化生产线。建成投产后，有极大的社会推广效应。现全国钢护栏产量在 20 万 t 以上，该技术对降低社会成本有积极的推动作用。

开启良性竞争新赛道

参与舟山主通道建设项目三年，经历和收获颇丰，感慨万千。契合武船老军工质朴的一句话："当兵三年后悔三年，不当兵后悔一辈子。"回顾三年来的历程，更多的是通过品质工程历练出了以下管理心得：

钢结构单位

（1）所谓品质工程并不是一句口号，而是让我们更深地去体会品质工程"为什么？是什么？怎么做？"为的是确保工程经得起时间的检验，确保路不毁、桥不断、港不垮、隧不塌，用得放心。正如武船面临工期压力和成本压力时、业主面临检验标准选择题时，品质工程给我们指明了方向。我们的初心就是，让参建的每一座桥都能成为百年工程、民生工程。从钢桥投入使用的第一天开始，所有建桥人的职业生涯、命运就和这座桥牢牢地捆绑在一起。必须要让用户放心，我们才能安心。因此，项目业主与总包、分包各方的初心是高度统一的。

（2）6S常态化管理。参建舟山主通道项目三年时间里，六次参加浙江省质安大检查，六次摘冠。从开始的停产做卫生到后面的常态化管理，参建工人包括劳务工都已经将6S变成来一种习惯。每天清晨，工人统一着装列队，进行有针对性的、细化到每个人每个岗位的安全教育，并通过安全微信群分享安全视频，相互学习督促……1000多个日夜风雨无阻。当工人把安全意识变成一种习惯，并将习惯传递到更多项目，这难道不是企业最大的收获吗？

（3）技术引领。产业升级才是钢结构行业的下一个赛道。舟山港主通道项目优质优价，吸引来国内一流钢结构企业，各钢结构标段中均突出各自的技术重点并附带产业升级任务，既同场竞技又取长补短。在全线钢护栏制造中，武船完全颠覆传统装焊工艺，在满足招标文件要求实现自动化焊接的同时，拓展延伸上下游工序的自动化程度，实现高精度下料、"无人"划线、"无人"组装、"无人"焊接。借助护栏批量化生产任务，研发的"一高三无化"钢护栏自动化生产线，填补了国内钢护栏制作的空白。随着人口红利年代的逐渐逝去，钢结构行业的人员密集型之路将越行越难，取而代之的必将是"工厂化、机械化、自动化、标准化"制造。比技术、比装备、比信息化将是钢结构行业良性竞争地下一个赛道。

海上长虹共潮生
——中铁山桥宁波舟山港主通道长白互通钢箱梁制造纪实

中铁山桥集团有限公司

东海之滨，天高海阔。

美丽富饶的舟山群岛宛如点缀在蔚蓝的大海之中的颗颗明珠，海蓝岛翠，越发显得裹海深邃，岛礁生辉。

2018年，连接富翅岛、舟山本岛、长白岛、岱山岛、鱼山岛五座岛屿的宁波舟山港主通道项目主体桥梁工程公开招标，面对这一世纪工程，国内一流钢结构制造企业闻讯而动，中铁山桥集团有限公司（以下简称中铁山桥）以深厚的历史底蕴、优秀的造桥业绩、领先的制造技术、完善的质量管理、先进的制造设备，一举中标了国内最大、难度最高的海上钢箱梁匝道桥——长白互通钢箱梁匝道桥。

勇于担当　迎难而上

只有努力取得的成果才有价值。

长白互通匝道桥分为A、B、C、D、E、F六条匝道，共为20联、65跨（即65个吊装梁段），总重1.06万t，该互通桥建成后，将长白岛与主线路舟岱大桥相连接，成为国内装配化程度最高的海上互通立交桥。

宁波舟山港主通道项目航拍图

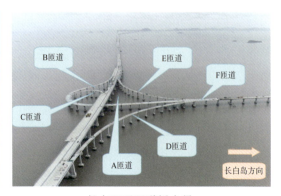
长白互通匝道桥全景

作为大型海上互通项目，建设难度可想而知。在技术上，长白互通匝道桥最小平曲线半径为 60m（规范规定最小设计极限），最小回旋线参数为 80m，最大纵坡为 3.4%（超过高速公路规范规定的 3%），最小凸形竖曲线半径为 2964.348m，最小凹形曲线半径为 2311.314m，最小竖曲线长为 44.4m。钢箱梁采用单箱多室或单箱单室结构，两侧设有悬臂，单段最大长度 50m，宽 38.9m，最大重量 710t。

在正交异性桥面板结构设计方面，为降低顶板焊缝的疲劳，项目团队在国内首创以特殊成对 L 形开口肋，作为纵肋的结构设计形式（国内大多数桥梁为 U 形肋），这对制造单位的技术力量和业务水平提出很高的要求。

而在桥梁制造方面，由于桥梁分为 6 个匝道，其中既有变宽的钢箱梁（由 16.5m 变为 38.9m），又有在海上匝道结构中首次采用墩梁固结的结构形式，与其他类似匝道钢箱梁相比，其拼装制造在线形控制、变形矫正、海上高空作业、狭小密闭空间中施工等环节中的难度更高，可以说，在新型结构的设计中，技术控制及制造拼装的品质和精度，将会决定长白互通匝道桥建设的成败。

根据宁波舟山港项目指挥部打造"浙江平安百年品质工程"示范项目的要求，项目团队需要树立桥梁工业化布局的理念，积极采取"三减少""统筹设计""模块化施工""班组规范化管理"等措施。同时，为帮助施工企业加快产业技术升级，工程建设指挥部特别强调钢箱梁的零件制造、板单元制造及整体拼装必须在厂房内进行，其中长白互通匝道桥的开口肋零件精度、板单元内焊质量（为保证焊接质量，指挥部提高了对焊缝抗疲劳强度的要求。因此，本项目在国内首次在开口肋正交异性板结构上采取了内焊+外焊的焊接形式）、拼装质量和精度等方面均为品质管控的重点和难点（钢箱梁高度仅 1.4m，开口肋为正反曲线，且无法以直代曲，零件制造难度及拼装精度要求较以往项目更大）。如何用更短的时间、更快的速度、更高的标准建成百年品质工程，对制造企业提出了更高的质量要求。

在项目管理上，由于长白互通匝道桥的施工位于海上，需要与相邻标段交叉施工，特别是舟山地区海上狂风暴雨频繁，因此长白互通桥成为全线最复杂的施工区域，加上密闭空间作业时间长，给匝道桥的项目管理，特别是安全管理增加了难度。在桥梁节段运输上，由于要求产品精度超高、单梁段吨位超重，如果运输距离较长必然对梁段质量造成损伤。同时，项

开口肋结构形式示意图

目制造及运输对特殊设备需求、个性化的智能化生产设备更新改进、人员素质与项目的匹配培训等亦为必须解决的难题。

为建设百年品质工程，满足项目指挥部提出的"认真、较真、顶真"和"精密、精细、精品"的要求，在认真梳理项目难题的同时，中铁山桥迎难而上，积极采取有针对性的措施，逐一化解各种困难。面对施工组织方面的挑战，他们选拔懂技术、会管理的人才组成高效率的项目决策团队，制定详细、科学、操作性强的项目施工与组织方案。

在技术保障方面，在配备较高水平技术队伍的前提下，项目部积极采用 BIM 信息技术，实现高效建模、自动图纸更新、自动清单生成、干涉检查等。而在生产制造方面，他们不仅在新型开口肋制造上采用智能化设备，并利用专用机器人进行护栏的制作，还采取全员、全过程、全方位的全覆盖管理方式开展质量管理，真正达到对人、机、料、法、环的全面控制。完善的方案、全方位的投入、严格的落实与到位的管理，为建设百年品质工程的示范项目打下了坚实的基础。

革故鼎新　创新攻关

凡是到过中铁山桥的客人有一个非常深刻的感受：虽然该公司已经走过了 127 年的风雨历程，但无论是企业理念，还是员工思想，再或是企业的建设始终都处于时代发展的前沿，许多大型工程项目的领导在首次考察中铁山桥时，都曾发出由衷的感叹：周虽旧邦，其命维新！创新一直是中铁山桥在行业中领路先行的密码！

针对长白互通项目中特有的技术难题，技术人员努力攻关。尽管中铁山桥使用 U 形肋压型已有 20 多年的历史，但对于长白互通项目这种 L 形的开口肋，却无成熟的压型经验。由于 L 形开口肋两肢长度不等且短肢过短，用以往的普通模具已无法对开口肋进行压制。而常规的模具均为固定式，U 形肋压型时与模具接触处总会出现压痕，当其大幅超出标准要求时需要返工修补，将影响质量及加工效率。为此，工程技术人员结合模具压型特点及 L 形开口肋的结构尺寸，研制了无压痕开口肋压型模具，解决了压痕问题，同时也为其他类型的加压型模具研制提供了借鉴和参考。

开口肋压型（下为专用无压痕模具）

在研究开口肋变形矫正工法时,技术人员发现L形的开口肋长肢为400mm,短肢仅100mm,由于两侧受力不均匀,折弯后开口肋产生较大的双横向旁弯(100mm/10m以上),若用火焰矫正,开口肋将因火焰加热后冷却产生收缩,影响零件两端螺栓孔间距及零件长度。为此,技术人员和操作人员在对火焰矫正与冷矫正加以对比分析后,决定采用冷矫正方案。

开口肋变形矫正工法研究

但是,若用大七滚赶扳机进行矫正,效果虽好但效率过低。为此,建设者们再结合以往"之"字形型钢的矫正方法,将九滚赶扳机加以改进,同时通过自制辅助工装。实践证明,使用九滚赶扳机进行冷矫正,能够取得良好的效果,其横向旁弯可控制在2mm/10m范围内,且效率远高于火焰矫正法。此为中铁山桥在开口肋矫正方面取得的首创性工法,填补了该项国内空白。

开口肋板单元组装模具　开口肋板单元组装过程

在开口肋板单元组装的装备研制过程中，为确保开口肋垂直度及开口肋与顶板间隙小于0.5mm，保证开口肋与顶板达到设计要求的80%以上的熔透率，生产单位工匠工作室成员根据板单元结构的特点，结合自动组装机床行进及液压装置，研制出在自动组装机床上可进行开口肋板单元组装的装备。板单元开口肋组装时，通过机床加以实施，机床上按开口肋间距设置专用组装模具，可确保垂直度与间隙要求，施工人员同时使用焊接机器人进行定位焊焊接，确保定位焊的质量。

鉴于开口肋的特殊结构及双面焊缝、焊缝80%熔透的质量要求，焊接工程师针对长白互通开口肋板单元的焊接技术进行了专项攻关研究。开口肋分内焊缝、外焊缝两道焊接工序，在焊接技术上采取先内焊缝后外焊缝的顺序。在内焊缝焊接方面，对于直线形开口肋，国内首次采用内焊专机进行焊接，并用ER50-6（ϕ1.2mm）焊丝富氩气平位置焊接；而对于曲线开口肋，通过对原焊接机器人焊接数控程序优化及枪角度限位器的优化改造，使原定的自动小车焊接改进为使用焊接机器人焊接，新的方法可以同时焊接4条焊缝，为国内首创，既确保了焊接质量，又大幅提高了生产效率。在外焊缝焊接方面，则采用焊接机器人CO_2气体保护焊E500T-1（ϕ1.4mm）船位焊接。

开口肋板单元内焊专机焊接　　　　　　开口肋板单元外焊缝机器人焊接

在升级改进钢箱梁拼装方面技术的过程中，项目团队紧密围绕拼装工程中开口肋与横隔板的组装及焊接关键点，板单元在拼装场进行"二拼一"工作时，先将其开口肋翻转向上，并同步进行横肋与板单元的组装与焊接；组装时则以横肋端部与横基线的距离为基准进行定位，确保所有横肋位置精度及横肋与开口肋组焊间隙不超过允许偏差要求，同时避免了横肋与顶板仰焊而对焊缝带来的疲劳影响，施工操作简单，有利于确保焊接质量。

为了减少钢箱梁拼装时马板对母材的损伤及表面易出现裂纹的隐患，中铁山桥总工程师带领技术人员与施工人员一起探索创新，他们采用局部校平配合、合理预加焊接反变形量、设置压重块等方法，进行顶板和底板无马组装；设计卡箍式工装，实现横隔板、中腹板的无马组装；还采用移动式可调托架，完成横肋的无马组装。随着热效应变形控制技术日益成熟和完善，无马组装在长白互通大桥制造中获得成功，标志着桥梁制造技术又取得了长足的进步。

长白互通钢箱梁（A匝道，宽17m，开口肋正交异性板）

针对长白互通匝道钢箱梁桥新型开口肋的结构特点，中铁山桥在开口肋零件压型、矫正及板单元制造方面，开展一系列研究，并取得了一系列成果：

一是在开口肋压型上，压型模具的尺寸必须能满足开口肋短肢长度，并在压型时采用无压痕压型模具，以避免开口肋压痕缺陷修补给工期及开口肋受力状态带来的不利影响。

二是在开口肋矫正上，选择冷矫正的方案，防止了长短肢不等的开口肋压型后出现变形较大的现象而造成火焰修整导致收缩量无法控制，对后期拼装精度产生的不利影响。

三是在开口肋板单元组装上，对直线形开口肋板单元利用组装机床研制组装模具，实现自动化组装对提高效率及质量效果显著；对于曲线开口肋板单元，在顶板下料同时使用自动化机床将纵肋组装线喷画在顶板上的方法，对控制开口肋组装间隙，保证拼装质量起到至关重要作用。

四是在开口肋板单元焊接上，长白互通匝道钢箱梁顶板开口肋板单元实现了焊接自动化，对于确保焊缝力学性能、外观质量及80%熔透要求等都起到了关键作用。在内焊缝方面，直线开口肋板单元采用内焊缝焊接专机，而曲线开口肋板单元则使用板单元焊接机器人进行内焊缝焊接；在外焊缝方面，由板单元焊接机器人实施焊接作业。

在钢箱梁拼装技术方面，长白互通钢箱梁的结构形式在国内匝道桥制造中颇为罕见，由于海上架设特殊性，曲线钢箱梁长度最长达36m，拼装过程中需要先拼成若干个小节段再进行拼装，最后进行整节段连接，在拼装过程中需要额外预留横向、纵向预拱度，以确保最终线形达到设计要求。为提高海上匝道桥工程的质量和效率，在开口肋板单元制造过程中，中铁山桥对相关技术进行了研究和探索，并取得了积极成果。

通过创新攻关，项目团队解决了生产制造中的关键问题，为顺利完成长白互通匝道桥奠定了坚实的基础。

敢为人先建精品

长白互通匝道桥是中铁山桥承接的第一个在海上首次采用开口肋的钢箱梁桥，为其树行业标杆、打造品质工程提供了难得的机遇，因此，该公司从优配置人员、设备、材料、场地等资源，保证长白互通匝道桥全部以工厂化、大型化、智能化方式完成制造。

作为港珠澳大桥的参建单位，中铁山桥是我国在桥梁行业中首家引进智能化制造的企业，根据港珠澳大桥工厂化制造的宝贵经验，企业按照项目标准要求，经过反复论证，决定将零件制造及板单元制造安排在国内最先进、自动化程度最高的山海关桥梁公司完成，以优异的质量为品质工程示范项目提供保障。

此举虽然会大幅增加企业的运输成本，但是确保了质量管控和生产资源合理分配方面的优势，满足了业主对于工厂化、智能化施工的要求，使项目实现了在工业厂房内以流水化、标准化的规程进行零件制造及加工和板单元制造等。车间化施工是钢箱梁梁段拼装迈向工厂化的重要一步，它使梁段拼装实现了连续性作业，避免了天气环境对拼装质量及拼装进度的影响。在山海关钢梁车间厂房内，设有三横五纵的流水化的板单元生产线，从原材存放、原材检验、预处理、下料、加工，到板单元组装、焊接、矫正、自检及监理报验、板单元存放等环节均为自动化、标准化作业。经过质量检验，在桥梁公司制造的零件和板单元全部合格，并达到很高的水准，同时也为中铁山桥内焊技术的升级及后续U形肋焊缝熔透技术的实现铺平了道路。

现代化流水作业生产制造车间

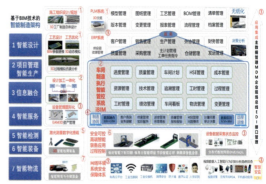
智能化制造系统构造图示意

钢结构单位

由于长白互通匝道桥需要在条件特殊的海上进行施工，为降低天气因素对施工进度以及对焊缝质量、拼装精度等方面的影响，必须创造一切条件将钢箱梁节段拼装全部在工业厂房内进行，尤其是长白互通匝道桥最大梁段的重量达到710t，必须在先进的喷砂和涂装厂房完成喷砂和防腐涂装工序，避免露天作业中容易受天气和温度因素干扰的弊端。为满足桥段大型化制造的要求，中铁山桥全力以赴，积极选取优良资源，减少了桥梁在海上不确定环境中施工的困难。

在长白互通匝道桥制造中，中铁山桥在原有基础上不断创新，积极采用国内外的新技术、新工艺，不断提升智能化制造水平。项目团队积极应用BIM信息技术的最新成果，运用三维建模软件可以实现高效建模、自动图纸更新、自动清单生成、干涉检查、数控设备自动化等工作。同时采用BIM模型进行工艺仿真，通过三维可视化技术交底，指导实际操作，既直观又有成效。通过自动排版套料系统程序生成材料采购清单、输出数控加工代码，可实现设计与加工一体化。结合长白互通钢箱梁平竖曲线结合的结构特点，为确保施工图纸准确性，避免人工容易发生的失误，提高施工图转化速度，中铁山桥首次在曲线匝道桥上采用三维软件CATIA进行立体建模，并用CAXA软件编制车间生产用工艺文件，还使用自动套料排版软件SigmaNEST完成综合排料及生产数控切割程序。实践证明，BIM信息技术的应用，在桥梁制造中实现了数字化和信息化操作，既提高了工作效率、准确性和材料利用率，又节省人力，极大地推进了行业进步。

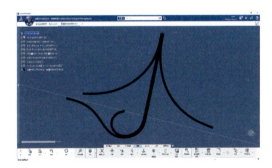 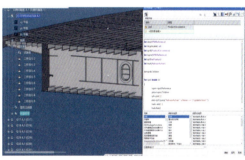

三维软件CATIA进行全桥立体建模

长白互通匝道桥的海上施工是决定桥梁建设成败的核心环节，关乎其能否成为一项百年品质工程。为确保在海上的施工安全和质量，中铁山桥采取更为严格的控制措施，抓住颇为关键的梁段间环焊缝施工质量，做好施工焊材存放控制、焊接区域打磨除锈质量、焊接参数的控制（焊速、道间温度）、冬季施工时低温环境的焊前预热与焊后保温、焊接防风、防雨设施的使用、焊后多层级无损检验（自检、监理平行检测、交工检测）以及最后焊缝补涂等各个方面的管控。同时，项目部还为现场操作人员提供安全的施工及作业环境，配备齐全的劳保用品，安装可正常使用的降温与通风设备，有力地保证了施工进度及质量。

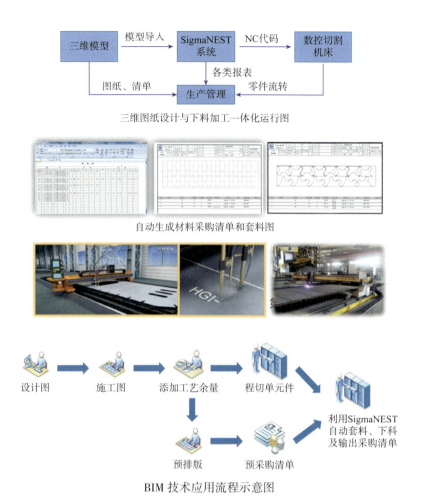

三维图纸设计与下料加工一体化运行图

自动生成材料采购清单和套料图

BIM 技术应用流程示意图

通过项目的实施，企业取得了以下宝贵的经验：一是必须形成一个由经验丰富的人员组成的项目领导班子。二是对于特殊结构，必须积极开展创新攻关，并提前根据工艺准备相应的设备。三是需要重点落实材料采购进场的速度，它是决定进度的关键之一。四是鉴于匝道桥架设梁段较多，板单元制造进度、板单元配套发运至拼装场地、钢箱梁拼装过程中工艺执行情况、全过程质量管控、梁段装船（尤其要考虑装船时段潮汐对水位影响，同时兼顾海上架设窗口期）、施工安全管理等环节，皆为影响质量、精度、成本的重要因素，必须得到高度重视。此外，对于海上连岛类项目，其施工取用电方案，亦会对海上施工产生重要影响。只有前期筹划全面得当，才能保证施工流程顺畅、按期或提前完成任务。

成功来自付出。经过中铁山桥的不断努力，在项目指挥部的正确领导下，长白互通匝道桥终于胜利竣工，在壮阔的东海之滨树立起一道美丽的钢铁长虹！

滔滔东海，长虹卧波。在珍珠般的舟山群岛，缠绕在海面上的长白互通匝道桥宛如少女的玉臂挽着通向远方的钢铁巨龙，静静地欣赏着潮起潮落，见证着世事变迁！

鱼山大桥

毫厘之差的较量
——鱼山大桥钢护筒打设及纠偏

中交第二航务工程局有限公司

宁波舟山港主通道（鱼山石化疏港公路）公路工程鱼山支线工程连接岱山县鱼山岛和岱山本岛，项目始于岱山县双合村后沙洋山嘴，终点与舟山国际绿色石化基地内规划道路相接，是舟山国际绿色石化基地对外连接的唯一陆上交通干道，路线全长约8.176km，工程造价15.6亿，工期27个月。大桥非通航孔桥（110号墩除外）采用单桩独柱结构设计，大桥桩基护筒设计为永久性钢护筒（采用环氧漆进行防腐处理），护筒最大直径为5.0m，我部施工范围内的钢护筒直径为2.8~4.5m，长度为45~81m，最大重量达到249.7t。

鱼山大桥采用的钢管复合桩在钢护筒直径、长度、重量上面堪称世界之最。这种世界之最给工程参建者既带来自豪感，又使之面临巨大的挑战。由于没有成熟可借鉴的施工经验，这意味着施工单位需自己想方设法攻克钢护筒施工的技术难题，且施工过程充满了未知与不确定。

工程结构本身带来的技术难题不可预知，外部恶劣的施工环境更加大了施工难度。首先，桥址区位于典型外海区，全年多大风、春秋季节多季风，夏秋季节多台风，潮汐、波浪对工程施工影响无处不在。一期工程钢护筒施工时间为2017年2月—2017年4月，二期工程钢护筒施工时间为2018年1月和8月，施工期间正值季风、台风期，6级以上大风天气占到施工时间的2/3以上。在如此恶劣天气影响下，工程建设者既要按期完成钢护筒沉放施工工作，又要保证钢护筒沉放的精度，难度可想而知。

其次，钢护筒沉放区域下部土层多为淤泥质土，地质条件差，钢护筒打设过程中易发生溜桩情况导致桩位偏移，对溜桩引起的钢护筒偏位如何纠偏，是一个全新的课题。

再者，本项目桩基施工属于海上作业，钢护筒吊装属于大吨位起重吊装作业，受海上风浪等不利环境影响，钢护筒吊装施工风险高。同时，施工中用到各类大型船舶几十艘，对海上施工安全管理提出了更高要求。

鱼山大桥

树立一流管理理念　组建专业化团队

本项目建设伊始，工程建设指挥部提出了打造交通运输部"品质工程"示范项目、建设交通运输部"平安工地"的目标口号，要求项目深入贯彻交通运输部"创新、协调、绿色、开放、共享"五大发展理念，推动"四个交通"发展要求，运用"五化"（人本化、专业化、标准化、信息化、精细化）管理理念，以工点工厂化、班组标准化、智能信息化等有效措施作为重要抓手，将项目建设为百年品质工程。

项目部严格落实指挥部关于"品质工程""平安工地"建设系列要求精神，秉承"争科技领先、创管理一流"管理理念开展项目管理工作。针对本项目堪称世界之最的钢护筒打设工作，项目部坚持创新引领理念，从设备选型、工艺选择、人员配备等方面开展创新型研究，积极探索适合超大超长钢护筒施工的施工工艺，同时积极探索大型工程建设的项目管理思路，组建由专家、项目部、专业班组人员组成的高效团队，结合智慧工地建设，确保钢护筒施工质量和安全。

为有效解决超大直径钢护筒施工的难题，全面克服不利环境因素对施工的影响，项目部针对性地组建项目组织机构，在现场设置打桩工段具体负责钢护筒打设工作。

项目部领导班子成员从事过连云港跨海大桥、金塘大桥、杭州湾跨海大桥等重大工程的现场管理工作，具备丰富的海上施工经验，对海上施工质量、安全等把控点了然于胸。

项目各部室负责人，均从公司各跨海大桥项目抽调，从事跨海大桥建设时间3~5年，专业知识过硬，素质较高。

项目部打桩工段主要配备工段长和设备调度长统筹现场管理工作，其中工段长沟通能力强，能够有效传达项目部关于安全、质量等方面的要求，并监督、管理施工班组落实各项举措，设备调度长由具备20~30年船舶管理经验的老师傅担任。老师傅在复杂施工环境中往往起到主心骨的作用，在其指导下，项目各类船舶调度井然有序，钢护筒起重吊装作业安全顺利，全员能够有效处理、应对突发情况。

此外，公司为有效辅助项目部开展钢护筒施工工作，从技术中心、武港院以及总部部门选择施工经验丰富、技术水平高的专家组成咨询团队为项目部提供技术支持，定期莅临现场指导钢护筒施工工作。专家团队利用多种智能计算软件，对钢护筒沉放过程进行多姿态模拟分析，确保选择的施工工艺安全可靠，同时项目部与专家团队建立现场突发情况联络处置机制，妥善处置钢护筒沉放时发生的突发情况。

加强技术创新 提升护筒沉放质量

在恶劣的天气以及复杂的地质条件下进行桩基钢护筒施工,为了使钢护筒打设精度符合标准要求,项目部通过以下几个方面对传统的钢护筒打设施工技术进行优化,最终得到适合鱼山大桥强海潮作用下超长、超大直径钢护筒打设的施工关键技术。

1. 实时测量辅助矫正

项目部开始选择雄程1号打桩船配合打桩锤进行钢护筒沉放,雄程1号打桩船船体长宽为78m×36m×6.5m,最大吃水深度为4.5m,桩架高度128m,沉桩长度可达到106m+水深,可施工最大护筒尺寸为7000mm,是当时国内少有的可以沉放本工程超大超长钢管桩的设备。

雄程1号打桩船

在传统钢护筒打设施工中,通常采用全站仪配合打桩船进行作业,但是鱼山大桥水文地质条件复杂,在全站仪测量的过程中,钢护筒受涌浪影响严重,姿态很难精确调整,打设的钢护筒基本满足不了设计精度要求(本项目钢护筒设计精度要求为中心偏位<3cm,垂直度<1/200)。

2. "打桩船+护筒导向架"配合施工

为确保护筒沉放精度,项目部多次组织专题会议研究护筒打设方案,在比选海上钢管沉放的常见方案后提出了"打桩船+超长护筒导向架"的新型护筒打设方案。该方案是在沉放钢护筒前,先自沉一个直径5.5m、长度30m的护筒导向架,导向架由下部钢管、上部操作平台及抱桩导向装置三部分组成。导向操作平台位于导向架顶部,用于定位导向时工人操作及测量人员在沉放过程中的复测控制。平台上设置4个滚轮扶正、导向装置,每只滚轮由一个液压油缸、两个支铰空间定位、液压锁定装置和机械锁定装置双冗余锁定,这样可以使钢护筒免受涌浪、水流影响,进而保证垂直度。

就在项目部全体成员信心满满实施方案之时,钢护筒沉放过程中护筒导向架出现了倾斜失稳现象,项目部立即停止钢护筒沉放工作,开始查找原因。在全体成员失去信心之时,项目领导孙士辉同志勉励大家说:"我们所从事的是几乎没有人从事过的工作,是难免遇到失败和挫折的,大家要有百折不挠的勇气和屡败屡战的心气,我们的方案应该没有大问题,但是要仔细分析失败的原因,对该方案进行优化。"

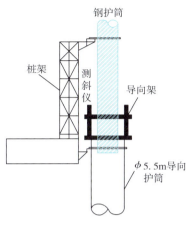 

钢管导向架示意图及现场沉放

大家通过总结分析,护筒导向架设计时并未考虑导向架在限位时受到反作用力,这个作用力是锤击水平方向的分力,正是这个力使导向架失稳,失去了导向限位的作用。失败的原因找到后,下一步就是如何改进了。

3. 优化"打桩船+护筒导向架"配合施工工艺

经过论证,对"打桩船+护筒导向架"施工工艺进行优化,在桩架上配备2套抱桩器,上下两层,先将钢管导向架自沉至下层抱桩器之下,锤击时上下层抱桩器抱紧限位,同时解除护筒导向架上的限位,由打桩船进行沉桩,这样护筒导向架的作用就更明确了。

上下层抱桩器设置及定位

采取该工艺后,大家怀着忐忑的心情开始了钢护筒的沉放工作,看到沉放的钢护筒中心偏差和垂直度满足要求后,大家悬着的心终于落地了,后面的钢护筒均采用该工艺沉放,除93号墩桩基钢护筒受下部软弱地层影响出现溜桩,平面偏位过大外,其余护筒沉放精度均满足设计要求。

钢管桩沉放

依托专家团队　处理意外情况

大桥93号墩桩基钢护筒施工过程中，受下部淤泥质软弱地层影响，钢护筒出现溜桩现象，并出现较大偏位，这一意外情况发生后，项目部立即组织查阅相关资料并咨询公司专家团队，经多次讨论决定先采用常规的压力顶升法拔出钢护筒，顶升至埋深15m左右后，采用600t的起重船完全拔除。

压力顶升法工作原理是先密封钢护筒上部，后高压气泵或高压液泵对其顶部密封腔施加一定的压力，利用作用力和反作用力的原理，将钢护筒从桩位中顶升出来。其工作设备主要包含密封装置和混合加压装置。经计算，护筒抗拔力为11091.4kN，换算成压力值为1.22MPa，压力值较小，利用率较高，施工较方便。

压力顶升密封装置安装

顶升设备就位后，按照原计划进行了四次顶升工作，但四次顶升过程中均出现问题。

第一次顶升：加压至1.4MPa时，护筒开始出现明显上升，经过20min的加压，加压至 1.8MPa 时，护筒上升 4cm。此时，加压水泵出现了故障，顶升工作被迫中断。泄压后，测量护筒内泥面变化，下降了 0.6m。

第二次顶升：加压装置修理完毕后开始顶升，加压至 2MPa 时，护筒开始明显上升，经过 2h 的加压，加压至 2.4MPa 时护筒上升 4cm。此时密封装置在法兰螺栓连接处漏水严重，注水加压不能增加护筒内压力，顶升工作再次被迫中断。泄压后，测量护筒内泥面变化，下降了 1m。

第三次顶升：通过融化后的沥青和木屑将法兰螺栓处补漏再次顶升，加压至 3.8MPa，护筒只上升了 2cm。泄压后，发现上升的护筒又回到顶升前的位置，护筒内泥面下降 0.8m。

第四次顶升：鉴于第三次的失败，项目部决定租用一台 12000kN 的起重船配合压力顶升，第四次顶升起重船的起重力是 7000kN，注水加压至 3.8MPa 对钢护筒进行顶升，钢护筒只上升了不到 1cm 的位移量，后续加压至 4.5MPa 时，此时的顶升力是 40000+7000=47000（kN），而钢护筒无任何变化。

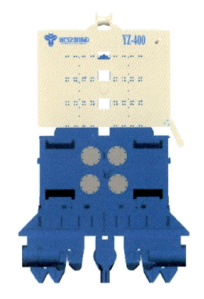

偏心力矩(kN·m)	226
最大频率(rmp)	1400
额定激振力(kN)	4185
最大拔桩力(kN)	2500
最大振幅(mm)	40
最大流量(L/min)	1500
尺寸(mm)	2650×1280×4280
重量(kg)	18000

振动锤外观及性能参数

经过多次失败，项目部组织专家团队召开专题会议进行了分析，分析认为，压力顶升时钢护筒的上升只是钢护筒的弹性变形，泥面下降是由于加压造成土体被压迫密实，同时逐步增大的压力使得施工器具出现各类故障。且由于多次的加压，护筒内被压迫密实的土体形成了一个柱塞，这时提升护筒需要的力不再单单是克服钢护筒内外壁的摩阻力和自重，还需要考虑柱塞后产生的影响，类似于"拔萝卜带出泥"的情况，即拔出护筒的力要大于钢护筒自身重量及其内部的土体重量和护筒周边土体重量之和。根据剪切破坏的原理，破坏断面和受力轴线大致呈 45°角，顶升时需要剪切破坏的土体加上钢护筒内土体接近50000m³，近乎80000t的土体重量。当然，实际剪切破坏不一定达到这么大的压力，但肯定远大于加压至47000kN的提升力。因此，压力顶升法宣告失败。

总结了压力顶升法失败的原因后，在专家建议下，项目部决定采用射水吸泥＋振动拔出法将钢护筒拔出。为了克服压力顶升法造成土体密实、摩阻力变大的难点，先采用射水法将护筒内泥面吸除一定高度，以减少土摩阻力，再配合振动锤拔出钢护筒。

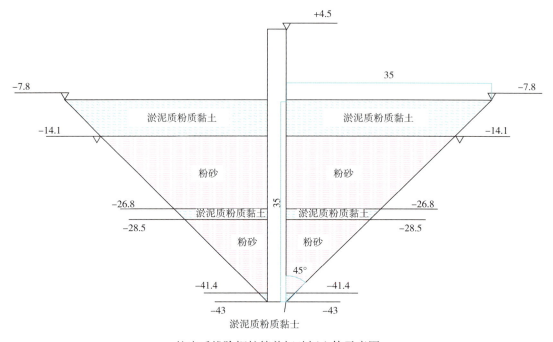

柱塞后拔除钢护筒剪切破坏土体示意图

射水法工作原理主要是气举反循环将被射水器冲散的快泥、粉砂连同水吸入吸泥管，随高压气流排出，从而降低泥面高程，主要工具由吸泥器、吸泥管、高压风管和射水器及其连接件组成，动力系统采用大功率空压机，振动拔出法主要是通过采用振动锤产生的激振力，使护筒产生高频振动、周围土体产生液化，从而使护筒在较小的提升作用下拔出。

根据《港口工程桩基规范》（JTS 167-4—2012）中公式（4.2.6）进行计算，将泥面高程下降30m后，利用振动锤拔出所需的激振力要求为7392kN，经过市场调研，项目部选择了2台YZ-400振动锤并联使用，额定激振力可达到8370kN，满足护筒拔出的激振力要求。

射水吸泥计划工效为4m/d，8d内完成，现场实际施工时间为20d，工效1.5m/d，这说明压力顶升法确实使护筒内部土体更加密实，以至于无法拔出钢护筒。射水吸泥完成后，利用振动锤仅用时25min就将钢护筒拔出，采取重新下放后，93号墩桩基钢护筒精度也控制在了设计要求范围内。

射水吸泥 + 振动拔出法处理偏位钢护筒

总 结 展 望

本工程的超大超长钢护筒施工在国内、国外均无成熟的施工经验可供参考,项目部自进场开始,就一边施工、一边总结,一根根钢护筒的成功打设倾注了全体管理人员的心血和付出,特别是施工过程中,受不良地质影响,钢护筒出现了较大偏位,为了解决该问题,项目部技术人员夜以继日、攻坚克难、全力沟通协调,经历一次次的失败后才成功拔出钢护筒,顺利完成纠偏。经过该工程的洗礼,全体参建人员切实领会到了梅花香自苦寒来的真实含义,深刻体会到了百年品质工程创建的丰富内涵,极大提升了参建单位的管理水平。

在管理方面,要充分依托专业化团队和专家团队,行业内多年经验的管理者和专家具有丰富的施工经验、高超的技术水平,对施工中存在的问题往往能一眼看出问题症结,有了专业团队的管理和专家团队指导,可以有效、快速、准确地找到解决问题的方法,从而促进工程质量、安全等管理的提升。

在创新方面,面对近乎从未有人涉及的全新施工领域,除了类似施工经验的参考,更多的要靠自身创新来实现工程各项目标。项目部坚持创新管理,以技术创新指导工程施工。在钢护筒沉放方面,项目部创新性地提出了"打桩船 + 钢管导向架"的解决方案,并对方案持续优化,顺利解决了钢护筒沉放的精度问题;在护筒纠偏方面,项目部创新性地提出"射水吸泥 + 振动拔出"的解决方案,顺利解决了钢护筒的纠偏问题。创新是解决问题的根本方法,只有坚持创新,工程建设才能往更纵深推进。

将"匠心"融入细节
——海上超长超大直径钢管复合桩施工品质创建

浙江交工集团有限公司鱼山大桥项目部

鱼山大桥钢管复合桩桩径 2.2~5m，桩长 15~148.2m，其中 5.0m 直径是当时世界公路工程中最大直径的钢管复合桩桩基，单根钢护筒最大直径 5.0m，最长 65m，最重 300t，单桩钢筋笼最大重量达 241.3t，单桩永久钢护筒最大重量 297.1t，单桩混凝土最大灌注方量 1943.2m^3。鉴于海上施工条件恶劣，桥址处地质条件复杂，桩基成孔困难，超长超大直径钢管复合桩的钢管和钢筋笼外形尺寸庞大、单根重量重，加工、运输、吊装、定位、沉放等环节存在诸多困难。如何克服外在复杂恶劣的作业环境，同时在无前超长、超大直径桩基施工经验可参考的情况下完成施工并保证施工质量是我们需要研究探讨的问题。

将目标引入管理　方案编制有的放矢

鱼山大桥项目引桥采用的是单桩基础，相比于群桩基础，桩基定位精度和成桩质量要求比较高，中心位置偏差不得大于 3cm，倾斜度不得大于 1/200，成桩检测必须为Ⅰ类桩。一旦单桩基础质量出现问题，只能采用报废返工或者调整跨径其他位置补桩处理，但由于项目总工期非常紧张，仅 27 个月，因此，要求每一根桩都必须一次性成桩成功，每一根桩基的成败都决定着整个项目的成败。

在外海自然条件非常恶劣的深水区域下大规模建设跨海大桥工程，地质条件复杂，施工条件恶劣，鱼山大桥超长超大直径变截面钻孔灌注桩施工存在较多的技术难题有待深入研究，项目重难点主要体现在：①在海洋复杂环境下，受到波浪影响和施工面限制，超长超大直径永久钢护筒体积大、重量大，难以精确定位；②复杂海洋环境超长超大直径变径桩基成孔易出现塌孔、漏浆、缩颈、孔底沉淀层厚度大等质量隐患和钻进嵌岩难度大以及变截面处的钻孔处理等问题，需要通过技术改进来解决；③超长超大直径桩基钢筋笼尺寸大，重量大，加工、运输、吊装、定位和沉放等环节均存在诸多困难，需要进行相关新技术开发和研究相应的质量控制措施；④超长超大直径桩基的海工混凝土配制技术，大方量水下混凝土快速连续灌注技术以及成桩质量检测技术等还需进一步研究。

基于上述质量和工期目标要求，项目部在指挥部的指导下，针对超长超大直径变截面钢管复合桩施工将面临的技术难题，在借鉴现有工程实践经验基础上，项目部展开了超长超大直径钢管复合桩施工工艺及施工质量控制技术研究，提出了桩基施工"稳、慢、准、清、快"的五字决，钢护筒定位打设时要"稳"，钻机钻进过程要"慢"，钢筋笼安装要"准"，桩基清孔要做到"清"，桩基混凝土灌注要"快"等施工理念。编制了《鱼山大桥钻孔灌注桩专项施工方案》和《鱼山大桥超大直径灌注桩施工过程常见问题及处理措施》，并组织了多次专家咨询会，确保项目每一根桩一次性成桩质量。

创新攻克难关　　助力鱼山品质打造

针对超长超大直径钢管复合桩的海上定位难、钢筋骨架吨位大、混凝土体量大等施工难题，创造性地提出了成套施工技术。

1. 海上超长超大直径永久钢护筒高精度定位技术

鱼山大桥深水区域超长超大直径钢护筒采用国内最大打桩船"雄程1号"进行打设，钢护筒的倾斜度通过打桩船桩架进行定位，垂直精度可控制在1/1000，远远满足于鱼山大桥1/200的垂直精度控制，但打桩船的自带定位GPS系统，水平定位精度一般在±10cm左右，无法满足单桩基础的中心位置偏差不得大于3cm的定位要求。采用传统的钢管桩平台导向架进行精确定位面临施工效率低、工期长等工程难题。针对此难题，本项目研制了一种带有定位装置的沉管导向架定位方法和提出了一种"T型定位法"测量方法。

沉管导向架精确定位法原理如下：沉管导向架，先将定位装置与一根超大直径钢护筒焊接在一起，形成一个整体沉管导向架，使用打桩船打设沉管导向架，采用自带GPS系统对沉管定位，永久钢护筒打设完成后，将沉管导向架拔出，转至下一根桩基位置。沉管的内径理论上需比永久钢护筒的外径至少大20cm，才能保证钢护筒定位的准确性。首先利用打桩船的定位系统，定位打设沉管导向架，沉管导向架的垂直度偏差在1/1000以内，平面位置偏差在10cm以内。沉管导向架打设完成后，测量出其中心坐标，采用AutoCAD上画出永久钢护筒中心和沉管导向架中心的相对位置，计算出每个抱桩定位器的角度和伸出长度。测量人员在沉管导向架平台对抱桩定位器进行测量定位放样后，进行永久护筒打设。相比传统的钢管桩导向架，采用沉管导向架施工，存在以下几点优点：①施工周期短，只需打设和拔出一次沉管，施工效率高；②投入船机设备和周转材料少。采用打桩船打设、拔出、转移沉管导向架，只需1套，周转方便快速；③超大直径钢护筒使内部的水体隔离，处于静水状态，更有利于保证永久钢护筒的打设精度。

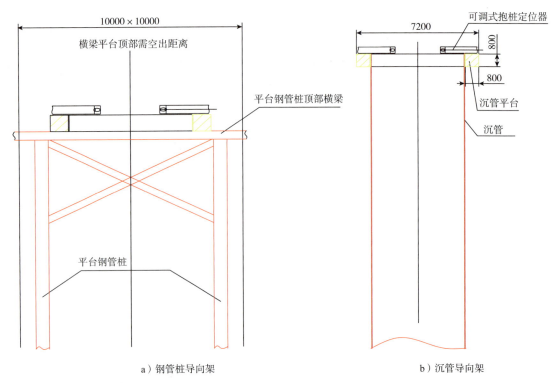

导向架示意图（尺寸单位：mm）

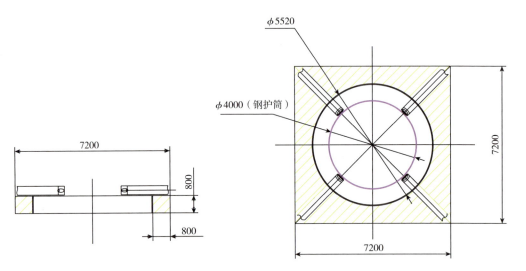

定位装置示意图（尺寸单位：mm）

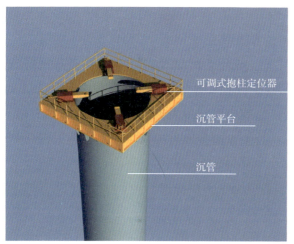 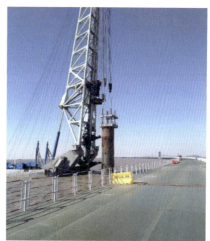

沉管导向架实物图

沉管导向架定位施工现场

采用沉管导向架进行永久钢护筒打设精确定位，永久钢护筒下沉到一定深度后，由于沉管导向架的高度阻碍了打桩船施打操作，打桩船需先解除永久钢护筒，将沉管导向架拔出移走，打桩船再归位继续施打永久钢护筒到位，工序多，效率较低。

为提高施工效率，缩短施工周期，提出一种"T型定位法"测量定位方法。"T型定位法"是指采用打桩船打设钢护筒，在桩位的左、右侧和前方（以打桩船的前进方向为前方）三侧设置A、B、C测点进行水平定位测量，如下图所示，以A、C点的距离测量来确定水平两个方向的精确调整值，以B、C两点切线定好目标竖直线，通过观测钢护筒外壁与两条目标竖直线是否重合来确定钢护筒调整是否到位。

"T型定位法"操作过程如下：A点为左右距离测点，建议采用具有免棱镜功能的高精度全站仪进行测量，根据A和桩位中心O的坐标设置仪器指向OA，以距离OA减去钢护筒半径 R 的长度为目标距离,通过求得钢护筒外壁到 A 点的距离测值与目标距离的差值进行左右调整,为了减小测量误差,A 点位置选择尽量使 OA 与桩位左右轴线之间的夹角很小,例如 5m 直径钢护筒偏位小于 3cm,夹角不能超过 6°。B 和 C 点为桩基的切线方位点,以 B、C 点和桩基圆边作理论切线,设置目标角度,采用高精度全站仪或者经纬仪进行定位两条目标竖直线,钢护筒定位过程中,通过观测钢护筒外壁与两条目标竖直线是否重合来确定钢护筒调整是否到位。为减少测量人员投入,在 C 点同时设置距离测量进行前后调整,测量方法如 A 点一样,为了减小测量误差,C 点设置在桩位前后轴线上,建议使用高精度手持式激光测距仪,便于测量人员操作,在 OC 线上另外设置一个 D 点确定测距仪的激光指向。

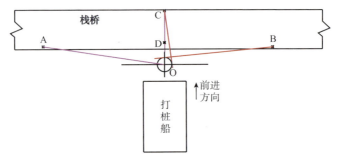

"T 型定位法"示意图

栈桥平面控制点和仪器布置示意图

| B 点控制左右垂直度 | A 点控制大小里程距离 |

| C 点控制大小里程垂直度 | D 点控制左右距离 |

现场钢护筒打设测量照片

2. 超长超大直径变径桩钻孔技术

鱼山大桥单桩基础最大直径为 5.0~3.8m，最长桩长 148.2m。桩基成孔采用国内最大型的 ZJD-5000 型大功率回旋钻机进行钻孔，先采用 4.8m 大直径刮刀钻头在钢护筒钻进，钻头外侧安装钢丝刷，边钻孔边对钢护筒内壁进行扫孔，清除钢护筒剪力键范围的渣土和泥皮，在出钢护筒底口变截面后，换成 3.8m 直径刮刀钻头钻至孔底中风化岩层面，换成 3.8m 直径滚刀钻头钻至孔底。

ZJD-5000 型大功率回旋钻机

大直径滚刀钻头和刮刀钻头

由于桩径较大，最大为5.0m，同一截面上局部地质差异大，软硬不一，垂直度控制难度大。为了保证钻孔的垂直度，在钻头上部加设配重，配重和钻头的总重量超过60t，使钻具在重力的作用下始终垂直向下；为确保钻机转盘始终保持水平，每加1~2节钻杆，检查一次钻机水平度和钻杆垂直度情况。出护筒钻进时在刮刀钻头上增加扶正器，保证出护筒时上下孔同心圆保证钻孔的垂直度。

钻头的配重和扶正器

3.海上超长超大直径桩基钢筋笼安装技术

（1）超大吨位钢筋笼起吊悬挂系统

鱼山大桥单桩基础钢筋笼采用双层钢筋，最大重量为241.3t。钢筋笼制作按照单节 12m 长度进行分节，单节重量高达 35t。为了减少钢筋笼的对接接头，提高施工效率，根据起吊设备的起吊能力，尽量使单节长、分节少，单节重量较大，起吊运输时容易发生变形，对接完成后，整根钢筋笼起吊和悬挂重量大，需要很强的起吊和悬挂吊具。

为能满足起吊和悬挂大吨位钢筋笼，根据桩基直径大小，研制了一套专用的起吊悬挂吊具，如图 a）所示，用于鱼山大桥直径 5.0~3.8m 钢筋笼的整套起吊悬挂吊具，主要由内环吊具和外环悬挂环组成。内环吊具直径与吊装的钢筋笼直径一致，它有两种功能，如图 b）所示。其一，作为起吊吊具，设置在吊钩与骨架之间，设置 4 个吊耳，等距布置，上部通过卸扣与钢丝绳挂牢吊钩，下部通过卸扣与钢丝绳与骨架连接，上下吊点之间采用圆形钢箱框架作为支撑；其二，作为悬挂吊具，圆形钢箱框架上留有 8 个吊挂孔，当钢筋笼全部对接完成后，整个钢筋笼由 8 根精轧螺纹钢筋作为吊杆作用悬挂在内环吊具上，内环吊具置于外环悬挂环上。外环悬挂环主要用于钢筋笼对接时的支撑和悬挂定位，由活动卡板和支撑圆环钢箱梁框架两部分组成，支撑圆环钢箱梁框架由两个半圆环通过螺栓连接成一个完整的圆环，卡板可在支撑圆环内前后抽动。安装钢筋笼时，先将悬挂环安装在孔口钻孔平台顶面，将吊入孔内的钢筋笼通过加强后的加劲箍支撑在上，然后起吊下一节钢筋笼与之对接。悬挂环的内径比需要吊装钢筋笼直径大 20cm（每一边留有 10cm 的间隙方便吊装）。悬挂环的功能与工作状态如图 c）所示。

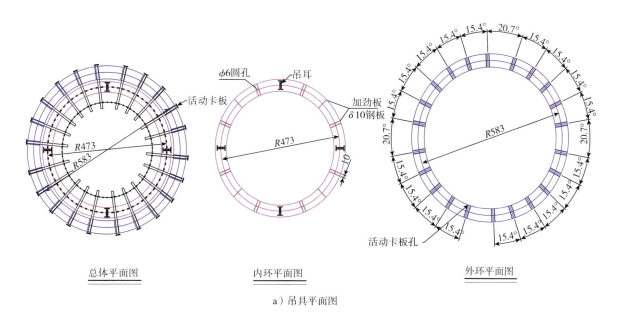

a）吊具平面图

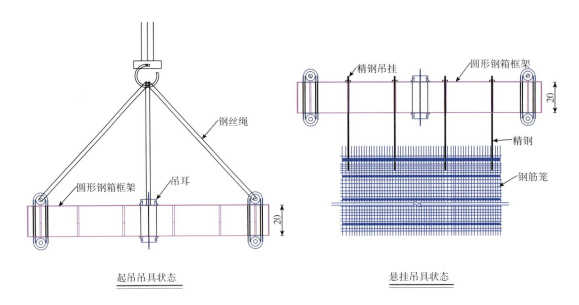

b）内环吊具工作状态示意图

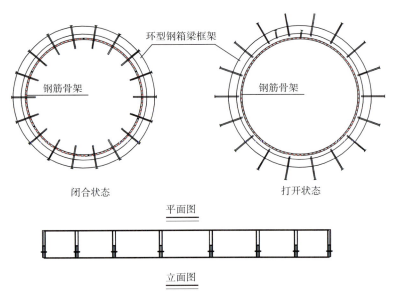

c）悬挂环工作状态示意图

超大直径桩基钢筋笼安装吊挂系统（尺寸单位：cm）

（2）海洋环境下超长超大直径钢筋笼安装技术

对于海上深水区的钢筋笼一般较长，基本在100m以上，履带式起重机已不能满足起吊需求，采用龙式起重机和沉放架进行起吊安装，都需要搭设承载能力强、空间大的施工平台，对于鱼山大桥的单桩结构形式，只安装一根桩基钢筋笼，搭设和拆除大施工平台，材料、设备和人员投入较大，周转周期较长，影响工期。沉放架的工效较低，钢筋笼下放时间太长可能导致塌孔现象，严重影响桩基质量。若采用浮式起重机进行起吊安装，由于鱼山大桥桥位处环境比较恶劣，冬季有季风，夏天台风，风浪较大，潮流比较湍急，浮式起重机发生上下颠簸，左右摇摆，极不稳定，使起吊的钢筋笼也随着起伏摇摆，很难固定，从而给钢筋笼对接施工带来很大的危险，很难快速精准对接，影响安全性和施工质量。

吊挂系统实物

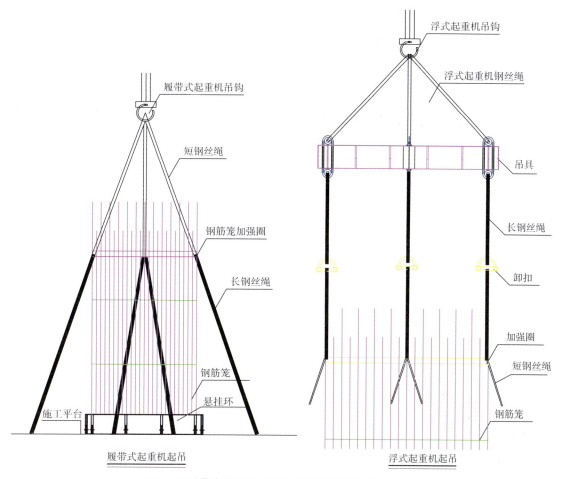

履带式起重机与浮式起重机转换吊具

为解决海上深水区超长超大吨位的钢筋笼安装难题，提出一种履带吊转浮式起重机的施工工艺：先采用履带式起重机起吊单节进行对接，对接完成后，再转用浮式起重机整节起吊下放，为了解决施工人员攀爬到钢筋笼顶部调换履带式起重机和浮式起重机吊具时的安全问题，提出了一种履带式起重机转换浮式起重机的方法，钢筋笼顶端设置4条供履带式起重机起吊的短钢丝绳和4条供浮式起重机起吊的长钢丝绳，单节钢筋笼对接完成后，解除履带式起重机吊具，工人在平台上将4条长钢丝绳采用卸扣与浮式起重机的吊具连接，起吊整节钢筋笼进行下放。此方法有效地保证了工人的安全性和钢筋笼对接质量。

履带式起重机与浮式起重机协助作业现场

4. 超大方量混凝土灌注施工组织

桩基施工中的几大重要工序中（护筒制作与下放、钻孔、下放钢筋笼、灌注混凝土）以灌注混凝土最为关键，或者说灌注混凝土这道工序的容错率为零。鱼山大桥单桩混凝土最大灌注方量$2001m^3$，首灌方量为$27.1m^3$，为了确保成桩混凝土质量，灌注要"快"，要求在12h内灌注完成，混凝土灌注速度要达到$170m^3/h$。

根据最大方量混凝土灌注速度，项目部对设备投入、灌注现场布局以及运输道路管控等做了详细的分析。投入了2套HZS180和1套HZS120拌和站，16辆$8m^3$的混凝土罐车，2套HBT105型输送泵和1台J5121汽车泵，1个$32m^3$的大储料斗和1个$2m^3$的小料斗。

钻孔灌注桩浇筑时布置

施工期间对栈桥进行交通管制，无关车辆在混凝土灌注时不得进入施工栈桥，确保混凝土输送车的运输通畅。浇筑平台区域进行合理布局，3台拖泵在钻孔施工平台上一字排开，相互之间不产生交叉影响，输送车在栈桥和施工平台的起始部分掉头。建立沟通信息平台，便于浇筑前以及过程中后场、前场、交通运输三方人员的沟通。

总 结 展 望

针对桩基遇到的难题，全员参与、持续改进的"五小"发明和各类技能比武活动，开展专题研究，取得了一系列创新成果：①开发了海上超长超大直径钢护筒精确定位方法，该技术获得1项国家实用新型专利《钢护筒导向架》（ZL201820146966.X），1项国家发明专利《海上钢管复合桩高精度测量定位使用方法》（ZL201711283485.X），2项省部级工法《采用沉管导向架精确定位的海上永久钢护筒打设工法》和《海上钢管复合桩高精度定位测量工法》。②提出了采用回旋钻法进行超大直径变径桩基成孔时，先采用大直径桩径钻大直径桩孔，然后再换成小直径钻头钻至孔底的施工工艺，并在钻头上部加设超大重量配重和超高的扶正器，确保了超长超大直径桩基的成孔垂直度。③开发了内环吊具外环悬挂进行大吨位钢筋笼起吊悬挂系统和履带吊转浮吊法进行超长超大直径钢筋笼安装技术及其转换吊具。本技术获得2项国家实用新型专利《一种大直径超长桩钢筋笼下放吊具》（ZL201820146080.5）和《一种大直径桩基钢筋笼悬挂吊具》（ZL201821765457.1），1项省部级工法《海上超长超大直径桩基钢筋笼安装施工工法》。

鱼山大桥桩基施工过程中始终认真执行"稳、慢、准、清、快"的五字决、工点工厂化和班组标准化施工管理理念，对桩基施工全过程精细化管理，通过不断总结施工经验，提升施工工艺，解决了钢护筒打设精度问题，提高了钢筋笼安装质量，缩短了混凝土浇筑时间，最终确保了单桩基础定位精度误差控制在3cm以内，成桩质量全部为Ⅰ类桩。

在复杂挑战中挺起"钢筋铁骨"
——双曲面花瓶墩钢筋骨架整体预制安装

浙江交工集团股份有限公司

花瓶式桥墩因造型优美、占地空间小等优点，近年来在城市桥梁和跨江跨海大桥的引桥中被广泛运用，如嘉绍大桥、青岛胶州湾大桥、杭州湾大桥和鱼山大桥等工程的引桥都采用了花瓶式桥墩。花瓶式桥墩的截面形式大多数是下段等截面，为了方便设置支座，墩顶横桥向向外展开，还有一些过渡墩在纵桥向也会向外展开，形成双面花瓶墩。

转变思路　工厂化施工

鱼山大桥引桥采用单桩独柱结构，墩身底部为圆柱形，连续墩墩顶 6m 范围内沿横桥向单向展开，过渡墩墩顶 6m 范围内沿纵横双向展开，形成了一种双曲面花瓶式墩身，70m 跨径区域桥墩墩底断面直径为 3.60m，过渡墩墩顶截面为 6.50m×5.00m（横桥向 × 顺桥向），两者通过半径 26.064m 的圆弧进行过渡。

双曲面花瓶墩，其墩顶展开段受力复杂，钢筋布置复杂，竖向主筋呈纵横双向空间曲线弯曲，墩顶布置了纵横水平拉筋，箍筋与截面形状相同不规则，且钢筋较粗，钢筋骨架绑扎定位精度难以保证。单桩独柱结构形式，无承台结构，现场搭设墩身施工支架较难。桥位海域气候环境比较恶劣，冬季季风较大，夏季有台风，现场施工有效天数少，施工效率低，安全风险高。

为了解决上述难题，指挥部提出"遵循桥梁工业化思路，通过施工方法创新，实现桥梁的快速高品质建造，坚持少现场、多预制"的理念，项目部采用了钢筋骨架整体预制安装施工工艺，研制了一种双曲面墩身钢筋骨架预制专用胎模架，提出了一种双曲面墩身钢筋骨架现场安装定位方法。

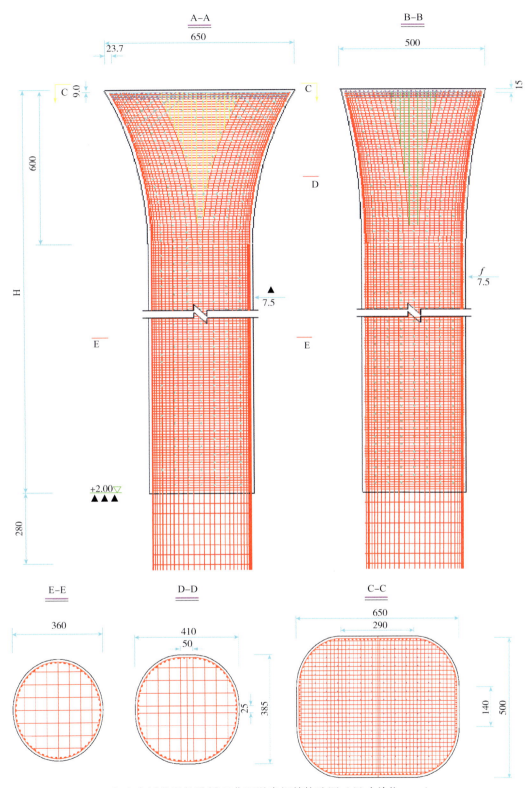

鱼山大桥非通航孔桥双曲面墩身钢筋构造图（尺寸单位：cm）

工艺创新　解决难题

1. 双曲面墩身钢筋骨架预制专用胎模架

采用长线法在钢筋加工厂内制作钢筋笼，预制完成后，采用平板车将其运至现场，履带式起重机吊装安装。对于高墩，钢筋笼分节与浇筑分节一致，主筋连接采用直螺纹套筒形式。双曲面花瓶墩的钢筋笼，顶端6m以下部分是圆柱形，顶端6m以上部分沿纵横双向展开。

钢筋笼在胎模架上进行制作，根据墩身断面形式和尺寸，制作不同规格的胎模架，纵向每2.0m布置一道，顶端0.5m范围设置了纵横向拉筋，为施工方便，顶端那道胎模架设在0.5m处，胎模架之间采用[10型钢进行连接。顶端6m以下圆柱部分的胎模架是半圆形，顶端6m以上双曲面展开部分采用与半截面相同的胎模架。胎模主体骨架使用型钢和钢板制作，钢板上焊接$\phi 20mm$圆钢作为主筋定位齿，胎模架高度以墩身的中心线为参照线进行制作。胎模架都是墩身截面的一半，钢筋笼制作时，一半的纵向钢筋在胎模架上定位固定，另一半的纵向钢筋采用设置劲性骨架进行定位固定，劲性骨架采用型号较大的钢筋根据胎模架形状制作，劲性骨架同时对钢筋笼起到加固作用，可防止其在吊装运输过程中发生变形。钢筋绑扎前，在平台一头设置8mm钢板挡板，并用型钢支撑牢固，使钢筋笼一端主筋齐平。

2. 双曲面墩身钢筋骨架现场安装定位法

将预制钢筋骨架运至桥位进行吊装，安装精度对于墩身的钢筋保护层影响较大，本项目提出了一种单桩独柱墩身的钢筋笼安装定位方法，操作原理如下：测量人员在桩基顶精确放出桥墩的中心点和水平纵桥向和横桥向轴线位置，并在钢护筒上沿墩身轴线焊4条定位钢筋，两个水平方向的定位钢筋长度分别为墩顶钢筋笼两个方向的长度与墩底钢筋笼的直径之差的1/2，将钢筋在钢护筒内的端头定位在墩身钢筋笼的理论位置，钢护筒外的端头将垂直对着墩顶钢筋笼两个方向的外端，在墩身钢筋笼顶端两方向轴线最边缘4个位置各悬挂一根垂线，如下图所示。通过定位钢筋的内端头卡位钢筋笼安装的水平定位，通过调整钢筋笼使4条垂线的端头与4根定位钢筋的外端头重合，垂线对垂直度和水平位置进行过程控制。

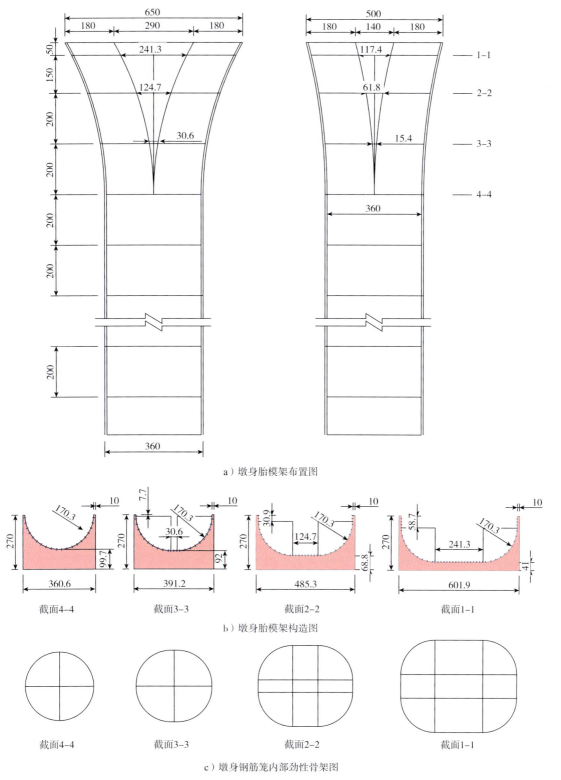

a) 墩身胎模架布置图

b) 墩身胎模架构造图

c) 墩身钢筋笼内部劲性骨架图

墩身钢筋笼长线法胎模架图（尺寸单位：cm）

胎模架和劲性骨架实物图

双曲面花瓶墩钢筋骨架成品

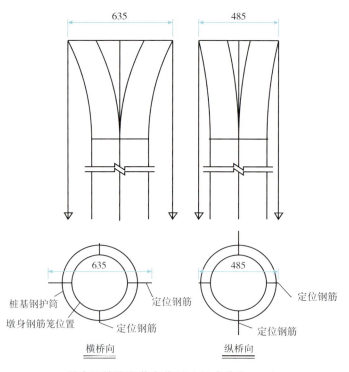

墩身钢筋笼安装定位图（尺寸单位：cm）

墩身钢筋骨架吊装

总 结 展 望

双曲面花瓶墩钢筋骨架采用整体预制安装技术，有效保证施工质量，复杂的钢筋笼在钢筋加工厂内胎架上整体预制能提升其尺寸精度，现场整体吊装能有效地保证安装精度和保护层厚度；显著提升施工效率，钢筋笼在工厂内施工可消除现场环境影响，部分工序可同步进行，大幅度提高其制作效率，钢筋笼预制与下部基础施工同时进行，基础工程施工完成后，吊装钢筋笼只需 0.5d 时间即可完成，显著地缩短现场施工时间；节约成本，由于工厂化、标准化施工，可降低钢筋下料损耗，减少现场施工人员和设备投入数量，缩短施工工期，从而节约施工成本；降低安全风险，与传统现场绑扎钢筋工艺相比，钢筋骨架在工厂内预制，现场安装，有利于标准化、规范化管理，减少现场高空作业工序和作业人员的安全隐患，降低了安全风险。

变海为陆　提质增效
——海上全线栈桥品质创建

浙江交工集团有限公司鱼山大桥项目经理部

宁波舟山港主通道公路工程鱼山支线工程始于岱山县双合村后沙洋山嘴终至舟山国际绿色石化基地内规划道路，连接了鱼山岛和岱山本岛，是舟山国际绿色石化基地对外连接的唯一陆上交通干道。其中鱼山大桥全长7424.75m，主跨跨径260m，通航孔主桥为混合梁连续刚构桥，桥跨布置为70m+140m+180m+260m+180m+140m+70m；非通航孔主桥靠近主通航孔主桥两侧深水区采用70m跨径，其余区段采用50m跨径。上部结构主要为节段梁预制拼装，其中通航孔桥为混合梁连续刚构桥，主跨跨径260m；非通航孔桥为70m跨径和50m跨径。下部结构采用单桩独柱形式，最大桩径5m，桩长148.2m，墩身为双曲面花瓶形墩身。栈桥沿桥梁全线设置。

栈桥全线布置　打破环境限制

本工程东临东海，西靠大陆，属北半球亚热带南缘海洋性气候，年平均降雨量993.2mm，年平均受台风影响2.2次，年平均雾日28.5d，年平均雷暴日30.6d，年平均六级以上大风日占2/3，气候条件非常恶劣。极大地限制了船舶出海作业，年平均有效施工日仅250d左右。

为了最大限度降低因环境因素对工期造成的影响，指挥部、施工承包单位进行充分的实地调研以及文献查阅，采用全栈桥施工，创造海陆一体的施工条件，为节点工期的完成提供了坚实的施工环境基础。

深思远虑　栈桥结构设计

通航孔位置有两根柔性直流电缆与桥梁45°斜交，栈桥跨越电缆范围大，若采用常规栈桥，钢管桩与电缆距离太近，无法确保电缆完好，施工风险高。故项目部为了应对栈桥跨电缆这个问题，咨询了多家钢桥设计和施工单位，通过栈桥结构方案比选，最终确定采用64m+16.5m+64m大跨径桁架结构栈桥。

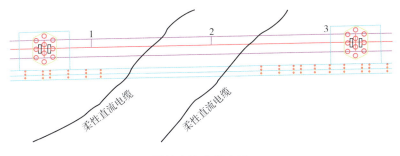

柔性直流电缆布置

其余栈桥标准段采用12m和15m两种跨径,每一联设置两个9m跨作为止推墩。基础采用3根钢管排架,排架桩基深水区采用 $\phi 1000mm\times 12mm$ 钢管桩,浅水区采用 $\phi 800mm\times 10mm$ 钢管桩。钢管横桥向连接系中横杆采用 $\phi 325mm\times 6mm$ 钢管、斜撑采用[20剪刀撑。栈桥上部采用双拼 $H450\times 200$ 型钢作为主横梁,其上搁置单层贝雷梁。沿贝雷片纵桥向间距75cm布置Ⅰ22a横向分配梁,桥面为正交异性桥面板。

栈桥的高度考虑十年重现期高水位(+3.08m)+1/2十年一遇波高[4.5/2=2.25(m)]+上部结构高度(1.85m)=7.18m,栈桥顶高程取+7.5m。考虑栈桥与岸边顺接,且岸边潮涌效果小,桥台至第2联高程取+7.0m,从第3联至第7联高程逐渐从+7.0m调高至+7.5m,纵坡1/900,纵坡极缓。

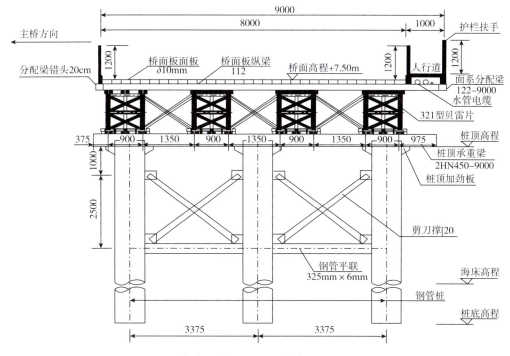

栈桥标准断面图(尺寸单位:mm)

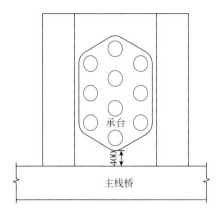

通航孔区域栈桥与主桥距离
（尺寸单位：cm）

栈桥宽度考虑能满足两辆混凝土罐车会车和120t履带式起重机单独通行，栈桥总宽定为9.2m=0.2m护栏+0.8m人行道（管线）+0.2m护栏+7.8m车行道+0.2m护栏。7.8m宽的行车道虽然能满足一般的会车需要，但是由于路线长，如果有履带式起重机在栈桥上行走，期间其他车辆将无法通行。通过在每个桥墩处设置一个6m×24m的辅助栈桥，解决了履带式起重机会车问题。

考虑到上部结构施工时，需要从桥位左侧的定海侧运梁，栈桥位于桥梁主线右侧。考虑节段梁装船按顶板与船头对齐考虑，吊装时船头与栈桥保持2m安全距离。确定栈桥边线与箱梁边线投影线相距2m。在通航孔桥墩区域，需要满足承台施工空间，按最大承台考虑，留出4m的施工空间，栈桥边线距主桥边线11m，栈桥在通航孔区域采用"凹"字形走向。

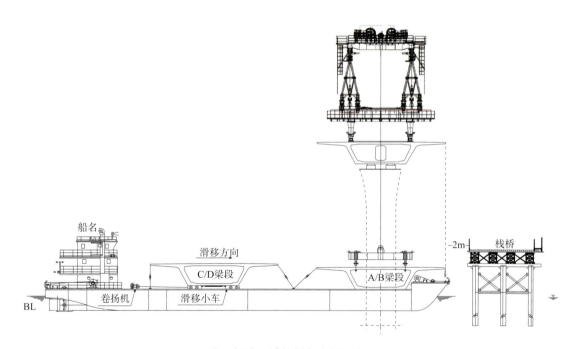

非通航孔区域栈桥与主桥距离

模块构件组装　确保大桥动脉

经过上述完整的栈桥设计后，鱼山大桥栈桥施工正式拉开了序幕。根据总工期安排可知，栈桥施工面临的困难仍然艰巨，鱼山大桥栈桥总长 7.8km，用钢量 3 万多吨，是国内路线最长的海上栈桥。然而计算工期只有 3 个月，如果栈桥不能按期完成，那么全栈桥的优点将化为乌有。

针对工期紧这个问题，指挥部与项目部进行了方案比选和论证。最终决定从以下三个方面进行优化，从而达到工期目标。

1. 选择合适设备

由于通航孔位置栈桥跨度大，仅用履带式起重机无法施工。钢管桩由打桩船施工，桩间联接系和桩顶承重梁由浮式起重机安装。同时，为了节约现场施工面积，主梁钢桁架构件在工厂加工，组装成整体受力结构，运输至桥址，最后用浮式起重机将钢桁梁一次吊装安装到位。桥面系及其他附属设施，由履带式起重机最后吊装安装。

2. 优化施工组织

根据总体计划，上部结构和下部结构施工划分为 5 个作业面，对应的栈桥从 5 个海上作业点开始施工。待具备足够长度后，将履带式起重机至已搭设完成的栈桥顶面，然后采用两台履带式起重机向两个方向进行施工，变成 10 个工作面，另一个作业面从岸边开始，一共 11 个作业面。

浮式起重机吊装大跨径栈桥

栈桥多点同时施工

3. 优化施工工艺

根据栈桥施工根据地质不同，采用两种不同的施工工艺：裸岩及浅滩区施工和深水区栈桥施工。

裸岩及浅滩区采用"钓鱼法"打设钢管桩，安装贝雷和桥面板，单跨搭设、逐跨推进。

深水区栈桥钢管桩施工全部由打桩船沉桩（包含码头平台及材料堆放、加工平台）。履带吊在驳船上进行 1~2 跨的桩间联接系和桥面系施工。施工完成后由浮式起重机将履带式起重机、汽车吊、平板车、发电机等施工设备起吊上桥，进行栈桥施工。

栈桥模块化施工

由于桩基钻孔平台相对栈桥施工周期较长,栈桥贯通后再施工平台会占用较长工期。项目部合理安排工期,在栈桥每个作业面达到足够长度后,立即开始对应位置钻孔平台施工。在栈桥贯通后,第一轮的钻孔平台也搭设完成,桩基就可以马上开工。

4. 实现"三减少"理念

为了进一步提高施工工效,缩短全栈桥施工工期,指挥部提出了"三减少"的理念,即"海上作业工序减到最少、海上作业时间减到最短、海上作业人数减到最少"。

项目部围绕"三减少"原则,栈桥采用模块化施工。钢管桩平联在后场加工成整体,再运至现场与钢管桩焊接;贝雷片先组装成贝雷组,再整体吊装;桥面板采用组合式面板,减少了现场焊接时间。

全栈桥和独立平台方案对比

为了验证鱼山大桥全栈桥方案的可行性,为后续跨海大桥施工的借鉴。现从质量、安全、工效、经济等方面将13号墩到110号墩采用独立平台方案与全栈桥方案进行对比,见下表。

全栈桥和独立平台优缺点对比

类型	全栈桥	独立平台
优点	(1)施工环境改善,受天气影响小。 (2)减少了船舶的使用。 (3)周转材料和设备利用率高。 (4)禁航后,施工区域无外来船舶,栈桥或平台被撞击风险小。 (5)混凝土供应影响因素小,质量可控	(1)栈桥短,投入少。 (2)施工船舶作业空间灵活,不受栈桥影响。 (3)不需要禁航,原航线不变
缺点	(1)栈桥长,投入大。 (2)需要禁航,对航线影响大。大型施工船舶到桥梁另一侧绕行较远。 (3)万一栈桥被撞击,唯一施工通道将被切断。临时调配施工船舶难度大	(1)人员进出、材料运输和设备周转均需要使用船舶,船舶用量大。 (2)船舶出海受天气影响大,有效工期减少。 (3)周转材料和设备采用船舶转运慢,利用率低。 (4)独立平台施工时不禁航,外来船舶撞击平台风险大。 (5)混凝土供应需要拌和船,质量风险高

全栈桥和独立平台经济性对比

名　　称	单　位	单价（万元）	全　栈　桥		独　立　平　台	
			数量	合价（万元）	数量	合价（万元）
栈桥	—	—	—	—	—	—
非通航孔栈桥（材料租赁和安拆）	t	0.34	38950	13243	0	0
通航孔栈桥（制造和安拆）	t	0.51	1466	747.66	0	0
交通及材料运输	—	—	—	—	—	—
交通船	艘/月	1.8	3	5.4	27	48.6
运输船	艘/月	25	5	125	135	3375
小客车	辆/月	0.15	54	8.1	27	4.05
货车	辆/月	0.35	54	18.9	0	0
浮式起重机	台/月	29	30	870	270	7830
100t 履带式起重机	台/月	8.5	297	2524.5	594	5049
拌和站	—	—	—	—	—	—
陆地拌和站	座/月	3	96	288	48	144
搅拌船	艘/月	45	0	0	20	900
用电	—	—	—	—	—	—
变压器	台/月	20	405	8100	0	0
发电机	台/月	0.6	0	0	220	132
合计（万元）				25930.56	—	17482.65

综上所述，全栈桥较独立平台而言，费用多 8000 万元左右。但全栈桥可有效保证工期，降低安全风险，提高施工质量。

总　结　展　望

最终鱼山大桥栈桥在 3 个月的时间里全线贯通并验收合格，为后续主桥施工争取了宝贵的时间。项目在施工过程中遇到诸多问题，通过分析解决问题，项目对深海跨海大桥栈桥施工积累了丰富的经验。

栈桥全线布置的设计，很好地解决了项目路线长、工期紧的问题，有效地将海上施工转变为陆地施工，提高了功效。

根据总体工期安排要求在 3 个月内完成施工，对于这一挑战，栈桥施工引进"装配化"的概念，全线栈桥采用模块式构件组装，有效地提高了工效，确保了全桥主动脉的施工工期。

通航孔栈桥施工采用的 64m+16.5m+64m 大跨径桁架结构，厂内加工，码头组装，桥位浮式起重机整体安装，很好地解决了跨线施工中遇到障碍物的问题。

选用最先进的海底电力探测仪器进行电缆勘测，探明电缆的具体位置和距海面的深度，最后潜水员携带专用浮标自电缆方向，每隔 10m 左右捆系浮标，根据浮子的走向可知水中电缆的确切位置。

在水面处最小保护区域范围内（海底电缆保护安全距离 100m）架设隔离设施，设置警示标志。安排专人看守，指挥过往施工船只，疏导海上交通，保护栈桥以及海底电缆安全。

但是栈桥使用过程中也发现了不足之处。栈桥桥面板固定卡扣容易松动，维护工作重，争取在以后项目中能够得到解决。

全栈桥的施工，对鱼山大桥主体结构的施工安全以及对当地水土环境和海底电缆的保护都起到了一定的作用。

富翅门大桥

九层之台 起于累土
——薄覆盖层条件下大直径钢护筒沉放施工关键技术

中交第二航务工程局有限公司

舟山市富翅门大桥项目主体工程土建工程施工（第A合同段）主要施工范围及内容为：里程K0+000~K1+190，路线全长1.190km，主要施工内容包括里程范围内的路基工程、桥涵工程［富翅侧主塔（含防撞设施）、上部结构安装、富翅侧引桥土建］路线交叉工程（富翅互通改造）等施工及缺陷责任期修复。富翅门大桥采用双塔结合梁斜拉桥，桥跨布置为57m+108m+340m+108m+57m。9号索塔承台下设26根ϕ2.8m的钻孔灌注桩，单桩桩长为62m，桩基均按嵌岩桩设计，以中风化含角砾凝灰岩为桩端持力层。桩基钢护筒内径均为ϕ3.1m，壁厚δ20mm，长度28~40m，采用Q235C钢材。

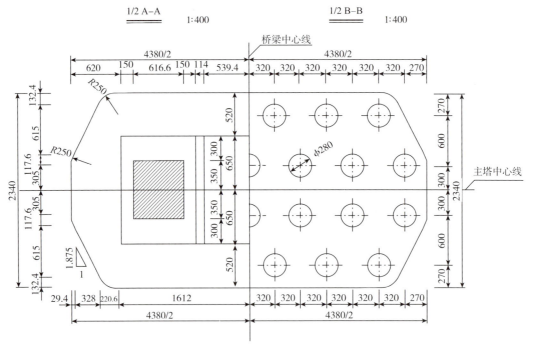

9号主桥基础一般构造图（尺寸单位：cm）

富翅门大桥

舟山市富翅门大桥为典型的沿海环境桥梁，桥位水深最大 36m，流速达到 2.93m/s，水文环境在沿海桥梁中较为典型。

大桥 9 号主墩位于大倾角基岩斜面上，斜岩面坡度大，直径 ϕ3.1m 护筒范围内的岩面高差达 1.4~2.2m，起伏变化大，群桩范围高差达到 16m，海床面倾角达 29°，且为横桥、纵桥双向斜坡。同时该墩位覆盖层极薄，厚度仅为 1.5m，下伏岩石硬度较大，表面达到 44MPa，桩端持力层岩石强度达到 68MPa。

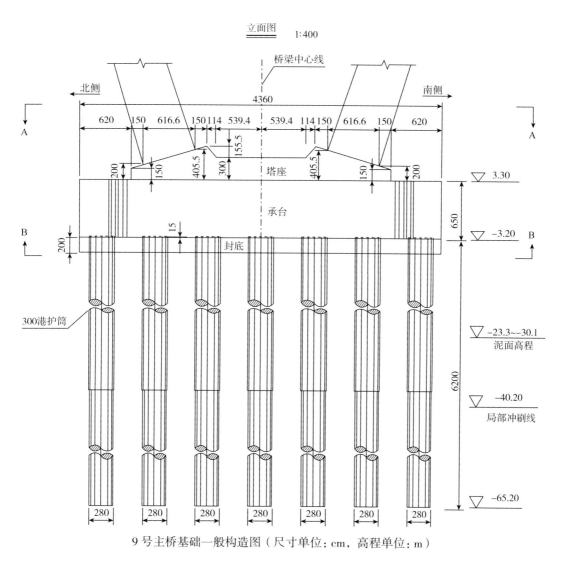

9 号主桥基础一般构造图（尺寸单位：cm，高程单位：m）

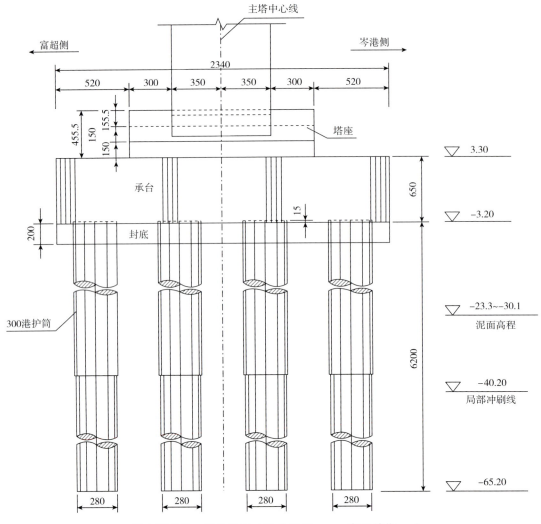

9号主桥基础一般构造图（尺寸单位：cm，高程单位：m）

解决疑难　确定最佳方案

国内外大型群桩基础施工常规的施工技术为通过栈桥或者大型船舶搭设大型水上施工钢平台，钢平台需覆盖群桩基础的全部桩基。在钢平台中间进行钢护筒沉放和钻孔桩施工。因此，施工平台成为大型群桩基础施工的关键。

但在本项目的海洋地貌和地质条件下，当覆盖层较浅时，钢管桩插打时入土较浅，受沿海水流及往复潮的影响，平台承受较大的水平力，无法实现自稳并承受较大的施工荷载。因此如何搭设结构安全可靠、经济性好的施工平台尤为关键。

目前，对于该条件下大型平台有以下两种施工方案：

（1）采用大型导管架方案。即将大型平台预制焊接完成，通过大型起重船舶直接在现场定位、吊放。通过导管架周围浇筑混凝土与基础进行锚固。平台锚固完成后，依托该平台进行钻孔桩施工。但方案有一定局限性：

①浅、薄覆盖层清理难度大，混凝土与基岩锚固效果不确定性大。

②大型导管架自重较大，需较大的起重船，起重作业条件受限。

（2）依托自行式起升平台沉放钢护筒，钢护筒沉放锚固后形成群桩，在群桩护筒上焊接平台进行钻孔。但该方案有较大局限：

①起升平台作业水深有一定要求，例如国内长旭号起升平台适用最大水深为27m。

②水流条件有一定要求，确保自身稳定性。

上述两种方案在本项目都不可行，为了破解这一难题，在桩基施工前项目经理部组织进行了多次调研及研讨会议，并请教局及有关国内专家，经过多次开会深入研究讨论，同时借鉴金塘大桥、杭州湾跨海大桥、平潭海峡大桥等其他跨海大桥桩基施工经验。最终决定选用钢护筒跟进锚固的施工工艺，来解决钢护筒的"生根"问题。

主要施工方法：首先利用主栈桥，采用打桩船在9号墩侧插打起始平台钢管桩，用冲击钻凿除钢管桩内岩层，下钢筋笼浇筑混凝土锚固钢管桩，搭设起始平台；再在起始平台上安装导向架，在导向架上用冲击钻在护筒位置岩面上冲孔沉放钢护筒，边冲孔边接长钢护筒，进行钢护筒跟进，直到达到计算的锚固长度，钢护筒到位后下钢筋笼浇筑混凝土将钢护筒锚固在基岩里；再利用钢护筒为基础进行钻孔平台搭设（搭设钻孔平台考虑钢护筒参与平台整体受力，不再设置钢管桩基础）。

主要施工工艺：起始平台钢管桩插打→钢管桩锚固→起始平台搭设→安装导向架→钢护筒冲孔跟进与锚固→钻孔平台搭设→钻孔灌注桩施工。

由于篇幅限制，本文简要叙述主要施工方法。

施工伊始　再遇难题

随着施工方案的确定，项目部开始组织施工。可是刚开始施工又遇到了一个非常棘手的问题。一是由于主墩位置位于响礁门水道中央V字形水道，加之覆盖层薄弱，水域潮差大，水流速度快，大型大功能船舶等无法抛锚定位，极易发生船舶走锚等情况；二是该水域为通航水域，平时往来船舶较多，施工船只包括大型起重船、大功能打桩船、运输船、驳船及交通船等诸多繁忙船只，施工过程中如何保证过往船舶与施工船舶的交通安全是摆在项目面前的难题，同时，如果抛锚位置不合理，锚缆极易刮蹭来往船只。

为此，项目部召集公司有着多年海上施工经验老船长、老调度及所有施工船舶船长与项目部设备管理部门、安全部门一起商讨确定抛锚定位的方法和抛锚的具体位置，最终通过大家的群策群力，确定了施工的打桩船定位方法和具体的抛锚的位置。沉桩船抛锚定位采用8个3t海军锚，并备用锚2个，每个锚上设立浮漂并安装警示灯。在打桩船两侧还各布置一对交叉锚，船艏和船尾各布置一对八字锚，以保持船身平稳。项目部积极多次与舟山海事部门进行沟通，一起商讨大型船舶抛锚定位与来往船只安全问题，最终项目制定的抛锚方案和交通组织方案得到海事部门批准。

利用主栈桥　搭设起始平台

施工方案报批、施工手续报批及施工准备工作完成后，开始起始平台搭设。

起始平台钢管桩沉放采用打桩船由主栈桥侧至9号墩方向逐排退打，整根插打起始平台钢管桩，钢管桩按照设计底高程和贯入度进行双控，其中以设计底高程为主要控制，贯入度作为复核，要求钢管桩穿透覆盖层，嵌入强风化层岩层，或到达中风化层岩面。

由于该处地形水文的复杂，根据设计院工况组合验算，需对9号起始平台部分钢管桩基础进行冲孔锚桩。采用冲击钻冲击凿除钢管桩内岩层。钻机就位后进行造浆成孔，当钻孔入中风化含角砾凝灰岩2.4m（2倍直径）后，制作长度4.4m、主筋为$24\phi22mm$的钢筋笼下放至孔内，并下放导管，清孔后进行水下混凝土灌注，混凝土强度等级为C30，浇筑高度为超出钢管桩外侧中风化岩面高度2.5m，使钢管桩牢牢的锚固在岩层中。

钢管桩沉放冲孔施工图

起始平台搭设施工图

利用1台80t履带式起重机驻位在已搭设的主栈桥上安装钢管桩之间平联和起始平台上部结构。

安装导向架　精确锚固钢护筒

为了解决流速大、风速大、波浪高的情况时沉放钢护筒的精度问题，在起始平台上安装导向架辅助定位。定位导向架由钢管与型钢组合而成，导向架分三层，第一层高度为1.5m，第二层和第三层高度为2m；导向架内设置供钢护筒定位、施沉过程中纠偏、调整和锁定的装置。导向架在后场钢结构加工区进行导向架的加工、制作，成型后通过平板车运至起始平台。

采用300t起重船驻位于钻孔平台区将导向架吊至栈桥平台侧面焊接锚固，同时导向架之间通过平联连接，增强导向架整体稳定性。

导向架安装焊接施工图

钢护筒运至施工区域后，避免起始平台承受荷载集中，将钢护筒错位沉放。在300t起重船抛锚就位后，依次起吊相应钢护筒，通过导向架上相应孔位将钢护筒缓缓垂直下放，下放过程中监测钢护筒偏位和倾斜度，直至到钢护筒底端接触海底时停止下放，检查钢护筒偏位及倾斜度，满足要求后用型钢将钢护筒顶部临时限位固定在导向架上。

钢护筒冲孔施工图　　　　　　　振动锤辅助钢护筒跟进

在起始平台上布置6台JK-15冲击钻机，采用直径2.95m钻头依托导向架在钢护筒内进行冲孔作业，使钢护筒跟进、嵌入岩层；冲孔深度入中风化含角砾凝灰岩岩面2m后且钢护筒底部跟进嵌入后，清孔下放导管进行水下混凝土浇筑，混凝土强度等级为C30，浇筑高度为超出钢护筒内岩面2m，使钢护筒锚固在岩层中。

当钢护筒跟进过程中，可能存在底部受阻现象，采用起重船起吊YZ-300液压振动锤（配夹桩器）至钢护筒上方，压锤、辅助跟进。

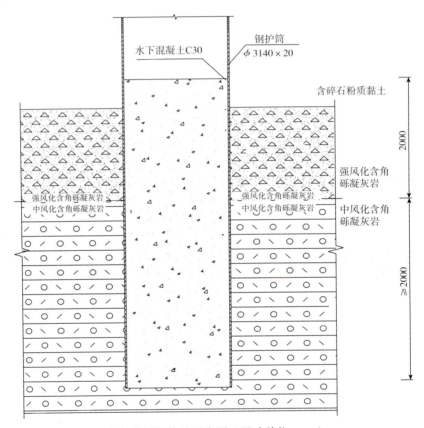

钢护筒锚固构造示意图（尺寸单位：mm）

在每根钢护筒安装完成后，安装焊接钢护筒之间平联管和钻孔平台。

主要的施工步骤为：

在该恶劣水域条件下进行钢护筒沉放施工时，采用逐根冲孔临时锚固的工艺，钢护筒施工的周期长，若按照常规钻孔平台搭设完成后，再进行钻孔桩施工，则钻孔桩施工工期较长，无法满足总体工期目标的要求。经综合考虑，采用钢护筒锚固与钻孔施工错排同步施工，即临时锚固完成两排钢护筒时，开始投入钻机对已完成锚固钢护筒进行成孔作业，并在26根钢护筒全部锚固完成前，完成一批钻孔桩成桩施工，增强整个钻孔平台的刚度。具体施工步骤如下：

（1）完成起始平台及承台区锚桩施工。

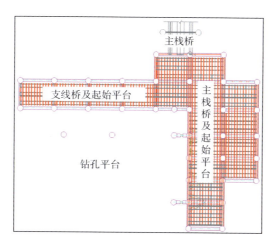

（2）焊接1~4号、12号、16号钢护筒导向架，沉放1~4号钢护筒、12号、16号钢护筒，对各钢护筒进行冲孔，跟进锚固。

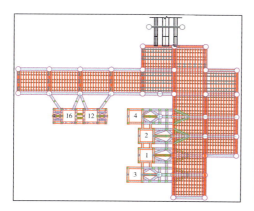
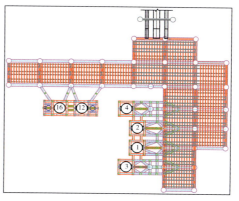

（3）焊接1~4号钢护筒之间及与起始平台之间平联、斜撑，拆除导向架2，开始12号、16号钻孔桩成孔施工。安装护筒区横梁、贝雷架、分配梁等上部结构。

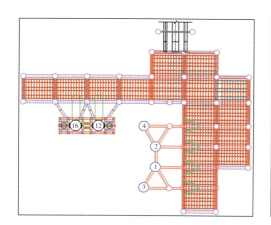
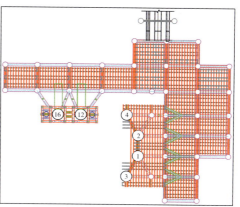

（4）焊接 5~8 号钢护筒导向架，沉放 5~8 号钢护筒，并进行冲孔，跟进锚固。

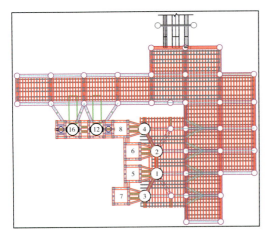 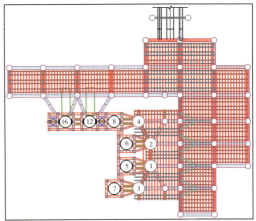

（5）焊接平联、拆除导向架、安装上部结构，开始 2 号、3 号钻孔桩成孔施工。

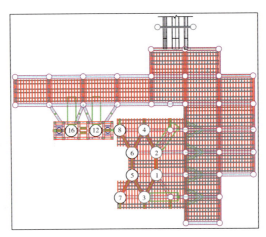

（6）焊接 9~11 号钢护筒导向架，沉放 9~11 号钢护筒，并进行冲孔，跟进锚固。

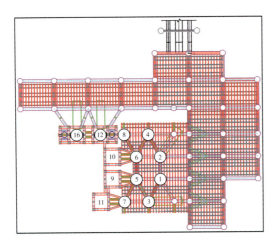 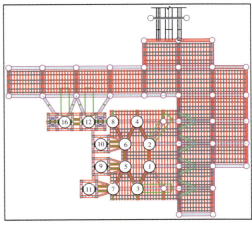

（7）12号、16号钻孔桩成桩，焊接钢护筒之间平联、斜撑，拆除9~12号、16号导向架，安装上部结构，开始5号、8号钻孔桩成孔施工。

（8）焊接13~15号钢护筒导向架，沉放13~15号钢护筒，并进行冲孔，跟进锚固。

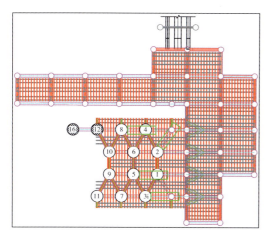 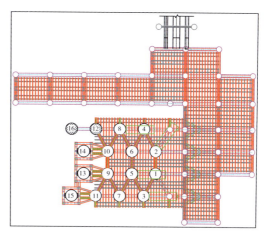

（9）焊接钢护筒之间平联、斜撑，拆除导向架跟进锚固，安装上部结构，开始10号、11号钻孔桩成孔施工。

（10）焊接17~20号钢护筒导向架，沉放17~20号钢护筒，并进行冲孔，跟进锚固。

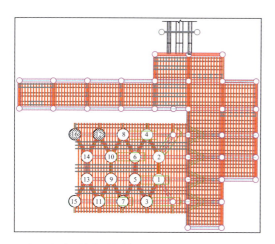 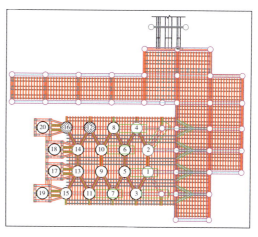

（11）焊接钢护筒之间平联、斜撑，拆除导向架，安装上部结构，开始13号钻孔桩成孔施工。

（12）2号、3号钻孔桩成桩，焊接21~24号钢护筒导向架，沉放21~24号钢护筒，并进行冲孔，跟进锚固。

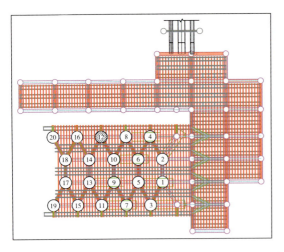
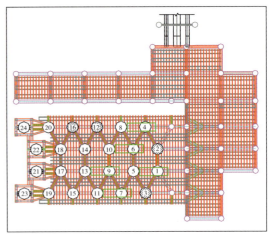

（13）焊接钢护筒之间平联、斜撑，拆除导向架，安装上部结构，开始18~20号钻孔桩成孔施工。

（14）焊接25号、26号钢护筒导向架，沉放25号、26号钢护筒并进行冲孔，跟进锚固，焊接钢护筒之间平联、斜撑，安装上部结构，完成钻孔区平台搭设，依次进行钻孔桩施工。

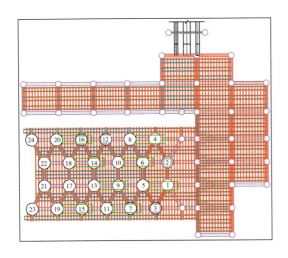
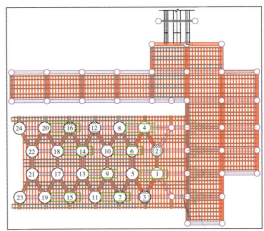

总 结 展 望

富翅门大桥主墩26根桩基施工计划为2016年5月1日至2016年12月31日，实际施工时间为2016年6月9日至2016年12月31日，富翅门大桥主墩第23号桩基的顺利浇筑，标志着项目提前1个月完成了26根桩基的施工任务，标志着一座桥的第一步已经迈出。在这一过程中，始终坚持稳中求进的原则，从施工准备做到整体布局，项目部领导提前谋划，尽量将问题扼杀在萌芽状态。在施工过程中及时总结，集思广益，努力加快施工进度，保证施工质量。

该施工技术以富翅门大桥基础施工为背景，结合工程特点，开展沿海薄覆盖层条件下大型群桩基础施工创新技术研究及应用施工工艺研究，其主要研究结论如下：

（1）采用钢护筒作为钻孔平台基础，减少了钢管桩的投入，控制了施工成本，大幅提高了施工工效。

（2）常规水上施工需要配备大型门式起重机等起重设备、混凝土输送设备、钢筋笼下放设备、钻机等一系列大型设备，施工荷载大。本项目对水上施工设备进行优化研究，选择合适的钻孔机械，并优化减小平台荷载重量，提高结构安全度和可靠度。

（3）在覆盖层薄弱、水深、流速大、岩面倾斜的恶劣水文地质条件下，选用钢护筒跟进锚固的施工工艺，解决了钻孔平台基础"生根"问题，提高了整个平台的稳定性。

（4）在沉放第二批次及以后批次钢护筒时，悬臂导向架均焊接在其前一批次已锚固的钢护筒上，充分利用了已锚固钢护筒自有的刚度和稳定性。

（5）钢护筒锚固与钻孔桩错排同步施工，提高了工效，节省了工期，并在26根钢护筒全部锚固完成前，完成11根钻孔桩成桩施工，增强整个钻孔平台的刚度。

（6）对钻孔施工工序和钻孔的顺序控制进行了研究，确保钢护筒受力结构可靠，并对施工过程平台和桩基整体受力进行全过程仿真计算分析，确保每个工序的结构安全。

富翅门大桥与国外内其他斜拉桥相比，9号主墩具有施工环境极为恶劣、复杂的特点。富翅门大桥主墩钢护筒施工运用一系列新工艺、新方法，定期完成了26根桩基钢护筒沉放的施工任务，为恶劣水域环境钢护筒施工积累了宝贵经验，进一步推动了大跨径桥梁建设技术的发展。

突破常规　巧思妙解
——在地貌地质多变区创新高支架施工技术

保利长大工程有限公司

富翅门大桥工程属于宁波舟山港主通道项目工程的先行段，其中富翅门大桥主桥为双塔结合梁、中央索面斜拉桥，跨径布置为 57m+108m+340m+108m+57m = 670m，里程桩号范围 K0+855~K1+525，采用漂浮体系。斜拉桥主梁为钢—混凝土结合梁，采用单箱三室箱形截面，富翅侧边跨、中跨标准节段主梁顶板宽 27.5m，底板宽 16.24m，中心线处梁高 3.5m，底板则保持水平。岑港侧边跨主梁梁宽由 27.5m 渐变为 35.5m，底板宽由 16.24m 渐变为 24.34m。

富翅门大桥主桥东侧次边跨及边跨（10 号墩 ~12 号墩）位于海岸侧滩涂区，其主梁（钢—混凝土结合梁）需搭设高支架进行施工。但此区段的地貌地质条件复杂多变，10 号墩范围属于"海岸地貌区中的泥质海岸"与"水下岸坡地貌区中的水下深槽和深潭地貌"相结合，10 号墩 ~11 号墩范围属于"海岸地貌区中的泥质海岸、人工海岸"与潮间带地貌区相结合，11 号墩 ~12 号墩范围属于海岸地貌区中的人工海岸。

不到 200m 范围内地貌地质如此多变，这在国内同类型大型斜拉桥项目中实属罕见，这给主梁的高支架施工及梁段滑移施工增加了极大难度。另外，在高支架上的钢结构梁上现浇混凝土面板，混凝土施工开裂的风险极大。

因此，必须针对不同地质段的高支架基础进行专门设计；在支架设计过程中，需针对各施工工况进行详细的分析，利用支架及梁段的结构特点，以挖掘出支架设计的优化点；支架需满足对变宽段梁段的调整、匹配精度的要求；以确保在技术安全的前提下，提高效率，节约成本。

思路决定出路

在分项工程方案编制的策划阶段，项目工程技术人员分析指出：针对区段中的人工海岸地形，常规的管桩基础难以打入，若采用扩大基础，需设计出支架自重小的"少支架"，以适合人工海岸地形的承载特点；同时，由于支架的基础地质土类型不同，需解决由于支架沉降不一致而导致混凝土面板开裂的问题。

经项目工程技术人员讨论、分析后提出两个"原则"：一是根据内力与外力作用不同的原理，利用钢梁滑移与支架的相对运动作用力关系，把梁段的滑移牵引点设置在支架上，则牵引力相对于支架是内力，则可减少制动墩、抗推力墩的设置。（若把牵引点设置在桥塔或桥墩上，则牵引力相对于支架是外力，则需要支架具有强大的抗推能力，需增设制动墩、抗推力墩）。二是根据结合梁的结构及受力特点，利用钢梁自身刚度进行支撑点体系转换来满足混凝土面板施工的受力工况，既减少了支架中梁部件材料的投入，又可以解决由于地基土不同而导致支架沉降不一致的问题。

找准难题　逐个击破

在确定两个"原则"方向后，项目工程技术人员以此为指导思想，落实整个方案的编制。在方案的编制阶段，需要把整个施工过程的难点精准找出，然后逐个击破，只有把这些难题解决了，方案才能落地。

第一，要解决支架的承载目的，即设计什么样的支架。

经对本工程阶段性分析，支架需要承受的主要荷载为：结合梁钢梁的安装及结合梁的顶板混凝土浇筑的荷载。

针对支架需要承担以上两种荷载，项目技术人员按照荷载的特点对支架进行设计，务必使支架的强度、刚度及稳定性满足受荷要求。

根据以往类似桥梁的施工经验，再结合目前已有的材料，经研究讨论，确定支架采用支柱-梁式承重支架。支架最大高度为25.7m，最小高度为17.8m。根据结合梁钢梁的结构形式，其每片梁均设有横隔板，横隔板位置为梁段刚度最大处，则支架立柱及支撑点应设在横隔板处，以确保钢梁支点处不变形。

结合梁钢梁部分全部安装焊接到位后，把支架立柱的支撑点从支架主梁转移到钢梁上，利用钢梁自身刚度，进行支撑点体系转换，后续再进行混凝土顶板浇筑。因利用了钢梁的自身刚度，则支架仅需要原支架体系的2/3的立柱转换受力支撑着钢梁，即可满足混凝土面板的浇筑工况施工，此方法可减少40%的纵向承重梁用钢量的投入。

第二，要解决支架基础形式的选择。常规的支架形式为利用桥梁结构的承台、管桩基础及扩大基础，而针对本分项工程的支架，到底选用哪种形式的基础才合适？这需要根据实际地貌条件进行分析。

经分析，10号墩范围属于"海岸地貌区中的泥质海岸"与"水下岸坡地貌区中的水下深槽和深潭地貌"相结合，10号墩~11号墩范围属于"海岸地貌区中的泥质海岸、人工海岸"与潮间带地貌区相结合，11号墩~12号墩范围属于海岸地貌区中的人工海岸。

根据不同地貌条件的地质特性，本着实事求是、具体问题具体分析的原则，支架的基础选用确定为：①MB0′、B0′、SB0′此三片0号号梁段（无索区）位于10号主墩承台范围，此范围的支架立柱基础设于承台上；②10号主墩→11号辅助墩（次边跨）范围，此处为浅滩、河堤区，经试打桩检验，适合设置管桩基础；③11号辅助墩→12号边墩（边跨）范围，经现场管桩试插打，边跨段下抛石较多，硬塑性黏土层较厚，管桩难以插打，经堆载预压进行沉降观测检验，适合设置扩大基础。

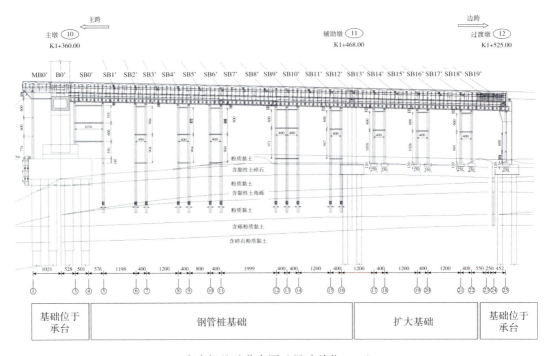

高支架基础分布图（尺寸单位：cm）

高支架基础分部表

序号	位　　置	梁段编号	基础形式	地貌类型
1	10号墩承台范围	MB0、B0、SB0	位于承台上	—
2	10号墩~11号墩	SB1′~SB12′	钢管桩基础	"海岸地貌区中的泥质海岸、人工海岸"与潮间带地貌区相结合
3	11号墩~12号墩	SB13′~SB19′	钢筋混凝土扩大基础	海岸地貌区中的人工海岸
4	12号墩承台范围	SB20′	位于承台上	—

第三，要解决如何滑移钢梁的问题。

钢钢梁每片重量达75t，如此重的钢构件需要在高支架上进行滑移并精准就位，则需要先进的移梁设备。

一般的移梁设备有：卷扬机牵引设备、穿心千斤顶钢绞线牵引设备、步履式液压爬行驱动设备。

经过项目技术人员的研究讨论，再根据前述的第一个"原则"：根据内力与外力作用不同的原理，利用钢梁滑移与支架的相对运动作用力关系，可减少制动墩、抗推力墩的设置。一般的卷扬机及千斤顶，其牵引点无可避免设置在墩上，但只有步履式液压爬行驱动设备是通过支架与梁段间的相互作用内力进行运动，所以最后确定采用步履式液压爬行驱动设备。此设备具有同步性高、稳定、易操作的优点。

高支架上滑移钢梁图片

解决了这三个难题后，后续再经过不断深入研究，设计了满足本项目特点的支架体系，支架亦满足钢梁滑移、变宽梁段调整及匹配的要求，并编制完成了梁段滑移及调整工法。

高支架上钢梁安装完成（立面图）

支架受力体系转换后侧视图

高支架上钢梁安装完成（鸟瞰图）

支架受力体系转换后截面图

过程问题　及时解决

常规施工，在支架搭设完毕后，需对支架进行全断面堆载预压。但本项目支架为非一般的整体现浇支架，而是滑移钢梁及兼作混凝土面板施工的支架，从结构形式来看，本支架难以在支架上进行堆载预压，需采用其他方法。

项目部工程技术人员从实际出发，设计出适合本项目的支架预压方式。

第一，对钢管桩支架，采用试桩反力架预压方式。即采用千斤顶逐级加载的方式进行预压，以检验边跨结合梁支架水中部分的单桩承载力是否达到设计所需。在受力管桩旁边插打两根管桩作为锚桩，布置反顶梁及600t千斤顶进行逐步加载，并对每级加载数据进行记录，取得数据后按照承载能力判定方式对管桩承载能力进行判定。支架预压时需按1.1倍施工荷载进行分级加压。

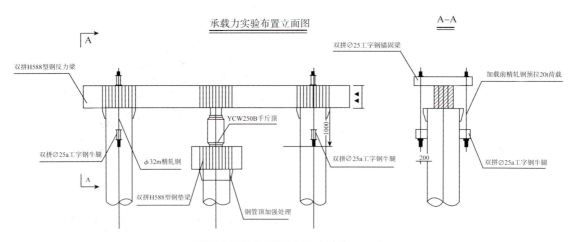

承载力实验布置图（尺寸单位：mm）

第二，陆上支架基础处理采取宕渣换填并碾压的方式进行。换填区域的地基承载力难以采取常规的静力触探的方式进行测定，故采取地基预压的方式测定支架基础处理方式是否满足施工需求。由于地基换填后的地基承载力极限值增大，故预压时只需加载至满足现结合梁施工荷载，即可测定是否满足施工需求的地基承载力特征值。采用堆载混凝土板的方式进行地基基础预压。待场地换填完成后，在预压位置铺设一层碎石进行找平，然后进行混凝土板堆载，具体堆载方式如下图所示。

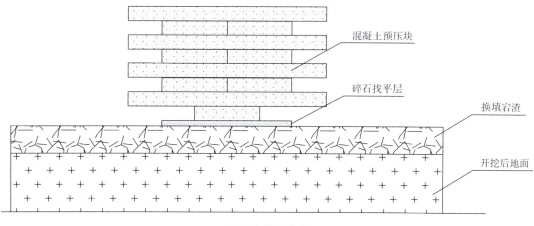

预压堆载示意图

从支架搭设完成后,至支架受荷载全阶段过程,均在支架基础、枕梁及主纵梁布设观测点采用电子精密水准仪进行过程观测。在钢主梁吊装滑移前,通过模型计算,获取钢主梁安装辅助支架在钢主梁段安装过程中的变形值数据,在支架搭设及钢主梁段调整过程中,根据监控指令预先考虑支架变形值的影响,以达到对钢主梁线形的准确控制。

支架沉降标准及实测沉降最大值列表

序号	范围	规范允许沉降标准	规范允许沉降值（mm）	实测最终沉降最大值（mm）	备注
1	10号墩承台范围（小桩号侧）	$L/10000$	34.0	1.1	跨径 L=340m
2	10号墩~11号墩	$L/10000$	10.8	4.7	跨径 L=108m
3	11号墩~12号墩	$L/10000$	5.7	3.2	跨径 L=57m
4	12号墩承台范围	$L/10000$	5.7	1.2	

注：L 为桥梁跨径。

扩大基础地基堆载预压图

支架搭设过程及地基堆载预压（鸟瞰图）

知行合一　成效显著

经现场严格按照方案施工，支架在使用过程中，满足梁段的安装精度要求，结合梁施工各项指标均满足交工验收要求。

本分项工程的高支架施工技术，有以下值得推广的优点：

第一，支架的基础设置，因地制宜，充分利用了现场工程地质地貌的特点；目前大部分桥梁所处的地貌及地质条件复杂多样，支架基础基本均单一采用本技术中的其中一种形式，而像本工程的对多种支架基础因地制宜、协同运用的案例，基本没有。因此，对选用合适的支架基础，本项目的借鉴意义非常大。

第二，针对结合梁的自身特点，对所选取的钢梁滑移形式进行分析，为相对内力作用；充分利用了钢梁的自身刚度。因目前钢—混凝土结合梁在广泛使用，很多工程案例的支架设计过于保守，没有利用钢梁自身的刚度。所以，经过本工程的成功实践，对于其他钢—混凝土结合梁的支架设计，可以根据钢梁自身刚度特点充分利用钢梁自身刚度进行支架优化设计，此可节约支架中梁部件材料的投入，加快梁部件材料的拆除及周转使用，节省成本，并加快支架搭设施工进度。

第三，支架经过各工况的实际检验以及经历台风期的考验，其强度及刚度满足施工要求，无支架局部不足、失稳、沉降超限等情况发生。

综上所述，本分项工程结合梁高支架施工，因地制宜地根据实际工程地质地貌的特点，正确选定了支架基础形式，巧妙创新地利用了钢梁滑移形式及刚度，大大减少了支架的投入，解决了由于支架沉降不一致而导致混凝土面板开裂的问题，并加快了材料的周转使用。此技术的成功应用，既保证了质量，又节约了成本，亦加快了进度。

试验出真知
——UHPC 材料在斜拉桥结合梁湿接缝施工中的研究与应用

保利长大工程有限公司

按原设计，富翅门大桥结合梁湿接缝的预应力筋须待混凝土达到设计强度 90%、弹性模量达到 85%，且养生 7d 后方可张拉预应力束。

按常规混凝土施工，每段结合梁的施工时间为 13d。结合梁吊装共 20 个循环（1~19 号梁及合龙段），按每节梁 13d 的时间计算，至合龙共需 19×13=247（d），即 8.2 个月。

序号	工 序	需时（d）
1	梁段吊装	0.5
2	梁段间焊缝焊接及检测	1.5
3	湿接缝钢筋、预应力筋及模板安装	2.0
4	湿接缝混凝土浇筑	1.0
5	湿接缝混凝土养生及等强	6.0
6	预应力筋张拉、压浆	1.0
7	斜拉索初张拉、前移桥面起重机、斜拉索二次张拉	1.0
	合计	13.0

富翅门大桥所处环境特殊，受舟山地区的台风、季风影响大，施工安全风险高。主梁采用海上悬臂拼装施工，为了提升工程建设品质，提高结构耐久性，降低海上高空作业施工风险，减少海上台风、季风对主梁架设的不利影响，保证本工程按时通车，需要寻找一种方法，在确保安全及质量情况下，提高每节梁段的施工效率，缩短施工时间。

在研究本项结合梁吊装施工功效提升的解决方法同时，结合国务院科学技术部、交通运输部联合制定的《"十三五"交通领域科技创新专项规划》，在该规划的引领下，项目工程技术人员必须大胆设想，笃慎求证。

集思广益　柳暗花明

常规主要的主梁施工工艺优化方案一般有"缩短养护时间""延后浇筑湿接缝""缩

短养护时间+延后浇筑湿接缝"三种方法。

方法一，缩短养护时间。根据《公路桥涵施工技术规范》（JTG/T F50—2011）中第17.3.5章节的第6条规定"湿接缝混凝土浇筑后的养护时间应不少于7d，对桥面板预应力钢束的张拉亦宜在混凝土龄期达7d后进行"。在规范没有"禁止"或"不应"的情况下，缩短养护时间可以考虑。缩短养护时间后，每节段梁施工时间需要9d，19片梁共171d，考虑到还有天气影响，约181d。如下表所示。

序号	工　序	需时（d）
1	梁段吊装	0.5
2	梁段间焊缝焊接及检测	1.5
3	湿接缝钢筋、预应力筋及模板安装	2.0
4	湿接缝混凝土浇筑	1.0
5	湿接缝混凝土养生及等强	2.0
6	预应力筋张拉、压浆	1.0
7	斜拉索初张拉、前移桥面起重机、斜拉索二次张拉	1.0
	合计	9.0

方法二，延后浇筑湿接缝，即每三节结合梁安装完成浇筑一次湿接缝的方法。此时每节段梁施工时间平均需要7d，19片梁共133d，考虑到还有天气影响，约143d。如下表所示。

序号	工　序	需时（d）
1	第1节梁段吊装	0.5
2	第1节梁段间焊缝焊接及检测	1.5
3	第1节斜拉索一次张拉、前移桥面起重机	1.0
4	第2节梁段吊装	0.5
5	第2节梁段间焊缝焊接及检测	1.5
6	第2节斜拉索一次张拉、前移桥面起重机	1.0
7	第3节梁段吊装	0.5
8	第3节梁段间焊缝焊接及检测	1.5
9	第3节斜拉索一次张拉、前移桥面起重机	1.0
10	湿接缝钢筋、预应力筋及模板安装、湿接缝混凝土浇筑	3.0
11	湿接缝混凝土养生及等强	7.0
12	预应力筋张拉、压浆、斜拉索二次张拉、前移桥面起重机	2.0
	合计	21.0

方法三，缩短养护时间+延后浇筑湿接缝，即吊装2节梁段张拉1次、湿接缝混凝土强度达到90%、弹模达到85%以上即进行张拉的工艺。此时每节段梁施工时间平均需

要 9d，考虑到还有天气影响，约 181d。

通过以上三种方法的研究，得出结论：传统工艺上的优化调整，在工期上可解决本项目的工期问题。

但在对采用以上方法解决问题的工程实例进行成桥后的检查时，均发现桥面板出现较多裂缝。这主要由于桥面板与现浇湿接缝的混凝土龄期差大，容易在接头部位出现混凝土早期裂缝；斜拉索张拉后对桥面板应力与预期偏差较大，造成靠近拉索锚固区的桥面板混凝土出现裂缝。

某桥裂缝图片　　　　　　　　　　　　某桥裂缝图片
（斜拉索张拉后对桥面板应力与预期有差别）　　（桥面板与现浇湿接缝间龄期差大）

因此，传统工艺上的优化调整，未能满足本工程在质量上的需求（未能解决裂缝较多出现的问题）。须另辟蹊径，从另外一个角度出发，寻找一种更好的方法，既能提高梁段安装的效率，又能保证施工质量。

项目经理部经过调研和查阅资料，发现超高性能混凝土（UHPC）材料因优异的技术性能和施工性能，在某些工程上的叠合梁桥、预制梁桥、桥面铺装层已开始应用超高性能混凝土 UHPC 材料，既能大大提高工效，又能有效减少现场作业时间，可为本分项工程遇到的难题提供解决方案的研究方向。

且超高性能混凝土材料被《"十三五"交通领域科技创新专项规划》列入"长寿命与绿色交通基础设施材料"重点发展纲要，予以重点研制与推广应用。

一切以数据说话

根据 UHPC 研究方向，项目工程技术人员共同努力，经对国内 UHPC 行业现状调查，需解决以下问题：

问题一：是选择常温养护型 UHPC，还是高温蒸养型 UHPC。

经对国内 UHPC 行业现状调查，常温养护型 UHPC 和高温蒸养型 UHPC 已有较多工程应用案例。而本项目决定采用常温养护，主要基于以下考虑：

（1）常温养护型 UHPC 施工工艺要求相对较低，符合富翅门大桥现场湿接缝的施工作业环境。

（2）强度发展快。经试验，常温养护型 UHPC 的 36h 抗压强度大于 54MPa，36h 弹性模量大于 30.6GPa，满足本工程的施工效率。

（3）常温养护型的价格较高温蒸养型低，工程性价比高。

问题二：需研究 UHPC 材料对钢—混凝土层间剪力的影响。

鉴于 UHPC 具有低水胶比、胶凝材料用量大，掺入大量活性掺合料的特点，其干燥收缩比较小，但自收缩较大，因此需研究由于 UHPC 自收缩对钢箱梁剪力钉产生的影响相对于 C60 混凝土会增加多少？

本项目委托同济大学成立了课题组对《桥面板湿接缝采用 UHPC 材料对钢混层间剪力的影响》进行研究，将湿接缝由 C60 材料换成 UHPC 引起的界面剪力变化进行计算。结论为，在恒载作用下梁段剪力相对于 C60 混凝土最大增加量为 73kN，在承载能力极限状态下梁段剪力相对于 C60 混凝土最大增加量为 233kN，变化幅度较小，均不会对剪力钉安全性造成影响。

问题三：如何解决海洋环境中 UHPC 的钢纤维对混凝土耐久性的影响。

通过项目部与 UHPC 生产厂家共同试验研究，UHPC 中每根钢纤维为独立被混凝土包裹，为不连通；不同于一般混凝土中的钢筋，为整体连通于混凝土内部。因此不会对混凝土的耐久性产生影响。另外，可对钢纤维进行镀铜，以提高钢纤维的耐久性。

问题四：如何通过浇筑实物构件，模拟验证材料的性能。

验证 UHPC 材料湿接缝的各项性能，需做大量工艺试验，以模拟实际现场工况：①按照图纸配筋，模拟面板厚度尺寸，制作 3.0m×2.0m×0.55m、3.0m×2.0m×0.28m 的湿接缝模型各 1 块，表面设 2% 纵、横向坡度；试件两端各 1m 采用 C60 混凝土浇筑，中间 1m 宽度采用 UHPC 浇筑。②通过搅拌振捣试验，UHPC 材料的自密实、免振捣、自流平性能，使湿接缝的施工变得方便；经现场试验，浇筑后 1.5h 后进行二次收面，可达到设计的 2% 坡度要求。现场扩展度实测为 770mm，流动性良好，满足施工现场需要。③对交接面验证，UHPC 与 C60 混凝土界面黏结良好，没有开裂、脱开等现象。对 C60 与 UHPC 之间的界面、对 UHPC 内部进行取芯验证。外观鉴定：C60 与 UHPC 界面连续，无明显分界，结合良好。外观鉴定：UHPC 内部密实，均匀、无分层。④通过模拟现场工艺试验——外观鉴定及取芯验证，UHPC 湿接缝施工简便，可操作性强；C60-UHPC 表面连接平顺、交界处无裂缝；从取出的芯样来看，所有芯样完整，UHPC 与 C60 的界面粘结紧密良好；UHPC 总体密实度良好、连续，无蜂窝、离析、分层等情况。⑤通过对试件作抗弯试验，抗弯性能满足要求。⑥工艺试验总结，UHPC 具备良好的施工性能，可实现自密实，自流平；浇筑后 1.5h 进行 2 次收面，可达到设计坡度及平整度要求；UHPC 的 36h 抗压强度和弹性模量均达到设计要求；相比于 C60-C60 组合试件，C60-UHPC 组合试件初裂荷载和破坏荷载均提高了 1 倍；从取出的芯样来看，UHPC 总体密实度较好，与 C60 混凝土的界面黏结良好，无明开裂现象。

通过各项验证后，报设计单位，组织召开了检测指标确定专家会，形成了 UHPC 检测指标。确定在 UHPC 抗压强度 ≥ 54MPa，弹性模量 ≥ 30.6GPa 时，方可张拉预应力钢束。

湿接缝 UHPC 试件制作

湿接缝试件试验

UHPC 与 C60 混凝土试件交接面芯样照片

湿接缝现场施工

浇筑成品

勇于担当　制定项目标准

UHPC材料及相关技术日趋成熟，但鉴于目前UHPC国家及行业标准尚未出台，因此本项目急需要UHPC相应的技术及验收规范。

宁波舟山港主通道项目工程建设指挥部考虑到主通道项目装配化率高、海上桥梁大量采用湿接缝特点，立项"基于UHPC在跨海大桥工程性能提升成套技术研究"，并以富翅门大桥主梁桥面板湿接缝施工作为先行试验段，验证施工工艺，为UHPC材料在后续实际工程中的推广应用提供技术保障。

为了解决UHPC在项目中的规范应用及验收，宁波舟山港主通道项目工程建设指挥部联合浙江省交通规划设计研究院有限公司编制了《宁波舟山港主通道（鱼山石化疏港公路）公路工程超高性能混凝土（UHPC）施工技术及验收规则》。2018年7月6日，宁波舟山港主通道项目工程建设指挥部组织召开了宁波舟山港主通道（鱼山石化疏港公路）公路工程超高性能混凝土（UHPC）施工技术及验收规则专家咨询会。

《宁波舟山港主通道（鱼山石化疏港公路）公路工程超高性能混凝土（UHPC）施工技术及验收规则》的制定，为项目的现场施工技术指导及验收提供了依据，并为施工顺利完成奠定了基石，也为整个行业作出了良好的示范及借鉴。

工期目标达成

在跨海大桥建设中，本项目首次将UHPC材料引入到斜拉桥结合梁的湿接缝施工中。

在应用的过程中，项目做了大量的研究及试验，先后成立课题组攻克解决了"UHPC材料对钢—混凝土层间剪力的影响""海洋环境中UHPC的钢纤维对混凝土耐久性的影响"等问题。并通过大量的实物构件进行试验，从试验中得出结论，UHPC湿接缝能满足工程要求。通过成桥后检验，避免了湿接缝桥面板开裂的质量通病发生。

对比普通混凝土养生7d方可张拉预应力，缩短至36h可张拉预应力，使每节结合梁的施工周期由13d缩短至7d，极大地提高了施工效率。富翅门大桥通航孔桥中跨安装从2018年7月14日开始，于2018年12月28日合龙，共168d，考虑受风、浪、潮、雨天气因素影响，实际平均每梁段施工时间约8.8d。节约了工期90d，节约费用约756万元。

UHPC材料在本工程结合梁湿接缝中的成功运用，确保了富翅门大桥工程的施工质量，增加了经济效益，并为按计划通车打下了坚实的基础，且为同类型大桥施工提供了成功的借鉴，同时亦是对科学技术部、交通运输部联合制定的《"十三五"交通领域科技创新专项规划》的笃行，此研究可谓影响深远。

舟岱大桥大事记

舟岱大桥大事记

◎ 2016 年 8 月 15 日，宁波舟山港主通道项目顺利签约。

◎ 2016 年 8 月 23 日，浙江舟山北向大通道有限公司注册成立。

◎ 2017 年 1 月 3 日，宁波舟山港主通道项目开工仪式隆重召开。

◎ 2017 年 9 月 29 日，宁波舟山港主通道项目舟岱大桥工程正式发布开工令，至此，舟岱大桥正式开工建设。

◎ 2017 年 10 月 29 日，舟岱大桥 DSSG01 标首根桩基混凝土浇筑完成。

◎ 2017 年 11 月 14 日，舟岱大桥 DSSG01 标首根钢管桩施打完成，标志着海上施工正式拉开序幕。

◎ 2017 年 11 月 20 日，舟岱大桥 DSSG04 标段 B11-7 号钢护筒成功沉放。

◎ 2017 年 12 月 7 日，舟岱大桥 DSSG04 标段首根永久钢管桩顺利沉放。

◎ 2017 年 12 月 22 日，舟岱大桥 DSSG02 标段首根钢护筒顺利完成。

◎ 2018 年 1 月 20 日，舟岱大桥 DSSG01 标预制厂首片 T 梁浇筑完成。

◎ 2018 年 2 月 8 日，舟岱大桥 DSSG02 标主桥永久性钢护筒全部打设完成。

◎ 2018 年 2 月 17 日，舟岱大桥主通航孔桥首根灌注桩浇筑完成。

◎ 2018 年 3 月 25 日，舟岱大桥 DSSG04 标首个钢吊箱成功下放。

◎ 2018 年 4 月 28 日、29 日，舟岱大桥北通航孔桥、南通航孔桥首根钻孔灌注桩首次浇筑相继完成。

◎ 2018 年 5 月 9 日，省内首根预制立柱在舟岱大桥 DSSG01 标段成功安装。

◎ 2018 年 5 月 16 日，舟岱大桥 DSSG04 标首榀节段梁浇筑完成。

◎ 2018 年 6 月 1 日，舟岱大桥 DSSG01 标首片 T 梁安装完成。

- 2018年7月14日，舟岱大桥首个10万吨级防撞钢套箱整体安装完成。
- 2018年9月19日，舟岱大桥DSSG03标首个主墩承台顺利施工完成。
- 2018年10月12日，南通航孔桥主墩桩基完成浇筑。
- 2018年10月26日至28日，2018国际桥梁工业化建造及快速施工关键技术研讨会在宁波举行。
- 2018年10月29日，舟岱大桥DSSG03标首节索塔顺利浇筑完成。
- 2019年11月15日至17日，2019年全国桥梁学术会议在宁波举行。
- 2019年11月27日，舟岱大桥主通航孔桥ZT4索塔率先封顶。
- 2019年12月4日，舟岱大桥主通航孔桥ZT5索塔完成封顶。
- 2019年12月18日，舟岱大桥主通航孔桥三个主塔顺利封顶，"三塔鼎立"。
- 2019年12月22日，舟岱大桥南通航孔首片钢箱梁架设完成。
- 2020年1月1日，舟岱大桥主通航孔桥首片钢箱梁架设完成。
- 2020年1月14日，随着最后一方混凝土的浇筑，南通航孔桥NT4主塔顺利实现封顶。
- 2020年5月2日，舟岱大桥北通航孔桥右幅顺利合龙。
- 2020年6月8日，舟岱大桥陆域段桥梁实现贯通，正式进入桥面施工阶段。
- 2020年6月29日，舟岱大桥主通航孔桥顺利合龙。
- 2020年7月27日，舟岱大桥南通航孔桥顺利合龙。
- 2020年9月10日，舟岱大桥非通航孔桥墩身全部预制完成。
- 2020年9月11日，舟岱大桥北通航孔桥顺利合龙。
- 2020年10月12日，舟岱大桥非通航孔桥箱梁全部预制完成。
- 2020年10月27日，舟岱大桥长白互通承台全部浇筑完成。
- 2020年11月23日，舟岱大桥节段梁吊装全部完成。
- 2021年1月24日，舟岱大桥主线贯通。
- 2021年2月4日，舟岱大桥全线贯通。
- 2021年5月31日，舟岱大桥开始进行主塔涂装施工。

◎ 2021年7月12日，舟岱大桥完成陆域段沥青路面摊铺。

◎ 2021年8月18日，舟岱大桥开始海域段沥青路面施工。

◎ 2021年8月18日，舟岱大桥主通航孔桥主塔完成涂装施工。

◎ 2021年11月4日，舟岱大桥路面施工全部完成。

◎ 2021年11月15日，舟岱大桥附属工程施工完成。

◎ 2021年11月29日，舟岱大桥通过交工质量评定。

◎ 2021年12月9日，舟岱大桥以98.2高分通过交工验收。

◎ 2021年12月29日，舟岱大桥全线建成通车。